国家社会科学基金“十一五”规划（教育学科）
2006 年度一般课题（课题批准号：BKA060051）

SHIBASUI CHENGRENYISHI JIAOYU

18 岁成人仪式教育

王北生　主编

河南大学出版社
郑州

图书在版编目(CIP)数据

18 岁成人仪式教育/王北生主编. 一郑州:河南大学出版社,2012.3
ISBN 978-7-5649-0689-4

Ⅰ. ①1… Ⅱ. ①王… Ⅲ. ①青少年教育 Ⅳ. ①G775

中国版本图书馆 CIP 数据核字(2012)第 050181 号

责任编辑 赵海霞
责任校对 王亚辉
封面设计 吕 玮

出 版 河南大学出版社
地址:郑州市郑东新区商务外环中华大厦 2401 号
邮编:450046
电话:0371-86059701(营销部) 网址:www.hupress.com
排 版 郑州市今日文教印制有限公司
印 刷 河南新华印刷集团有限公司
版 次 2012 年 4 月第 1 版
印 次 2012 年 4 月第 1 次印刷
开 本 710mm×980mm 1/16
印 数 1-1000
印 张 13.75
字 数 225 千字
定 价 25.00 元

前　言

如果把人生比作四季，那么18岁犹如人生的春天，是万物复苏和春暖花开的季节，是充满活力与生机勃发的季节，是播撒种子和茁壮成长的季节。

18岁“成人”，恰如走进生命的春天，在春之沐浴下发芽、抽枝、开花；在春天里享受生命的成长与欢乐。

18岁成人过程应被看做是青少年人生中一段重要的生命历程，是他们生命中有代表意义的构成部分。而此时又恰是教育的重要契机和关键时刻，对他们进行18岁成人仪式教育，犹如园丁对花的栽培、浇灌和呵护。

18岁成人仪式教育活动是中国当代出现的一种特有的教育现象。我国每年要跨入18岁成年人行列的人数约2000万。18岁作为一个人一生的关键年和重要的教育阶段，对他们进行成人仪式教育，是其生命成长、健康发展的需要，对其一生的身心发展都具有重要的影响作用。

18岁成人仪式教育的研究目标，就是通过对成人仪式的系统研究和对成人仪式实践策略的探讨，使广大教育工作者包括家长更全面、深入地了解成人仪式的历史渊源、认识我国当前实施18岁成人仪式教育的状况、实施中存在的问题及对策思路和可操作性的具体方法，以提高对成人仪式教育重要性的认识，吸取有益的经验，掌握科学的方法，取得好的效果，从而加速青少年个体的社会化进程，使其牢固树立公民意识、不断强化社会责任、不断培育爱国情操、逐渐形成法制观念，最终实现青少年的健康成长，为国家培养合格的社会主义建设者和接班人。

为了深入开展对这一问题的研究，我们申报并获批了《18岁成人仪式教育研究》这一国家社会科学基金“十一五”规划（教育学科）2006年度一般课题（课题批准号：BKA060051），历时几年，终于有了研究成果。

该课题研究在王北生教授的主持下进行，课题组召开了多次研讨会，确定了研究主题，明确了研究分工，讨论修改了研究内容，顺利地完成了研究任务，最后把研究成果修改后成书出版。本书由王北生教授担任主编，具体分工如下：课题负责人，王北生；具体组织工作和负责调研工作，李中亮。各章节的分工撰写如下：王北生：导论；李中亮：第 1 章、第 3 章、第 4 章、第 5 章；王萍：第 2 章；赵红亚：第 6 章 1、2、3、5；武小燕：第 6 章 4；刘隽华：第 7 章；王振存：第 8 章；王北生组稿与摘编，王新房、李华、李树英等撰写：附录一；王北生、李中亮：附录二；李中亮：附录三、附录四。最后，本书由主编王北生审阅、修改、定稿，李中亮做了协助工作。

本书得到了全国教育科学规划办领导的关心与支持，得到了河南大学出版社马小泉社长和张云鹏总编的大力支持，史锡平副总编和责任编辑赵海霞为本书的出版做了大量的工作，在此对他们表示衷心的感谢。同时也感谢为我们提供案例和收集资料的共青团中央、北京师范大学附属实验中学的领导和孙明杰、王新房老师，感谢教育部基础教育一司王定华副司长的肯定和支持。还要感谢收入附录一的五封信，其中后三封信转载自《中国青年报》，家长们给孩子写的 18 岁生日信或成人礼信充满了感情和教育意义，相信对广大读者尤其是做父母的读者会有深刻的启发意义。

本书虽作为项目成果付梓出版，但从内容到形式还显得粗糙，可能还存在一些不妥之点，因此，恳请教育理论研究同行、广大读者，提出宝贵意见，给予批评指正。

在写作过程中，我们引用、参考了许多学者的相关研究成果、有关省市和学校开展 18 岁成人仪式教育活动的资料、图片和案例，并力图一一注明，但仍恐有所遗漏，在此请求同仁的谅解，并表示真诚的感谢。

编　者

目　录

导论 …………………………………………………………………………………… (1)

一、对 18 岁成人仪式教育的机理及意蕴的认识 ………………………… (1)

二、开展 18 岁成人仪式教育研究的价值 ………………………………… (4)

三、开展 18 岁成人仪式教育研究的思路 ………………………………… (6)

四、18 岁成人仪式教育的研究视阈 ……………………………………… (8)

第 1 章　18 岁成人仪式教育概念解读与文献综述 …………………… (14)

一、18 岁成人仪式教育概念解读……………………………………………… (14)

二、18 岁成人仪式教育研究文献综述………………………………………… (20)

第 2 章　18 岁成人仪式教育的生理学、心理学基础 ………………… (28)

一、生理成熟:"成人"的物质基础 ………………………………………… (28)

二、心理成熟:"成人"的精神内核 ………………………………………… (33)

三、成人仪式教育:"成人"的确证 ………………………………………… (41)

第 3 章　我国 18 岁成人仪式教育的现状 ………………………………… (46)

一、自 1990 年启动到目前开展活动情况 ………………………………… (46)

二、颁布一系列文件进行引导与规范……………………………………… (50)

三、地方立法工作取得突破性进展………………………………………… (52)

四、实施成效较为明显……………………………………………………… (55)

第 4 章　18 岁成人仪式教育中存在的主要问题 ……………………… (59)

一、认识上不够到位和普及面不够理想…………………………………… (59)

二、贯彻"系统"原则不够及前期工作比较薄弱 ………………………… (61)

三、活动模式雷同并缺乏区域个性………………………………………… (62)

四、缺乏全国统一法定的成人节…………………………………………… (64)

第 5 章　18 岁成人仪式教育的实施及其建议 ………………………… (65)

一、实施理念:抓好普及性、系统性和实效性 …………………………… (65)

二、实施内容:抓好成人意识、生存技能和公民素质教育 ……………… (82)

三、实施模式:统一要求与形成区域特色相结合 ……………………… (100)

四、实施组织方式:设立"18 岁成人仪式教育活动协调委员会" ……… (104)

五、建立法定节日:建议国家设立统一的"成人节" …………………… (110)

第 6 章　国外成人仪式:历史、类型、功能及启示 ………………………… (115)
一、史前社会的“成年礼” ………………………………………………… (115)
二、国外成人仪式的类型 ………………………………………………… (119)
三、国外成人仪式的教育功能 …………………………………………… (123)
四、日本“成人式”的现状及其评价 ……………………………………… (127)
五、国外成人仪式教育对我国的启示 …………………………………… (135)
第 7 章　18 岁成人仪式教育中关注生命教育 ………………………… (137)
一、学校应承担起生命教育的任务 ……………………………………… (137)
二、开展安全教育和健康教育 …………………………………………… (140)
三、引导学生全面发展并关注生命个体 ………………………………… (143)
四、教育学生直面人生做生活的强者 …………………………………… (147)
五、加强社会的规范与引导 ……………………………………………… (148)
第 8 章　教育改革应加强 18 岁成人仪式教育的研究与实践 ………… (150)
一、学校教育应把 18 岁成人仪式教育纳入其中 ……………………… (150)
二、教育改革中应加快 18 岁成人仪式教育相关政策的制定 ………… (152)
三、应建立立体式的 18 岁成人仪式教育网络 ………………………… (155)

附录一　父母写给子女 18 岁成人礼的信 ……………………………… (157)
附录二　给教育部设立“18 岁成人节”加强 18 岁成人仪式教育的建议
及采用证明 …………………………………………………………… (165)
附录三　团中央关于 18 岁成人仪式教育活动的重要文件 …………… (168)
共青团中央关于规范 18 岁成人仪式教育活动的暂行意见 ………… (168)
关于 1999 年深入开展中学生 18 岁成人仪式教育活动的通知 ………… (171)
关于继续大力推进 18 岁成人仪式教育活动的通知 ………………… (173)
关于深入开展中学生 18 岁成人仪式教育活动的通知 ……………… (175)
附录四　成人仪式教育活动案例精选 …………………………………… (178)
郑州市第三届成人节宣誓仪式 …………………………………………… (178)
北京师范大学附属实验中学成人冠礼仪式 ……………………………… (185)
汕头市历届成人节 ………………………………………………………… (195)

参考文献 …………………………………………………………………… (210)

导 论

18岁是法定的"成人"年龄和标志。我国法律规定，年满18周岁是成年的标志。我国公民年满18周岁享有选举权和被选举权。《中华人民共和国宪法》第二章规定了《公民的基本权利和义务》（详见宪法第三十三条至五十六条）。其中第三十四条规定：中华人民共和国年满18周岁的公民，不分民族、种族、性别、职业、家庭出身、宗教信仰、教育程度、财产状况、居住期限，都有选举权和被选举权，但是依照法律被剥夺政治权利的人除外。《民法通则》第十一条规定：18岁以上公民是成年人，具有完全民事行为能力，可以独立进行民事活动，是完全民事行为能力人。但权利也就是义务，当一个人享有了一定权利时，他也就同时承担起相应的责任和义务。已满18岁的公民，如果触犯法律，将负完全法律责任，直至死刑。同时，于每年12月31日以前年满18岁的男性公民，应当被征集服现役。

18岁是一个人生命中的关键年和生活的新起点。18岁成人过程应被看做是青少年人生中的一段重要的生命历程，是他们生命中有代表意义的构成部分。对从少年步入18岁的青年进行成人仪式教育，是其健康成人的需要，对其一生的身心发展都具有重要的影响作用。

一、对18岁成人仪式教育的机理及意蕴的认识

作为一个人一生的关键年和重要的教育阶段，对18岁青年进行成人仪式教育有着深刻的教育机理及个体教育意蕴，可归纳为以下四个方面。

1. 18岁是"成人"的标志和生活的新起点，是一个人一生的关键年

18岁意味着孩童时代的结束，告别幼稚走向成熟，成人的意识与独立将从此开始；18岁标志着已经成人，将成为对国家有贡献的一个公民，成为家庭中负有责任的一个成员，成为用自身的智慧和力量去创造光明前程的

独立的社会一员。“成人”一词是更具有社会象征意义的词汇，它不仅标志个人在生理、心理上的成熟，更代表了一种个人责任和社会义务的承担：意味着成熟，意味着责任，意味着人生新的起点，开始人生征途上的重要里程碑。当少年个体跨入 18 岁，一切都会因这关键“跨入”成人门而发生变化。成人是一个人必然经历的人生过程，但是青少年自身对成人的必要性、重要性以及如何看待成人这个问题未必有清晰的认识。即便他们已经进入了成人的阶段，大多数青年还是按照原有的思维来看待他们的生活、理解周围的一切，浑然感受不到成人社会的逼近。我国每年要跨入 18 岁成年人行列的人数有 2000 万名左右。18 岁成人仪式教育是一种赋予特定教育内容与意义的教育方式，它不仅帮助青少年认识到成人的必然性、成人成才的意义，帮助他们建立自觉的成人意识，做好成人的思想准备，而且对于培养学生对家庭与社会的责任意识和参与意识，锻炼学生的自强、自立的人格有着积极的作用。

2. 18 岁成人仪式教育有助于培养青少年个体的公民意识，明确其公民职责

现代公民应具备权利意识、责任意识、民主意识、法制意识、道德意识、生态意识、全球意识等基本意识。合格的公民应当明确自己在社会中的权利与义务，知道自己应当做什么，不应当做什么，负责和承担一个公民应尽的基本职责。从法律上讲，年满 18 岁则意味着步入成年，将依法享受全部的公民权利，同时依法承担全部的公民义务；从公民道德上讲，18 岁更意味着奉献和付出、勇敢和执著，意味着要肩负时代的重托，具有强烈的责任意识和使命感，服务他人，回报社会；从个性品质上讲，18 岁更要注意培养自立意识和创新精神，并在实践中自我约束、自我教育、自我管理、自我提高，逐步形成良好的品质和能力。我国在新的历史时期重新倡导开展的 18 岁成人仪式教育，就是适应了提升公民素质的需要。这种强调公民素质的教育，其目的是提升公民的全面素质，使人成为完整意义上的全面发展的人。18 岁成人仪式教育通过成人预备期公民意识教育、成人预备期志愿服务、成人预备期素质拓展训练和 18 周岁成人宣誓仪式四个环节来对青少年进行爱国主义、成人意识、服务技能和公民素质等内容的教育。如成人预备期公民意识教育主要通过开设公民教育课、法制课等形式，使青少年掌握宪法和法律的有关知识，懂得公民应具有的权利和义务；志愿服务主要是组织青少年参加一定时量的公益劳动，使他们在服务社会的实践中增强对国家、社会、家庭的责任感，培养履行公民义务的意识和能力。

3. 18 岁成人仪式教育有助于青少年个体成人角色意识的转化，增强其独立意识

成人角色意识是指青少年个体能够以成人的社会角色来要求、规范和发展自己，进而形成一系列的心理意识。18 岁成人仪式教育的各种活动，在理性地告诉他们要实行自我角色的转变，使个体以全新的形象和精神面貌出现在社会群体中。成人仪式教育在宣告“成人”的同时，实现了角色转化，负载了强调、提醒的功能，提醒青少年必须开始学会独立，学会承担责任和义务，强化个人的成人意识。如果说个体脱离母腹是自然生物性的诞生，那成年仪式就标志着个体社会文化性的诞生。无论是古代的成年礼还是今天的成人仪式教育，在本质上，都致力于人的身份角色的转换，通过成人仪式和仪式上的象征性活动，提醒个体重新认识自我、定位自我，“18 岁成人仪式活动的最大成功，是使青少年在向成年人转化时第一次有了神圣感，它使政府、社会对成年学生有了一个寄托期望和进行勉励的正式载体形式，使成年学生和政府、社会对青年人应具有怎样的公民意识、宪法和法律知识以及社会责任感，有了一个协调和统一的衡量尺度”①。许多走过“成人门”的青少年无不感慨：迎来成人的今天，可以说是我的第二个生日。过去，我是在父母、老师、朋友的引导下度过的，今后则必须依靠自己的判断来探索人生的道路了。可见 18 岁成人仪式教育对指导青少年健康成长，如何做人有着不可替代的作用。

4. 18 岁成人仪式教育有助于指明青少年个体的归属，增强其奉献精神和爱国情怀

爱国主义是中华民族几千年来凝结起来、积淀起来的，是对自己的祖国最深厚、最纯洁、最高尚、最神圣的感情。任何一个公民都是特定国家的公民，应该对自己的祖国有一种强烈的归属感，应该立志为祖国的繁荣富强而奋斗。当代青少年应当有强烈的归属感，应当具有爱国之心、报国之志、建国之才、效国之行。但由于其认知水平的局限而没有明确的归属意向，他们处在归属的迷茫之中。而成人仪式教育则明确指出个体的归属意向，即归属于民族、国家和社会。18 岁成人仪式教育活动高举爱国主义旗

① 陆惠明. 18 岁成人仪式活动：丰富成人仪式的精神内蕴[N]. 文汇报，2006－06－03.

帜，倡导一切有利于民族团结、祖国统一的思想和精神，倡导一切有利于国家富强、人民幸福的思想和精神，引导学生树立以热爱祖国、报效人民为最大光荣，以损害国家和人民利益、民族尊严为最大耻辱的观念。举办成功的成人仪式教育，会引起青少年观念的转变和心灵的震撼，意识到就要告别未成年时代，将成为对民族、国家和社会负有责任的公民，承担起民族振兴、国家兴旺的重担。

二、开展 18 岁成人仪式教育研究的价值

开展 18 岁成人仪式教育不仅对个体有深刻的教育意蕴，而且具有多重研究价值：有助于完善生命教育理论，创新成人仪式理论体系，构建 18 岁成人仪式教育实践模式。

1. 开展 18 岁成人仪式教育研究有助于完善生命教育理论

人的存在是生命的存在，人的发展是生命的发展，18 岁成人仪式教育是生命教育的重要组成部分，可谓成人生命教育中的开端教育，具有生命教育的力量。为此还要从生命教育的视角研究和看待 18 岁成人仪式教育。

18 岁成人仪式教育通过成人预备期公民意识教育、成人预备期志愿服务、成人预备期素质拓展训练和 18 周岁成人宣誓仪式四个环节来对青少年进行爱国主义、成人意识、服务技能和公民素质等内容的教育。四个环节有机衔接，形成了一个相对完整的过程，对青少年施加生命教育的影响。18 周岁成人宣誓词"我是中华人民共和国公民，在 18 岁成年之际，面对国旗、庄严宣誓：我立志成为有理想、有道德、有文化、有纪律的社会主义公民。遵守宪法和法律，热爱社会主义祖国，拥护中国共产党的领导。正确行使公民权利，积极履行公民义务，自觉遵守社会公德。服务他人，奉献社会；崇尚科学，追求真知；完善人格，强健体魄，为中华民族的富强、民主和文明，艰苦创业，奋斗终生"最能表达青少年在成人之际发出的生命宣言：珍惜自己的存在，完善自己的发展，贡献自己的价值；关爱自然，关爱他人，关爱社会，与家庭、社区和社会和谐共存。可见开展 18 岁成人仪式教育的研究与实践有助于丰富、完善生命教育理论。

2. 开展18岁成人仪式教育研究有助于创新成人仪式理论体系

18岁成人仪式教育问题应该是学界与社会共同关注的课题，而目前的事实是只有少数学者在关注和研究这一课题，且此方面的研究成果较少。虽然有《中国古代冠礼》、《古代冠礼简论》、《略论中国古代冠礼的教育功能》等著作和论文，对我国各民族成年礼的起源、演变、功能、特征、内容和程序等研究比较透彻，但是，这些传统成年礼对当代中国18岁成人仪式教育只有借鉴意义。虽然共青团中央相继下发《共青团中央关于规范十八岁成人仪式教育活动的暂行意见》、《关于深入开展中学生18岁成人仪式教育活动的通知》等多个文件来规范18岁成人仪式教育，但是，这些文件显然不能代替18岁成人仪式教育理论体系，并且在实施中还存在许多问题。虽然20世纪90年代有些学者开始重视并研究该问题，发表了一些论文，具有一定的实践指导价值，但仍然缺乏深入考察18岁成人仪式教育的实际情况，从18岁成人仪式教育的真实现状出发去研究如何更好地实施的成果。由于近几年18岁成人仪式教育本身已经发生了很大的变化，因而需要从现时代的社会特征和中学生的身心特征视角出发去重新认识。18岁成人仪式教育有着极其丰富的历史学、文化学、社会学、心理学和教育学意蕴。从成人仪式的历史考察，到成人仪式理论体系的建构，最后到当代18岁成人仪式教育的实施方略，是一个逻辑严密、前后连贯的整体。通过开展18岁成人仪式教育的系统研究，可以挖掘其教育的意义和价值，充实其教育的内容，完善其教育的方式，努力推动立法工作，融入素质教育改革，从而形成比较成熟的18岁成人仪式教育较完整的理论体系。

3. 开展18岁成人仪式教育研究有助于构建成人仪式教育实践模式

18岁成人仪式教育在我国开展有十几年的时间，已展现出良好的教育效果，但深刻的教育意义和丰富的教育内涵还需要充分挖掘。开展18岁成人仪式教育研究，有助于唤起社会和学校对18岁成人仪式的重视，有助于规范与丰富18岁成人仪式教育的开展，使18岁成人仪式教育走向普及化、规范化、系统化和法制化的正确轨道上。而这就需要深入实际开展研究，把现有我国各地高中开展18岁成人仪式教育活动的好经验、好做法进行总结、归纳。例如，北京师范大学附属实验中学等学校就有成功的经验，然后形成适合不同地域和学校的实践模式，从而更好地指导18岁成人仪式教育的开展，使其产生效果。

除此之外，开展18岁成人仪式教育研究还有助于挖掘18岁成人仪式教育的意义和价值，使之得到社会的认同；充实 18 岁成人仪式教育的内容，使之真正发挥促进青少年健康成人的作用；完善 18 岁成人仪式教育的方式，使之成为公民素质提升的系统工程；努力推动立法工作，使之成为全社会经常关注的焦点；创新 18 岁成人仪式教育的特色，使之保持对青少年的吸引力；融入素质教育改革，使之体现时代的活力；吸收传统成人仪式精髓，复兴当代 18 岁成人仪式教育；借鉴国外成人仪式的经验，繁荣中国 18 岁成人仪式教育。

综上所述，跨入成人门是人们必然经历的人生过程，而青少年自身对成人的必要性、重要性以及如何成人等问题未必有清晰的认识。这就需要家庭和社会负起责任，学校的责任更大。如何成人是一门学问，需要研究。学校和社会应当承担起研究 18 岁成人仪式教育问题的责任，并且在青少年中广泛而深入地开展 18 岁成人仪式教育，使他们顺利地完成成人的转变。

三、开展 18 岁成人仪式教育研究的思路

1. 概念与价值研究

18 岁成人仪式教育是一种赋予特定教育内容和蕴涵深刻内在机理与意义的教育方式。18 岁成人仪式教育是指学校和社会为适应新形势对进一步加强和改进青少年德育工作的要求，积极贯彻有关文件的精神，对处在成人预备期内的青少年（重点是中学生）实施的，以成人意识教育、生存技能教育和公民素质教育为基本内容，以公民意识教育、志愿服务、素质拓展训练和宣誓仪式为基本方式的一项公民素质教育活动。开展 18 岁成人仪式教育研究具有多重研究价值，它有助于完善生命教育理论、创新成人仪式理论体系、构建 18 岁成人仪式教育实践模式，有助于提高公民素质、促进青少年健康成人。

2. 生理与心理基础研究

开展 18 岁成人仪式教育活动有着一定的生理与心理基础。生理成熟是“成人”的物质基础，从青春期开始，肌肉、骨骼等组织全面急剧成长，身体加速增长，至 18 岁，心、肺、脑等器官已基本发育成熟，相应地其功能也基本完善。心理特点是“成人”的精神内核，伴随着生理的成熟，青春期还

发生一系列心理的变化，呈现出一系列矛盾的心理特点，最终使青少年产生“成人”的渴望和迷茫，从而需要寻求一种确证的形式，需要教育的进一步引导。成人仪式教育正是一种“成人”的确证形式，它宣告了个体的“成人”，其活动对青少年有极为重要的教育影响作用。

3. 历史梳理

首先要对18岁成人仪式教育进行严格的概念界定，然后从三方面进行梳理：一是对18岁成人仪式教育的历史变迁进行系统梳理；二是对18岁成人仪式教育的研究状况进行文献梳理；三是对国外18岁成人仪式教育的开展进行比较研究，以期为我国目前的18岁成人仪式教育活动的开展提供借鉴与参考。

4. 活动进展与问题研究

我国的18岁成人仪式教育活动自1990年启动到目前的广泛开展，受到了党和国家的高度重视；出台了一系列文件，对活动进行引导与规范；地方立法工作也取得了突破性进展。但我们在充分肯定18岁成人仪式教育活动取得成绩的同时，也应该看到其开展过程中存在的问题和不足，即在18岁成人仪式教育活动开展中，还存在认识不到位、缺乏系统性和区域个性、缺乏全国统一法定的成人节等问题。

5. 对策思路研究

针对存在的问题，对应地提出研究的对策思路。在开展18岁成人仪式教育中，在实施理念上，要注意普及性，抓好系统性，做到实效性；在实施内容上，要着重抓好成人意识教育、生存技能教育和公民素质教育；在实施模式上，既要有统一要求，又要因地制宜，形成区域特色与个性；在实施方式上，设立“18岁成人仪式教育活动协调委员会”，构建学校、家庭、社会和共青团共同参与的立体式的教育网络；从建立法定节日考虑，建议国家设立统一的“成人节”，把18岁成人仪式教育纳入到法制化的建设轨道，等等。

6. 文件资料及案例介绍

我国在成人仪式教育实施过程中，有些地方和学校创造出了许多典型的优秀案例，我们对这些优秀的典型案例要进行认真总结。本研究的附录三、附录四摘录了共青团中央有关开展18岁成人仪式教育的文件，郑州、北京师范大学附属实验中学、汕头市开展18岁成人仪式教育活动的典型案例，以加强研究的基础与政策依据，同时为学校、家长更好地开展这项活动提供参考与帮助。

7. 采用的研究方法

本研究坚持以马克思主义为指导，坚持理论研究和实践研究相结合、宏观研究和微观研究相结合、经验总结与典型案例相结合，采用文献法、调查法、比较法等基本方法。文献法：本研究通过文献梳理 18 岁成人仪式教育的历史、现实和未来，为继续研究提供铺垫。调查法：本研究以北京、武汉、郑州等地的青少年和学校为对象进行调查与考察。比较法：本研究通过对国内外开展这项活动的实施状况进行比较研究，总结出国外实施成人仪式教育的经验，从而为我国开展 18 岁成人仪式教育提供借鉴和参考。本研究还对共青团中央有关文件、北京师范大学附属实验中学活动情况等进行文本分析，以加强研究的基础与依据。

四、18 岁成人仪式教育的研究视阈

研究思路是本研究的逻辑结构与线索，在此思路引导下，有以下几个重点研究视阈。

1. 我国开展 18 岁成人仪式教育活动的现状及存在的问题

经过研究总结，我国开展 18 岁成人仪式教育活动的现状是：(1) 自 1990 年启动、1993 年举办第一次活动到目前广泛开展，受到党和国家的高度重视。经过近 20 年的发展，目前这项活动不仅在全国大中城市广泛普及，许多中小城市也逐渐开展起来。(2) 出台了一系列文件，对活动进行引导与规范。18 岁成人仪式教育在社会上引起了强烈的反响，得到了中共中央、国务院的充分肯定，先后被纳入《爱国主义教育实施纲要》、《公民道德建设实施纲要》、《中共中央国务院关于进一步加强和改进未成年人思想道德建设的若干意见》等文件中。共青团中央也一直高度重视这项工作，为指导各地团组织开展 18 岁成人仪式教育，先后下发多个文件来规范 18 岁成人仪式教育活动，表彰所取得成绩的先进单位。(3) 地方立法工作取得了突破性进展。一些省份和省辖市人大通过法律或决议，相继确立了本地的成人节或成人宣誓日，如：北京(5・4 前后)、上海(5・18)、内蒙古(5・4、10・1)、浙江省(12・9)、天津(10・1)、石家庄(3・18)、广州(10・18)、汕头(10・8)、厦门(10・17)、济南(9・24)、南京(4・23)、沈阳(4・18)、哈尔

滨(4·28)、青岛(6·2)、武汉(5·16)、长春(10·18)、郑州(10·22)等。18岁成人仪式教育逐步走上了规范化和普及化的轨道,全国每年有几百万名中学生参加这项活动。

当然,18岁成人仪式教育活动还存在一些问题。我们在充分肯定其取得成绩的同时,也应该看到开展过程中存在的主要问题和不足:(1)认识上不够到位,普及面不够理想。一些学生和教师认为参加18岁成人仪式教育活动与紧张的学习时间有冲突,以至于每年团组织号召各个学校组织学生参加成人宣誓仪式的时候热情很高,但往往最后到场的学生数量不够理想。从全国开展18岁成人仪式教育活动总的情况看,我国东部地区要好于西部地区,城市要好于农村,大城市要好于中小城市。(2)没有贯彻"系统"的原则,前期工作比较薄弱。从全国来看,各地在开展这一教育活动时大都偏重于单纯的举行18岁成人宣誓仪式,而对于成人预备期教育、成人预备期志愿服务和成人预备期素质拓展训练三个方面重视不够,前期工作比较薄弱。(3)活动模式雷同,缺乏区域个性。一些中学开展这项教育时往往追求形式的轰轰烈烈,而忽视采用的方式是否符合学生的心理需要和教育规律,忽视对教育对象的研究和教育突破点的选择,忽视形式所承载的真正内容。活动模式基本雷同,活动方式没有创新性,不能使学生在知、情、意、行等方面都有所收获。(4)缺乏全国统一法定的成人节。虽然成人仪式教育活动的地方立法工作近年来取得了突破性进展,一些省和省辖市相继确立了本地的成人节或成人宣誓日,但尚缺乏全国统一法定的"成人节"时间,使18岁成人仪式教育的实施正常化、规范化、制度化。

2. 18岁成人仪式教育活动的实施及其建议

针对18岁成人仪式教育存在的问题,本研究从以下几个方面提出建议:从实施的理念上,要注意普及性,抓好系统性,做到实效性。18岁成人仪式教育要面向全体适龄青年,做到普及性。各地开展这项活动,要在努力提高普通中学、中等职业技术学校适龄学生参与率的同时,还要广泛吸引包括未在校的适龄青年参与到活动中来,接受教育。18岁成人仪式教育要达到预期的教育目的,必须贯穿于整个中学阶段,遵循"系统化"的原则,在平时下工夫,做到夯实成人预备期公民意识教育,强化成人预备期志愿服务,突出成人预备期素质拓展训练,办好18岁成人宣誓仪式。其中公民意识教育是这项教育的基础,旨在培养未成年人的思想道德意识、法制观念和社会责任感。志愿服务是这项教育的关键,在组织过程中,要做到"六定”，即定地点、定时间、定人员、定任务、定标志、定制度，从而保障他们参加规定的爱心行动、文明行动、绿色行动、环保行动和科技行动等社会公益劳动。素质拓展训练是中学生综合素质培养的重要环节，充分利用假期，通过组织磨砺训练、环境保护与宣传、科学普及、农村生活体验等各种素质训练营，旨在帮助青少年提高文化科学素质、身体素质、心理素质和基本生活技能。18 周岁成人宣誓仪式是这项教育的标志，具有重要的导向和教育意义。在举行宣誓前要完成年满 18 周岁青年的统计、确定宣誓场所等准备工作。期间，围绕宣誓活动开展演讲、讲座、参观爱国主义教育基地，寻找英雄先进人物等形式多样的教育活动，作为宣誓的前奏。在宣誓仪式中坚持做到“六统一”，即统一活动程序、统一时间、统一誓词、统一标志、统一主题歌曲、统一颁发纪念物。为巩固教育效果，宣誓仪式结束后的一段时间内，要有针对性地开展“迈好成人第一步”系列活动，检验活动效果。

在实施的内容上，要着重抓好成人意识教育、生存技能教育和公民素质教育。成人意识教育要强调四种教育：独立意识教育、感恩教育、青春期性教育、文明礼仪教育。生存技能教育要注重四个学会，应着重关注学生的生活技能、劳动技能、服务技能和创造技能等方面的教育，使他们学会生存、学会合作、学会沟通、能够发展。公民素质教育要着力提高四种素质，即心理素质、道德素质、法律素质和政治素质教育。

在实施的模式上，既要有统一要求，又要因地制宜、形成区域特色与个性。18 岁成人仪式教育应该有一系列的基本规范要求，总结我国近几年一些学校的经验，如北京师范大学附属实验中学成人冠礼仪式，各学校可以参考。成人冠礼仪式程序：全体起立，唱国歌；领导致辞；全体起立、宣誓（背景：成人誓词）；教师代表讲话；家长代表讲话；回顾成长历程；学生代表发言；向家长代表献花；发放成人冠礼手册；歌唱祖国（背景：歌唱祖国歌词）。但开展 18 岁成人仪式教育活动也需要坚持实事求是，与实际相结合，因地制宜，办出当地的个性特色。各个地方、各个学校要根据自身的实际情况，针对学生的身心特点，来设计教育活动，并要切合社会发展形式的变化不断探索和创新活动形式、途径，深化活动内容。

从实施的组织方式上，设立“18 岁成人仪式教育活动协调委员会”，构建学校、家庭、社会和共青团共同参与的立体式的教育网络。要设立“18 岁成人仪式教育活动协调指导委员会”，可以以市或县为单位建立，拟请市或县政府主抓教育工作的领导担任指导委员会主任，市县相关部门的负责同志参加，教育局局长和团委书记等有关领导担任副主任。各中学也要组织相应的指导委员会，负责活动的具体实施。同时，还要建立起学校、家庭、社会和共青团共同参与的立体式的18岁成人仪式教育网络。学校要成立学校领导挂帅，政教、教务、后勤、团委、学生会等相关部门人员参加18岁成人仪式教育活动计划、指导和实施机构，负责制订和完善本校活动方案，落实具体工作。家长要主动参与，融入到孩子们的成人仪式教育活动当中，来引导、见证孩子的成长，培养孩子的责任意识。各级共青团组织应该加强对18岁成人仪式教育活动的指导、激励和保障力度，指导各地团组织开展好18岁成人仪式教育活动。

从建立法定节日考虑，建议国家设立统一的"成人节"，把18岁成人仪式教育纳入法制化的建设轨道。建议把实施、推进、普及18岁成人仪式教育明确列入《教育法》，全社会应当从提升中华民族的整体素质、推动青少年全面发展的高度认识和重视18岁成人仪式教育。任何学校都不能以任何理由拒绝对青少年进行18岁成人仪式教育；把开展18岁成人仪式教育作为各级政府的一项重要工作；还应成立专门负责实施18岁成人仪式教育的组织和机构，并划拨专项教育经费，定期对其实施情况和效果进行检查、督促、指导；家长应支持18岁成人仪式教育的开展、实施。近年来，随着18岁成人仪式教育的发展，设立全国性的成人节基本成熟。我们建议我国统一的"成人节"定在每年的4月18日，因为春天充满了希望与生机，具有象征意义；同时4月18日寓意18岁，纪念意义明显；过完"成人节"，接着可度过一个"五四"青年节；还可对6月份毕业后无论是升入大学还是走向社会参加工作都产生重要的影响。

3. 国外成人仪式教育的经验借鉴及启发意义

对国外开展的成人仪式教育进行比较研究，具有重要的借鉴与启发意义。国外成人仪式的类型因地域、民族文化的差异而呈现出多种形式和内容。概言之，主要有四种类型：标志型、考验型、教导型、象征型。国外成人仪式作为民族文化的重要组成部分，它既是民族文化的外在表现形式和载体，也蕴含着多种教育功能。成人仪式的教育功能旨在对青少年进行公民教育、生命教育、生活教育、道德伦理教育以及宗教信仰教育等方面的教育，发挥着越来越重要的作用。

国外成人仪式教育对我国开展的成人仪式教育活动有着重要的经验借鉴与启示作用：在承办主体上，要发挥家庭、民间组织的作用。在内容上，成人仪式教育应兼顾政治教育与生活教育的均衡。在类型上，成人仪式教育应多样化。从效果上看，建议国家设立“成人节”。本书着重介绍了日本举行成人仪式的经验，对我国实施成人仪式教育有较大的启发意义。

4. 从生命教育视角看待成人仪式教育

从生命教育的角度看，18 岁成人仪式教育也发挥着生命教育的价值：一是指向生命自我，明确指出个体的归属意向，即归属于民族、国家和社会。举办成功的成人仪式教育会引起青少年观念的转变和心灵的震撼，意识到就要告别未成年时代，将成为对民族、国家和社会负有责任的公民，承担起民族振兴、国家兴旺的重担。二是超出受教育者自然存在的直接需求，进行生命意义的建构与价值的提升。三是进行生命的升华，积极为社会的发展作出贡献。人的存在是生命的存在，人的发展是生命的发展，18 岁成人仪式教育是生命教育的重要组成部分，可谓成人生命教育中的开端教育。生命教育具有极其丰富的内涵，它“是以学生的生命活力为基础，以承认不同禀赋、性格和能力的差异为前提，以倡导人的生命与自身、自然、社会、他人整体和谐为目标，通过良好的教育方式，唤醒人的生命意识，启迪人的精神世界，开发人的生命潜能，构建人的生活方式，激发人的生命活力，提升人的生命质量的活动”①。18 岁成人仪式教育的研究能够探索对成年期的青年如何进行特殊的生命教育。

本书设立了“18 岁成人仪式教育中关注生命教育”的专章，提出了在进行 18 岁成人仪式教育中要关心青少年的生命健康，并贯穿在整个活动中，对其进行引导与教育，具体做到：一、学校应承担起生命教育的任务，二、开展安全教育与健康教育，三、引导学生全面发展并关注生命个体，四、教育学生直面人生，做生活的强者，五、加强社会的规范与引导。

5. 父母致信及建议书

本书选用了有关作者给当年要成人的 18 岁女儿和参加成人冠礼仪式的儿子的信，给教育部的建议书以及教育部基础教育一司的采用证明，旨在为重视本书的研究提供参考。致信用真挚的语言“18 岁是孩童时代的结束，成人的意识与独立思考将就此开始；18 岁是如诗如歌的年龄，告别幼稚走向成熟将从这里起步；18 岁是朝阳初上的年龄，似一轮朝阳从东方冉冉升起；18 岁又是神圣庄严的时刻，从今天起你已经成人，将成为对国家有责

---

① 王北生.论教育的生命意识及生命教育的四重构建[J].教育研究，2004，(5).

献的一个公民，成为家庭中负有责任的一个成员，成为用自身的智慧和力量去创造光明前程的独立的社会一员。作为父母，我们盼你快快长大，因为你是我们的寄托，是我们未来的希望，是我们事业的补充和继承者。我们衷心地祝贺你光荣地步入成人的行列，走向人生道路上一个新的起点，用智慧和行动去创造有意义的人生"写出了父母对子女寄托希望的心声。

给教育部的建议书主要提出了我国应设立统一的"成人节"的建议，因为成人节是许多国家和民族对青少年进行成人教育的有效载体。我们提出我国统一的"成人节"可定于每年的4月18日，其寓意在于：4月是春天，风和日丽，气候宜人，最能体现青少年蓬勃向上的精神风貌，具有象征意义；4月18日寓意18岁，纪念意义明显。教育部基础教育一司对建议书和中期研究成果（发表于《教育研究》2010年第5期、被《新华文摘》2010年第17期全文转载的《18岁成人仪式教育：进展、问题与对策》论文和另一组6篇笔谈论文）进行了充分肯定，认为所提交的成果及给教育部的建议书《关于设立"18岁成人节"加强18岁成人仪式教育的建议》，所提出的我国应设立统一的"成人节"，把18岁成人仪式教育纳入法制化轨道以及具体日期等建议，具有重要意义，我们已在工作中充分参考，并用该研究成果回答了全国人大代表关于我国应设立"成人节"的建议。要求"各地在组织开展18岁成人仪式教育活动中，可吸收该项目研究成果，构建我国学校、家庭、社会共同参与的18岁成人仪式教育立体式网络，使我国的18岁成人仪式教育真正取得实效"。

第1章 18岁成人仪式教育概念解读与文献综述

成人仪式，又称“成人礼”、“成年礼”、“成丁礼”，是人生习俗中的一种礼俗。传统成人礼是一种关于接纳部落成员，并以某种特殊形式来完成仪式的习俗，其本质在于通过仪式证明某人已经成年，具有部落成员拥有的一切权力，尤其是婚姻——性关系的权力。成人礼作为一种具有显著民族特点的风俗习惯，曾毫不例外地在世界各民族的社会历史发展过程中存在过。只是因为地理环境、气候条件的不同以及民族、部落间的历史文化现实的差异，产生了不同的成人礼仪式。但是，到目前为止，真正具有现代教育意义的成人仪式属我国正在逐渐普及的 18 岁成人仪式教育活动。

一、18 岁成人仪式教育概念解读

18 岁成人仪式教育活动从 20 世纪 90 年代发起到目前逐渐普及只有十几年短暂的历史，经历了一个从小到大、从幼稚到成熟的逐渐完善的过程。人们对 18 岁成人仪式教育活动的认识也经历着一个逐步深化的过程，不同的学者、媒体和政府机构对其概念的理解也不尽相同。这里列举几种有代表性的论述：

《共青团中央关于规范十八岁成人仪式教育活动的暂行意见》(1996 年 4 月 8 日)指出：“十八岁成人仪式教育活动是共青团组织根据党中央印发的《爱国主义教育实施纲要》，在全国范围内开展的一项青年思想道德文化教育活动。两年来的实践证明，十八岁成人仪式教育活动是适应改革开放和发展社会主义市场经济的要求，进行青少年公民素质教育，培育‘四有’公民，推动社会主义精神文明建设的一个重要载体。”

中青办发[1999]4 号《关于 1999 年深入开展中学生 18 岁成人仪式教育活动的通知》指出：“18 岁成人仪式教育活动是中学共青团组织参与中学

素质教育，实施中学生‘素质拓展’的重点项目。”

中青办发[2000]4 号《关于继续大力推进 18 岁成人仪式教育活动的通知》指出：“18 岁成人仪式教育活动是共青团组织在 16～18 岁青少年中开展的一项思想道德和公民素质教育活动。”

中青办发[2002]8 号《关于深入开展中学生 18 岁成人仪式教育活动的通知》指出：“中学生 18 岁成人仪式教育活动是共青团组织对青少年进行爱国主义教育的有效形式，也是加强中学德育工作的重要载体。”

《中国共青团年鉴(1998～2002)》认为：“18 岁成人仪式教育活动是共青团在适龄青少年中开展的一项德育教育活动，是新时期对青少年进行思想道德教育、公民素质教育的重要载体。”①

张华、苑庆国(1997)认为：“18 岁成人仪式教育活动，作为共青团组织贯彻落实《爱国主义教育实施纲要》的具体措施和行动，积极适应改革开放和发展市场经济的要求，成为加强公民意识教育、培养和造就‘四有’新人、推动社会主义精神文明建设的一个重要载体。”②

中国青少年研究中心课题组(1997)认为：“18 岁成人仪式教育活动是共青团中央‘跨世纪青年文明工程’的一项重要内容。它作为在改革开放和社会主义市场经济条件下对青少年进行公民素质教育的重要载体正在全国部分大中城市逐渐展开。”③

王松山、郭舒、刘岩(2003)认为：“18 岁成人仪式教育活动是共青团组织在 14～18 岁青年中开展的一项德育教育和实践活动，是在新时期对他们进行思想道德教育、加强社会主义精神文明建设的重要载体。”④

徐美元(2006)认为：“成人仪式教育活动是共青团组织近年来在 16～18 岁青少年中倡导开展的一项公民素质教育活动，它成为团组织对青少年特别是在校中学生进行德育的一种有效形式，并被列入《爱国主义教育实

① 共青团中央. 中国共青团年鉴(1998～2002)[M]. 中国青年出版社，2004，1240～1241.

② 张华，苑庆国. 18 岁成人仪式教育活动的现状与发展[J]. 中国青年政治学院学报，1997，(2).

③ 中国青少年研究中心课题组. 现状与对策：十八岁成人仪式与公民教育[J]. 中国青年研究，1997，(3).

④ 王松山，郭舒，刘岩. 深化 18 岁成人仪式教育活动的思考[J]. 中国青年研究，2003，(4).

施纲要》、《公民道德建设实施纲要》等重要文件中。"①

从上述关于18岁成人仪式教育活动的描述中，我们经过分析可以发现，尽管专家、学者或社会机构对其概念的描述有所不同，但是，18岁成人仪式教育活动具有以下几个共同的基本要素：

第一，18岁成人仪式教育活动是为适应新形势进一步加强和改进中学德育工作的要求而开展的一项活动。

未成年人是祖国未来的建设者，是中国特色社会主义事业的接班人。目前，我国18岁以下的未成年人约有3.67亿。根据国家统计局《国民经济和社会发展统计公报》的数据，我国每年出生人口在20世纪90年代为2000万左右，因此，据此推算，我国目前每年跨入18周岁的青年每年在2000万左右，以后逐步呈现减少的趋势，见下表。

我国每年出生人口统计表

年份	出生人口(万)	年份	出生人口(万)	年份	出生人口(万)
1981	2092	1991	2279	2001	1702
1982	2265	1992	2137	2002	1647
1983	2082	1993	2143	2003	1599
1984	2077	1994	2121	2004	1593
1985	2277	1995	2073	2005	1617
1986	2411	1996	2078	2006	1584
1987	2550	1997	2038	2007	1594
1988	2307	1998	1991	2008	1608
1989	2432	1999	1909	2009	1615
1990	2407	2000	1778	2010	2011
				1596	1604

他们的思想道德状况如何，直接关系到中华民族的整体素质，关系到国家前途和民族命运。他们的健康成长，对于全面实施科教兴国和人才强国战略，确保我国在激烈的国际竞争中始终处于不败之地，确保全面实现建设小康社会、加快推进社会主义现代化的宏伟目标，确保中国特色社会主义事业兴旺发达、后继有人，具有重大而深远的战略意义。我国社会主

① 徐美元.成人仪式与公民教育——透视我国成人仪式中的公民教育问题[J].现代中小学教育，2006，(1).

义市场经济的深入发展，社会经济成分、组织形式、就业方式、利益关系和分配方式的日益多样化，为未成年人的全面发展创造了更加广阔的空间，与社会进步相适应的新思想新观念正在丰富着未成年人的精神世界。与此同时，一些领域道德失范、诚信缺失、假冒伪劣、欺骗欺诈活动有所蔓延；一些地方封建迷信和黄、赌、毒等社会丑恶现象沉渣泛起，成为社会公害；一些成年人价值观发生扭曲，拜金主义、享乐主义、极端个人主义滋长，以权谋私等消极腐败现象屡禁不止等等，也给未成年人的成长带来不可忽视的负面影响。18 岁成人仪式教育活动正是在这样的时代背景中由共青团组织发起和开展的一项旨在加强和改进未成年人思想道德建设的活动。通过教育活动，使青少年掌握宪法和法律的有关知识、懂得宪法和法律所赋予的公民权利和义务，增强对国家、对社会、对家庭的责任感，并通过生活、劳动、创造等方面技能的训练，使青年提高为社会、为人民服务的技能。18 岁成人仪式教育活动体现了爱国主义教育、公民意识教育和社会责任感教育，切合了培养和造就社会主义事业建设者和接班人这一主题。

第二，18 岁成人仪式教育活动是依据中共中央《爱国主义教育实施纲要》、《公民道德建设实施纲要》、《中共中央国务院关于进一步加强和改进未成年人思想道德建设的若干意见》等有关精神而开展的一项活动。

依据 1：中共中央《爱国主义教育实施纲要》(1994 年 8 月 23 日)指出："进行爱国主义教育，需要提倡必要的礼仪，特别要提倡有助于培养对国旗、国歌、国徽崇敬感的必要礼仪，增强人们的爱国主义感情。……提倡各地组织年满 18 周岁的公民举行对国旗宣誓的成人仪式。"①

依据 2：《公民道德建设实施纲要》(2001 年 9 月 20 日)指出："开展必要的礼仪、礼节、礼貌活动，对规范人们的言行举止，有着重要的作用。要提倡在重要场所和重大活动中升国旗、唱国歌，开展入队、入团、入党宣誓、成人仪式以及各种形式的重礼节、讲礼貌、告别不文明言行等活动，引导公民增强礼仪、礼节、礼貌意识，不断提高自身道德修养。"②

依据 3：《中共中央国务院关于进一步加强和改进未成年人思想道德建

① 中共中央关于印发《爱国主义教育实施纲要》的通知[J]. 中华人民共和国国务院公报，1994，(20).

② 中共中央关于印发《公民道德建设实施纲要》的通知[J]. 中华人民共和国国务院公报，2001，(32).

设的若干意见》(2004 年 2 月 26 日)指出:“各种法定节日,传统节日,革命领袖、民族英雄、杰出名人等历史人物的诞辰和逝世纪念日,建党纪念日、红军长征、辛亥革命等重大历史事件纪念日,‘九一八’、‘南京大屠杀’等国耻纪念日以及未成年人的入学、入队、入团、成人宣誓等有特殊意义的重要日子,都蕴藏着宝贵的思想道德教育资源。要抓住时机,整合资源,集中开展思想道德主题宣传教育活动。”①

第三,18 岁成人仪式教育活动是由共青团中央和各级共青团组织负责实施的一项活动。

共青团中央十几年来一直高度重视这项工作,为指导各地团组织开展 18 岁成人仪式教育活动,先后下发多个文件来规范和表彰 18 岁成人仪式教育活动,如《共青团中央关于规范十八岁成人仪式教育活动的暂行意见》(1996 年 4 月 8 日)、中青办发[1999]4 号《关于 1999 年深入开展中学生 18 岁成人仪式教育活动的通知》、中青办发[2000]4 号《关于继续大力推进 18 岁成人仪式教育活动的通知》、中青办发[2002]8 号《关于深入开展中学生 18 岁成人仪式教育活动的通知》、中青办发[2000]2 号《共青团中央关于表彰 1999 年度全国 18 岁成人仪式教育活动优秀组织单位的决定》、中青办发[2001]5 号《共青团中央关于表彰 2000 年度全国 18 岁成人仪式教育活动优秀组织单位的决定》和中青办发[2001]30 号《共青团中央关于表彰 2001 年度全国 18 岁成人仪式教育活动优秀组织单位的决定》。

第四,18 岁成人仪式教育活动是对处在成人预备期内的青少年(重点是中学生)实施的一项活动。

1994 年至 1995 年间,18 岁成人仪式教育活动的开展主要是对 18 周岁的公民举行成人宣誓仪式,如中共中央《爱国主义教育实施纲要》(1994 年 8 月 23 日)指出:“提倡各地组织年满 18 周岁的公民举行对国旗宣誓的成人仪式。”②1996 年至 2001 年间,18 岁成人仪式教育活动主要针对 16～18 岁处在成人预备期内的青年(重点是中学生)而开展,如《共青团中央关于规范十八岁成人仪式教育活动的暂行意见》(1996 年 4 月 8 日)指出:“18 岁

---

① 中共中央国务院关于进一步加强和改进未成年人思想道德建设的若干意见[J]. 中华人民共和国国务院公报,2004,(14).

② 中共中央关于印发《爱国主义教育实施纲要》的通知[J]..中华人民共和国国务院公报,1994,(20).

成人仪式教育活动的参加者是 16～18 岁处在成人预备期内的青年，重点是普通中学、中等专业技术学校和各类职业学校的适龄学生。要广泛组织适龄青年参加 18 岁成人仪式教育活动。"中青办发[1999]4 号《关于 1999 年深入开展中学生 18 岁成人仪式教育活动的通知》指出：1999 年"是我们党和国家历史上具有特殊意义的一年，将迎来新中国成立 50 周年、五四运动 80 周年、澳门回归祖国，还有世纪之交等几件大事，这为在中学生（含普通中学、职业中学、中等专业学校、技工学校学生）中深化 18 岁成人仪式教育活动、进行爱国主义教育提供了良好的契机"。2002 年以来，18 岁成人仪式教育活动的教育对象向下延伸到接受初级中等教育的 14 周岁以上的初中生，如中青办发[2002]8 号《关于深入开展中学生 18 岁成人仪式教育活动的通知》指出：活动主体是"14 至 18 周岁的全日制中学（含中等职业学校）在校学生"。

笔者认为，随着 18 岁成人仪式教育活动的普及，受教育对象会越来越多，正在接受普通高等教育的未满 18 周岁的大学生和处于 14～18 岁成人预备期阶段的社会青少年会逐渐纳入到 18 岁成人仪式教育对象的范围之中。因此，为行文方便，本书所用的"14～18 岁学生"、"中学生"、"青少年"等词汇包括各类普通中学、职业中学、中等专业学校、技工学校的 16～18 岁高中生与职高生，也包括 14～16 周岁正在接受初级中等教育的初中生和未满 18 周岁正在接受高等教育的大学生，还包括处于 14～18 岁成人预备期阶段的社会青少年。

第五，18 岁成人仪式教育活动的开展是以成人意识教育、生存技能教育和公民素质教育为基本内容的教育活动。

《共青团中央关于规范十八岁成人仪式教育活动的暂行意见》（1996 年 4 月 8 日）指出："十八岁成人仪式教育活动是适应改革开放和发展社会主义市场经济的要求，进行青少年公民素质教育，培育'四有'公民，推动社会主义精神文明建设的一个重要载体。"中青办发[1999]4 号《关于 1999 年深入开展中学生 18 岁成人仪式教育活动的通知》指出："为落实《共青团工作跨世纪发展纲要》，实施中学生'素质拓展'，使这项活动在中学生成长成才过程中发挥更大的作用，引导中学生主动面向新世纪，增强公民意识和社会责任感，树立成才报国的理想，实现全面发展……"中青办发[2000]4 号《关于继续大力推进 18 岁成人仪式教育活动的通知》指出："18 岁成人仪式教育活动是中学共青团组织参与中学素质教育，实施中学生'素质拓展'的重点项目。”中青办发[2002]8 号《关于深入开展中学生 18 岁成人仪式教育活动的通知》指出:“帮助和引导中学生健康成长,勤奋学习,努力成为社会主义现代化事业的合格建设者和接班人。”

第六,18 岁成人仪式教育活动是以公民意识教育、志愿服务、素质拓展训练和宣誓仪式为基本方式的系统化教育活动。

18 岁成人仪式教育活动的主要方式逐渐由 20 世纪 90 年代的三个基本方式过渡到 21 世纪初的四个基本方式。《共青团中央关于规范十八岁成人仪式教育活动的暂行意见》(1996 年 4 月 8 日)指出:“十八岁成人仪式教育活动是一个系统的教育过程,包括成人预备期教育、成人预备期志愿服务、成人宣誓仪式三个环节。要扎扎实实地抓好每个环节,使十八岁成人仪式教育活动在青年成长、成才的过程中留下深刻的痕迹。”中青办发[1999]4 号《关于 1999 年深入开展中学生 18 岁成人仪式教育活动的通知》和中青办发[2000]4 号《关于继续大力推进 18 岁成人仪式教育活动的通知》也有“三方式”类似的论述。2002 年以后,18 岁成人仪式教育活动发展到“四方式”。中青办发[2002]8 号《关于深入开展中学生 18 岁成人仪式教育活动的通知》指出:活动有“公民意识教育”、“志愿服务组织”、“素质拓展训练”和“成人宣誓仪式”等方式 。

综上所述,笔者认为,我们可以把“18 岁成人仪式教育”的概念表述为:是指学校和社会为适应新形势对进一步加强和改进青少年德育工作的要求,积极贯彻中共中央《爱国主义教育实施纲要》、《公民道德建设实施纲要》、《中共中央国务院关于进一步加强和改进未成年人思想道德建设的若干意见》的精神,对处在成人预备期内的青少年(重点是中学生)实施的,以成人意识教育、生存技能教育和公民素质教育为基本内容,以公民意识教育、志愿服务、素质拓展训练和宣誓仪式为基本方式的一项公民素质教育活动。

二、18 岁成人仪式教育研究文献综述

1. 传统成人仪式研究综述

由于不同民族、部落间的历史文化现实的差异,产生了不同的成人礼仪式,如汉族历史上的“冠礼”、“笄礼”,彝族、纳西族和摩梭人的换裤礼和

换裙礼，瑶族的度戒，基诺族的捕捉，回族的割礼，布朗族的染齿，侗族的滚烂泥巴，苗族的捕鱼和理纱，藏族的分辫子，闽南地区的牵出花园等。在非洲一些国家（如坦桑尼亚），青年人在步入成人时要举行一种对男女人体生殖器官施行某种手术并为此而举行的礼仪，即割礼。在日本，每年一月份的第二周的星期一，全国放假一天，为日本各个郡、市、町、村步入 20 岁的青年男女举行成人仪式。在以色列、德国、俄罗斯、澳大利亚、秘鲁、墨西哥等国家和地区也存在形式不同的传统成人仪式。在研究传统性质的成人仪式问题上，有的学者作了较为深入的探讨，他们的论文具有较高的研究价值。

吴晓蓉（2003）在其博士论文《仪式中的教育——摩梭人成年礼的教育人类学分析》中对生活在四川省盐源县左所区沿海乡的摩梭人的成年礼仪式进行了系统的探讨和个案分析。她的研究结论是："摩梭人成年礼仪式蕴含着深刻的教育意义，它包含了教育内容、教育方法和教育主体等多种因素；成为一个享有宗教、经济、法律、婚姻和性生活权利、承担家庭与社会责任和义务的人，是摩梭人举行成年礼仪式的根本目的，也是仪式中教育发生的根本归宿；摩梭人成年礼仪式中，通过教育者、教育影响和受教育者三者之间的交互作用，实现了仪式中的教育发生；在摩梭人的成年礼仪式中，未成年人可以实现自主学习，体现个体在学习过程中的主动性；摩梭人成年礼仪式所展现的时空关系与意义绵伸，表明个体通过该仪式，实现了从未成年人向成年人、从家庭向氏族、从个人向社会的真正转化。"①

道捷（1996）认为，少数民族成年礼，是青少年一代步入成年社会的标志，是他们人生道路上的一块重要的界碑。这种礼仪形式，作为民族文化形态之一，具有浓厚的人生观、世界观和价值取向的性质，起着一种文化传承的作用，成为青少年道德认识与判断形成的途径，成为他们认识自然、掌握生产、生活技能的手段。②

金少萍（1999）认为，在云南各少数民族中，女子成人礼仪的形式多种多样，内容丰富多彩，20 世纪 50 年代以前，这些礼仪被完整地保留着。与男子成人礼仪不同的是，女子成人礼仪不仅体现了一个人从此成为社会正

---

① 吴晓蓉. 仪式中的教育——摩梭人成年礼的教育人类学分析[D]. 重庆：西南师范大学，2003.

② 道捷. 少数民族成年礼在个体社会化中的作用[J]. 中国社会工作，1996，(2).

式成员的意义，更多地还体现了以女性为中心的生育文化、家庭生活的文化内容。随着时代的发展，女子成人礼仪出现了明显的文化变迁。①

赵心愚(2001)认为，纳西族的成人礼一般称作“穿裤礼”与“穿裙礼”，是我国进入 20 世纪后仍保留下来的比较典型的传统民族成人礼俗。透视这一文化现象，可以让我们看到目前越来越引起大众兴趣与关注的纳西文化的一些重要侧面。②

张文安(2003)认为，冠礼起源于父系氏族社会的成丁礼，各项议程都充满了对冠者的教化与期望。冠者通过与神秘存在建立互渗，有了成年意识和社会责任感。冠礼作为人们的一种自觉行动，被统治者所利用，在确立了父系血缘与政治等级的同一秩序之后，冠礼也由“礼俗”变成了“礼制”。③

柏天明(2004)认为，瑶族男性成人礼是在瑶族历史长河中逐步形成的。它既是一种宗教仪式，也是对接受礼式者进行社会道德教育的一种重要形式。其实质是要代代相传，把后代培养成为具有本民族意识的能人。瑶族男性成人礼仪式的基本程序包括度戒、受戒、过法三个阶段。④

戴庞海(2005)认为，冠礼是给跨入成年人行列的 20 岁男子加冠以示成年的礼仪，在魏晋以前备受重视，被称为“礼之始”，有相当繁琐的礼仪。冠礼的功能众多，教育是其中最重要的功能之一。文章重点论述了冠礼教育的目的、内容、过程、主客体及方法，并对冠礼的教育功能做了客观评价，认为它在提高全民族的文化素质、礼仪水平，增强团体成员的社会、家庭责任感等方面都有积极的作用。⑤

戴庞海(2006)认为，成人礼，又成年礼、成丁礼、入社式等，是世界上绝大多数原始民族和比较落后的民族都曾实行过的一种传统仪式。其具体形式多种多样，各不相同，但对象都是即将进入成年人行列的青年男女。

① 金少萍.云南少数民族女子成年礼探[J].思想战线(云南大学人文社会科学学报),1999,(2).

② 赵心愚.纳西族的成人礼[J].中国民族,2001,(11).

③ 张文安.略论中国古代的冠礼[J].新乡师范高等专科学校学报,2003,(4).

④ 柏天明.浅述瑶族男性成人礼仪式的基本程序[J].文山师范高等专科学校学报,2004,(3).

⑤ 戴庞海.略论中国古代冠礼的教育功能[J].郑州大学学报,2005,(2).

目的都是以此表明他们从此以后就不再是孩子，而是大人了。世界各地形形色色的成人礼，大致可以归纳为四类：标志型、教导型、考验型和象征型。其共有特征主要有：限定年龄、广泛性、民族特色明显、主要功能是标志“成人”等。①

朱和双(2006)认为，中国信仰伊斯兰教的少数民族一般都实行割礼。割礼就是在男孩子长到一定年龄时举行一定的仪式割去他们阴茎上过长的包皮。行过割礼之后，这个小男孩便成了一个穆斯林。割礼既是中国信仰伊斯兰教的民族通行的重大人生礼仪，也是穆斯林民族文化特性的标志，还是卫生之举，广为穆斯林民众所接受。随着历史的进步和社会的发展，中国穆斯林民族割礼习俗中最初的单纯的宗教性涵义已日趋淡化，从而在一定程度上使割礼变成一种展示民族传统文化、共同心理、思维特征和精神面貌的文化复合体。②

上述研究虽多停留在描述、介绍和经验总结等层次上，但对传统成人仪式的研究进一步系统、深刻和完善具有重要的参考价值。而18岁成人仪式教育活动如何借鉴和吸收传统成人仪式的精髓则较少有论文涉及。

2. 18岁成人仪式教育活动研究综述

自我国18岁成人仪式教育活动开展以来，一些学者相继就这项活动开展情况和改进策略进行了研究，并提出自己的一些见解。

施克灿(1996)认为，几年来全国几大城市对年满18岁的学生开展“成人礼”仪式的教育活动，就是把学校教育与社会教育结合起来的一种尝试。目前被社会各界视为新生事物的“成人礼”教育活动有着相当悠久的历史。从心理学角度看，18岁青年的心理发展已经基本上达到了成人的水平，更主要的是，他们的自我意识已经发展到一个新阶段。“成人礼”教育活动正是强化其自我意识及自我教育能力的一种手段。从社会学角度看，教育的一大功能就是促使个体的进一步社会化。青年期社会化的目标是使青年获得社会的基本价值标准，社会规范，成为一个独立的社会成员，向着社会期待的成年人角色过渡。18岁“成人礼”教育活动是青年人成为社会正式

---

① 戴庞海. 成人礼的类型与特征[J]. 河南科技大学学报(社会科学版)，2006，(5).

② 朱和双. 中国穆斯林民族的割礼习俗与文化认同[J]. 青海民族研究，2006，(3).

公民所接受的第一课，其实质不仅仅是仪式本身，而在于使青年人树立一种成人意识和社会责任感，意识到从此之后，自己已成为社会的正式公民，对自己的言行、思想、学业提出更高的要求，以成人的角色要求自己，以成人的行为规范来指导和约束自己，这才是举行“成人礼”教育活动的真正目的。为了使当前的“成人礼”教育活动真正得到有效的实施，使之步入规范化、制度化、普及化的轨道，必须在以下几方面作努力：第一，加强宣传。第二，形成制度。第三，确定重点。第四，深入研究。第五，开展“成人礼”教育活动要认真实施，力求贯彻。①

中国青少年研究中心课题组(1997)认为，1996 年 4、5 月间进行的“18 岁成人仪式与公民教育”专题调查表明：从认识上看，18 岁成人仪式作为对中学生进行成人意识和社会责任感教育的有效形式已得到参与主体与教师、家长的普遍认同，关于成人仪式教育活动的宣传和理论研究亟须加强；从实际运作中看，18 岁成人仪式教育活动已收到了较好的实践效果，但活动的具体内容和形式还有待丰富；成人预备期志愿服务活动作为参加成人仪式的必要条件得到大多数中学生的赞成，志愿服务活动应注重和国家法律规定的公民义务活动结合起来；成人仪式教育活动已得到社会各界的关注和支持，逐步走向制度化、普及化，如何使这一活动形成系统规范的运作机制仍是今后要着力解决的问题。作为跨世纪青年文明工程的一项重要内容，作为一项在全国中学生中即将大规模开展的教育活动，成人仪式教育活动今后尚需在规范化和系统化方面着力。第一，成人仪式应尽快走向规范化，应积极推动地方立法，使成人仪式教育活动逐步纳入法制轨道。第二，成人预备期教育的系统工作亟须加强。②

张华、苑庆国(1997)认为，从目前的情况来看，这项活动主要呈现出以下几个特点：教育活动以大中城市为中心，但城乡发展不平衡；参加教育活动以在校生为主体；内容结构科学，但前期活动薄弱；活动时间集中，但不统一；支持保障有力，但空白较多；实际效果明显，但需不断提高。18 岁成人仪式教育活动能得到社会的欢迎、家长的支持和青年的青睐，是因为它

① 施克灿.学校教育与社会教育的契合点——试论 18 岁“成人礼”教育的必要性[J].高等师范教育研究，1996，(4).

② 中国青少年研究中心课题组.现状与对策：十八岁成人仪式与公民教育[J].中国青年研究，1997，(3).

来源于深厚的社会生活，有着牢固的现实基础；适应了青年成长的需求，受到了青年的欢迎；符合教育工作的科学规律，增强了教育的针对性；反映了青年工作的特点，体现了新形势下青年工作的新思路。18 岁成人仪式教育活动还应在一些方面不断加强和改进：充实内容，提高质量；加强领导，提高认识；把握规律，注重指导；争取支持，深化发展。①

王松山、郭舒、刘岩（2003）认为，18 岁成人仪式教育活动体现以下特点：教育过程系统性强，法制化进程稳步推进，宣誓仪式渐趋规范，社会各界鼎力支持。18 岁成人仪式教育活动在实施过程中主要存在三方面问题：一是活动认识上存在片面性；二是对活动"四环节"重视程度差异较大，用力不均；三是活动发展不平衡。并提出几点思考：不断提高对活动的全面认识，争取教育等部门的大力支持，努力推动地方立法工作，突出抓好主题志愿服务，以创新精神将活动引向深入。②

董海军、易勇（2003）认为，成人仪式在现代社会又得以提倡并重建，从主持主体看，各级团组织、学校等教育行政机构替代了家庭、部落等生活组织和亲人；从仪式内容看，思想政治教育突显，生活教育弱化；从仪式过程看，政治形式倾向掩盖生活考验实质；从仪式效果看，爱国守法等政治意识的强化冲淡生活实践的启迪。③

阎光才（2005）认为，成人礼与其说是代表一种新的生命的开端，不如说它仅仅是具有象征意义的一次身份转换。而目前进行的成人礼遮蔽了日常教育生活中的多样性，隐匿了日常生活中所存在的本质性差异。要设计出一个形式多样和内容丰富的成人仪式，取决于我们的理念，这种理念不仅反映了我们对教育日常生活状态的一种基本理解，也体现了我们对未成年人参与社会的一种预期。④

徐美元（2006）认为，成人仪式教育活动是共青团组织倡导开展的一项公民素质教育活动，包括公民意识教育、成人预备志愿服务和成人宣誓仪

① 张华，苑庆国. 18 岁成人仪式教育活动的现状与发展[J]. 中国青年政治学院学报，1997，(2).

② 王松山，郭舒，刘岩. 深化 18 岁成人仪式教育活动的思考[J]. 中国青年研究，2003，(4).

③ 董海军，易勇. 成人仪式：从生活教育到政治教育[J]. 思想战线，2003，(6).

④ 阎光才. 成人仪式的象征与教育日常生活[J]. 教育科学研究，2005，(9).

式三个环节。在目前的成人仪式公民教育中存在着片面化、泛政治化、理想化、绝对化等弊端,应从以下方面加以完善:全面理解“四有”公民的科学内涵;建立相应的公民教育体系,加强青少年公民训练;关注现实个体,寻找理想观照下的现实关怀;培养主体意识,平衡权责关系等。①

张云(2006)认为,18 岁成人仪式教育活动无疑是非常有意义的,但是要让学生、家长、学校的领导和教师都能够比较深刻地认识其意义又是有相当的难度的。未成年人和成年人的区别就在于未成年人是受保护者,而成年人应当担负起自立的责任,这就是 18 岁成人仪式教育的意义。教育的目的首先是培养健康人。所谓“健康人”,就是能够健康地生存,具有健康生存的能力,并且能够生育后代和抚育后代的人。“健康人”和“劳动者”之间存在着必然的联系。只有具备“健康人”素质的人才能够成为“劳动者”,只有“劳动者”才能够成为真正的“健康人”。②

王北生(2008)组织的生命教育视阈下的“成人”仪式教育研究(笔谈)认为,根据生命教育理论,18 岁成人过程应被看做是青少年人生中一段重要的生命历程,是他们生命中有意义的构成部分;对 18 岁青少年进行成人仪式教育,是其健康成人的需要,对其一生的身心发展具有重要的影响作用。笔谈共有 6 篇论文:《开展 18 岁成人仪式教育研究的意义与价值》、《18 岁成人仪式教育的现状、问题与对策》、《18 岁成人仪式教育的生理学、心理学基础》、《论传统成人仪式的生命教育意蕴》、《国外成人仪式的经验及对我国的启示》、《教育改革应加强 18 岁成人仪式教育的研究与实践》。论文从不同角度就生命教育视阈下的成人仪式问题展开研讨,发表自己的看法,不乏真知灼见。③

武小燕(2009)的《日本“成人式”的现状及对我国的启示》一文,对日本举行成人仪式的经验进行了较为系统的总结,并提出了对我国开展 18 岁

① 徐美元.成人仪式与公民教育——透视我国成人仪式中的公民教育问题[J].现代中小学教育,2006,(1).

② 张云.教育首先要培养“健康人”——论 18 岁成人仪式教育活动的意义[J].上海青年管理干部学院学报,2006,(1).

③ 王北生等.生命教育视阈下的“成人”仪式教育研究(笔谈 6 篇)[J].华北水利水电学院学报(社科版),2008,(2).

成人仪式教育活动的启示。①

王北生、李中亮(2010)对我国开展的 18 岁成人仪式教育进行了较为系统的研究,以《18 岁成人仪式教育:进展、问题及改进建议》为题对我国开展 18 岁成人仪式教育的经验进行了总结,分析了存在的问题,提出了今后实施的改进建议。②

上述各位学者从不同的角度出发对我国开展 18 岁成人仪式教育活动进行了自己的分析和评价,我们可从中吸收合理的建议作为参考,继续深化 18 岁成人仪式教育的研究,并以此影响和改进 18 岁成人仪式教育活动的开展。

① 武小燕.日本"成人式"的现状及对我国的启示[J].河南教育学院学报(哲社版)2009,(1).被人大报刊复印资料《青少年导刊》2009(5)全文转载.

② 王北生,李中亮.18 岁成人仪式教育:进展、问题及改进建议[J].教育研究,2010,(5).被《新华文摘》2010(17)全文转载;被人大报刊复印资料《中小学教育》2010(10)全文转载.

第 2 章　18 岁成人仪式教育的生理学、心理学基础

18 岁成人仪式教育活动是共青团组织根据党中央印发的《爱国主义教育实施纲要》、在全国范围内开展的一项青年思想道德文化教育活动，是进行青少年公民素质教育、培养“四有”公民、推动社会主义精神文明建设的一个重要载体。成人仪式教育中一个重要的关键词是“成人”，也就是说，这种仪式教育只能在青少年将要“成人”之际进行。根据苏联著名心理学家维果茨基提出的最近发展区（Zone of Proximal Development，简称 ZPD）理论，个体在成人或有经验的同伴的帮助下，可能获得比其现有水平更高的发展。也就是说，教育应该走在发展的前面，让青少年“跳一跳摘桃子”。“跳一跳摘桃子”对教育时机提出了要求：任何教育都要把握关键时期，必须抓住生理、心理、能力发展的将要成熟而又未成熟之时，以教育力量的介入，促进青少年更好的发展。换言之，成人仪式教育的开展，必须首先探索“成人”的生理、心理条件，在此基础上，更有针对性地开展成人仪式教育，真正取得教育实效。

一、生理成熟：“成人”的物质基础

无论是古代社会还是现代社会，判断“成人”的最基本、最直观的标准是生理成熟。虽然生理成熟并不代表社会学意义上的“成人”，但我们可以将生理成熟看做“成人”首先需要具备的物质条件，探索其可能的成熟标准。具备或将要具备这些条件，是开展成人仪式教育的前提和基础。

个体从 0 岁开始就不断发生生理变化，呈现出由快而慢、逐步平稳的规律，但 16～18 岁又开始出现一个新的较快发展的时期，这也是人生的第二次生长高峰期。一般认为，这一时期是个体生长发育日趋成熟和完善的时期，个体的身体、各种器官以及器官机能等都出现较大的变化，主要呈现

出以下生理特点：

1. 身体外形呈现成熟两性特征

从青春期开始，青少年的肌肉、骨骼等组织全面急剧成长，身体加速增长，出现人生第二次生长突增，主要表现为身高、体重、体型的成人化、两性化。首先，身高快速增长。个体身高的增长也遵循先快后慢、逐步平稳的规律，经过一段时间的平缓发展之后，青春期会出现身高增长的高峰期。经历青春期的快速增长，18 岁男女性的身高已与成人基本相同。其次，体重明显增加。青春期的青少年皮下脂肪较多，身体显得丰满，骨密质的厚度较薄，肌肉内水分及脂肪的含量相对较多，体重明显增加。最后，体型呈现性别差异。由于肌肉、骨骼、体内脂肪量的差别，男孩、女孩的体型差异与日俱增：男孩身材瘦高，肩宽臀窄，肌肉发达；女孩身材稍矮，肩窄胸隆，腰细臀圆，体型丰满。各异的体型特征是男、女性别的外显标志，标志着他们在身体外形上的"成人"。

这种身体外形上"成人"的变化是青少年最容易感知的变化，此时他们会出现对生理自我的关注，并形成一定的身体意象(body image)。生理自我指"个体对自我身体特点的认识"①，而身体意象是"指个体对自己的外表及生理特征的认知和态度"②。生理自我随着青少年身体的成熟和发育而逐渐出现，在青春期表现最为明显。已有研究表明，女孩对于自己的身体更为关注，她们更喜欢仔细分析自己的身体特征，如个子过高或过矮、身体过胖或过瘦、眉毛过多或过少、乳房和臀部够不够丰满等等。青少年之所以关注自己的身体特征，一方面由于这一时期外形特征的突然变化，另一方面是由于这一时期他们可以从他人那里得到有关自己身体特征的反馈。青春期外形特征是人们普遍关注的对象，比如同伴之间经常相互评价外貌、体形，父母或长辈会表现出对外貌漂亮的同伴的更多关注等，这些都直接或间接地影响青少年更多关注自己的身体特征。对身体特征的关注会影响青少年对朋友的选择。研究发现，青少年在与他们生理发展水平相当的同伴相处时感觉最舒服，因此，这一时期的青少年会以身体外形的发育情况选择朋友，当然，他们也会倾向于选择外貌漂亮的同伴。对身体特征的关注还有可能影响青少年的自尊和心理幸福感。有学者还指出，"青少

① 桑标. 当代儿童发展心理学[M]. 上海：上海教育出版社，2003，351.

② 桑标. 当代儿童发展心理学[M]. 上海：上海教育出版社，2003，351.

年对自己体貌的感知会强烈地影响他们对自己身体的满意程度，并最终影响到他们的自尊和心理幸福感”①。可见，青少年对生理自我的关注以及能否形成积极的身体意象，是青春期的重要课题，影响深远。

基于此，虽然青少年身体外形呈现成熟两性特征，但在这个新的迅速生长的时期，青少年对自己身体外形变化会产生各种各样的认识，如果不能及时引导，让青少年接受自己、悦纳自己，并形成积极的身体意象，将有可能对其发展产生消极影响。

2. 身体器官及其功能发育成熟

身体外形的“成人”并不能代表青少年已经达到真正的生理成熟，因为身体外形的“成人”仅仅是生理成熟的表面现象，更重要的是其身体器官及其功能的发育成熟。一般认为，在体内分泌的各种激素的作用下，至 18 岁，心、肺、脑等器官已基本发育成熟，相应地其功能也基本完善。概括地讲，身体器官及其功能的发育成熟主要表现在以下几个方面：

第一，脑的成熟及功能的完善。人脑的发展分为两个方面，一个方面是脑的重量和体积的发展，这在小学毕业时就已经基本稳定。有研究指出，小学毕业时，儿童的脑的重量和体积，已达到成人的 95%②。因此，青少年脑的重量和体积的变化并不是太大。另一个方面是脑的机能的发展。随着青少年的成长，他们会面对越来越复杂的生活条件的影响，需要思考越来越多的更为复杂的问题，因此，他们的神经系统，尤其是大脑皮质会发生巨大的变化。首先表现为脑细胞内部的结构和机能的迅速发展，脑神经细胞的分化机能达到了成人的水平，神经元也逐渐完善化、复杂化。其次表现为把脑的各部分联系起来的联络神经纤维在大量增加，传递信息的神经纤维的髓鞘化也已完成，神经纤维发展成熟。最后，神经系统的变化还表现在大脑皮层沟回的增多与加深，大脑不同功能区开始发展完善。此外，由于内分泌活动发生了变化，性腺活动加强，使神经系统的稳定性受到影响。神经过程的灵活性提高，神经细胞物质代谢机能旺盛，虽然容易出现疲劳，但恢复也较快。在这样的发展过程中，神经系统的兴奋和抑制过程逐步平衡。到 16～17 岁，大脑发育基本成熟，这为抽象、概括、推理、联想等高级思维能力的发展奠定了基础。

---

① 桑标. 当代儿童发展心理学[M]. 上海：上海教育出版社，2003，351.

② 朱智贤. 儿童心理学[M]. 北京：人民教育出版社，1993，494.

第二，心、肺、腺体等内部器官功能的完善。已有研究表明，心率和呼吸频率均随年龄的增大而下降，肺活量随年龄增大而增加，接近成人水平。收缩压、舒张压、脉压均随年龄增大而升高，运动能力有明显的提高。这些内部器官功能的完善不仅影响着青少年的身体发展，而且影响着其力量、运动能力、协调能力等的发展。有研究认为，青少年发展过程中，由于身体外形快速发展而“成人”化，有机体各部分之间以及整个有机体和环境之间常常暂时失去平衡。他们的机体发育和肌肉力量的增长往往超过运动调节能力的发展，以至暂时产生一些动作不灵巧或笨拙之感。① 而心、肺、腺体等内部器官功能的完善和成熟，可以让青少年机体与外部环境之间的不协调在较短时间内恢复平衡，从而尽可能避免对青少年产生更多负面影响。

第三，各类感觉器官功能的完善。感觉是人认识世界的起始，感觉器官功能的发展完善，可以让青少年更好地观察了解事物，充分发展感觉能力和知觉能力，从而更全面地认识事物。青春期青少年的听觉、视觉等都会有明显发展。研究材料表明，初中生区别各种色度的精确性比小学一年级儿童要增加 60%以上，而 15 岁前后，视觉和听觉的敏感度甚至可以超过成人。② 青少年辨别音阶的准确性和区别各种色度的精确性也非常高。因为感觉器官功能的完善，青少年的知觉能力有了较大的发展，知觉的准确性、概括性等大大提高，开始能够抓住主要特征和本质属性，更加全面而深刻地感知事物。研究还表明，这一时期青少年的逻辑性知觉开始出现，“高中生抽象逻辑思维处在由经验型水平向理论型水平的急剧转化的过程中，他们已经能够用理论做指导来分析综合各种事实材料，从而不断扩大自己的知识领域”③。身体器官和脑的发育，标志着青少年体能、思维等生理能力上的“成人”。

3. 性成熟

无论是古代社会还是现代社会，“成人”都意味着可以担当起繁衍后代的能力，相应地，繁衍后代所需要的性成熟是“成人”的重要生理标志。性成熟主要指生殖器官的成熟和第二性征的发育，也即性腺机能开始发生作用。

---

① 朱智贤. 儿童心理学[M]. 北京：人民教育出版社，1993，493.

② 朱智贤. 儿童心理学[M]. 北京：人民教育出版社，1993，500.

③ 朱智贤. 儿童心理学[M]. 北京：人民教育出版社，1993，509.

性成熟具有明显的两性差异。性成熟一方面表现为生殖器官的成熟。月经初潮是女性青春期发育的重要标志。女孩在雌性激素作用下,子宫内膜发生周期性"增长－坏死－脱落"的现象而形成月经。出现月经并不意味着性发育已经成熟。早期的月经多为无卵形的,此时卵巢功能尚未稳定。尤其是现代社会,随着营养水平的提高以及人体涉入过多激素等因素的影响,女孩月经初潮发生的平均年龄逐渐减小,更应该引导女孩对月经初潮有较为科学客观的认识。一般而言,女孩 18 周岁左右,卵巢功能才逐渐稳定,渐趋成熟。对于男孩而言,首次遗精现象标志着生殖器官开始迅速发育。男孩睾丸发育从 10 岁左右开始,17～18 岁达到成人水平。另一方面,性成熟表现为第二性征的发育。随着生殖系统的成熟,尤其是性腺器官及其机能的发育成熟,第二性征开始出现。女孩主要表现为乳房的发育变化。乳房发育从 10 岁左右开始,至 16～17 岁乳房丰满、紧涨而有弹性,发育成熟。此外,女孩还会出现音调变尖,身体脂肪增多,臀部变大,长出阴毛和腋毛等。男孩则喉结变大,声音变粗,音调变低,上唇出现胡须,长出阴毛和腋毛等。至 18 岁时,生殖器官和第二性征的变化基本结束,这标志着男孩、女孩性器官和性功能的成熟,实现了生殖意义上的"成人"。

身体外形的成人化、力量能力的完善以及性成熟是"成人"的物质基础,使青少年产生了一种"成人感",觉得自己似乎已经成人,常常像大人一样的说话、办事,处处显示自己的能力,并且渴望得到别人的认可和肯定。表面看来,生理成熟似乎是水到渠成的事情,似乎不需要教育的介入。但对于整个青少年群体而言,有一个问题却不得不引起关注,即青少年身体成熟的年龄差异,也即生理成熟的早晚问题。有研究指出,"身体成熟程度的差异会使同年龄的儿童招致不同的社会心理环境,从而影响一个人的兴趣、能力和社会交往"①。身体成熟的年龄差异可能给青少年带来巨大的影响,这同样存在性别的差异。研究表明,早熟的男孩和晚熟的女孩在情感和社会适应上处于一个相对有利的位置②,如早熟的男孩会显得更加独立、自信,具有身体上的吸引力,在同伴中比较受欢迎,多数还是同学中的领袖人物或者运动健将,具有一定的权威。晚熟的女孩也往往被认为具有某种身体上的吸引力,社会性较强,也多是同学中的领袖人物。可以说,早熟的

① 桑标.当代儿童发展心理学[M].上海:上海教育出版社,2003,350.

② 桑标.当代儿童发展心理学[M].上海:上海教育出版社,2003,350.

男孩和晚熟的女孩一般都处在同伴关注的焦点位置，成为同伴羡慕的对象，但是，这种有利位置不会持续太久。在别人的关注和羡慕中，早熟的男孩和晚熟的女孩可能过早拥有了一种假想的或自以为是的自信，但这并没有促进他们解决生活问题的应对能力的提高，他们成人后会变得相对僵化、呆板，对生活感到不满意；相反，晚熟的男孩和早熟的女孩则经历了一种成熟或晚或早的痛苦，这使得他们的自我意识更加敏锐，目标意识更强，成年后则变得相对灵活、独立性强、认知水平较高，对自己的生活也有更多的满意感。基于此，虽然生理成熟是自然的事情，但其发生的早晚可能对青少年产生重要的影响，尽可能发挥生理成熟的有利作用，避免其消极影响，这也是我们在进行成人仪式教育中需要注意的问题。

二、心理成熟："成人"的精神内核

相对于生理成熟而言，心理成熟是"成人"的更重要的标志。有学者对 450 名大学生的成年观及对成年标准重要性的认识进行了问卷调查，比较了不同年级、性别、主观成年状态的群体间在规范、心理、生理、家庭和经济等成年标准重要性认识上的不同。得出的结论是：大学生对成年界定的认知评价标准是多维的，但心理的成熟是最重要的指标①。也有学者指出，"个体自我意识的发展经历了从生理自我到社会自我，再到心理自我的过程"②，其中，生理自我在 3 周岁左右基本形成，社会自我至少年期也基本成熟，而心理自我在青春期才开始发展和形成，表现为青少年开始形成自觉地按照一定的行动目标和社会准则来评价自己的心理品质和能力。只有心理自我的发展和形成才标志着个体心理的真正成熟。可见，仅仅具有生理的成熟和具备生殖能力并不能使一个人变成成年人，心理的成熟也是"成人"的重要指标，甚至可以说，心理成熟才是"成人"的精神内核。

有人曾将青少年期规定为与"儿童期的外界的获得时代"相对应的"内部的获得时代"，认为青少年发现自己的内在世界是一个对自己充满着谜和无法解答问题的世界。青少年为避免成人干扰自己发现的这个新世界，

① 戚昕.大学生对成年界定的认知评价[J].青岛大学医学院学报，2007，(5).

② 皮连生.学与教的心理学[M].上海：华东师范大学出版社，1997，55.

尽可能采取保密的态度，悄悄地探索，斯普兰格（E. Spranger）将青少年的这一特点称为闭锁性，也有人称之为“心理断乳”①。也就是说，青少年一旦发现内在的自我，他们会独自面对，并对其进行探索，尝试理解其意义。青少年的这种自我发现，促使他们产生独立的愿望，努力争取自身解放，了解未来对自己的重要意义，形成面向未来的新态度。但这个闭锁的发现过程是艰难的，也是一个错综复杂、充满矛盾的过程，这里存在着儿童期与青年期的对立，存在着未来发展与现有能力的矛盾，尤其是伴随着生理的成熟、身体外形的急剧变化以及第二性征的出现，青少年会发生一系列的心理变化，呈现出一系列矛盾的心理特点，具体表现在以下几个方面。

1. 自我同一感初步发展，但出现弥散性、模糊性的“自我”

自我意识是个性的一个组成部分，是衡量个性成熟水平的标志，是整合、统一个性各个部分的核心力量，也是推动个性发展的内部动因。自我意识是作为主体的我对自己以及自己与周围事物的关系，尤其是人我关系的意识。一般认为，自我意识包括三种成分：一是自我认识成分，即个体对自己的心理特点、人格特征、能力及自身社会价值的自我了解与自我评价；二是情感成分，即个体对自己的自我体验，表现为自尊、自爱、自豪、自卑及自暴自弃等；三是意志成分，属于对自己的控制，如自我检查、自我监督、自我调节和自我追求等。② 虽然自我从婴幼儿时期就开始发展，但有学者认为，青春期才是自我发展的重要时期，是实现由“客观化期”到“主观化期”的过渡，即个体逐步确立自己的心理特质，包括智力、人格、态度、信念、理想和行为等的统合。③ 如果青少年能够形成一个较为统合、一致的自我，则有利于其身心协调发展及更好地适应社会。

美国心理学家艾里克森（Erik Erikson）提出了心理社会发展阶段理论，他将人一生的发展分为八个阶段，每个阶段都有主导的心理社会危机，成功而合理地解决每个阶段的危机或冲突，将导致个体形成积极的人格特征，有助于发展健全的人格。在艾里克森所分的八个阶段中，第五个阶段是青少年期（12～18 岁），这一阶段的心理社会危机是自我同一性对角色混乱。也就是说，这一阶段青少年会出现发展自我同一感的需要，但现实中

① 皮连生. 学与教的心理学[M]. 上海：华东师范大学出版社，1997，56.

② 皮连生. 学与教的心理学[M]. 上海：华东师范大学出版社，1997，54.

③ 桑标. 当代儿童发展心理学[M]. 上海：上海教育出版社，2003，399.

他们又有可能处于角色混乱的状态。有学者指出，“自我同一性指个体组织自己的动机、能力、信仰及其活动经验而形成的有关自我的一致性”①。自我同一性早在儿童学前期就已经开始出现，但随着性成熟等生理发展所带来的困扰以及即将成人而将来成人角色的未确定，如异性朋友、职业理想等的不明确性，对这些新出现的问题的思考，会让青少年对原已形成的自我同一性发生怀疑，比如会产生我是谁，我在社会中应占什么样的地位，将来准备成为什么样的人以及怎样努力成为理想中的人等一系列问题。如果这些问题能够得到顺利的解决，青少年能够整合各种角色和各种选择，他们就会形成自我同一性，否则就会导致角色混乱。

现代社会中，因为父母的过度保护以及青少年生活经验、知识能力等的欠缺，青少年往往对自己的兴趣爱好、职业倾向等缺乏正确的认识，或者对这些问题没有过多的思考，这往往导致青少年出现同一性延迟的现象。他们可能会广泛而无明确目标地尝试各种价值观念、人生取向及职业选择，这种尝试和体验虽然有一定的积极价值，但在尝试的过程中，可能出现同一感延缓、拒斥甚至混乱的状态，从而出现弥散性、模糊性的“自我”，甚至出现一种自我的游离状态。他们感受到自己正在迈入成人世界，但似乎又处于成年与未成年之间，对自我有一种不确定感。其实，这种矛盾和冲突也可以用新精神分析学派的代表人物霍妮(K. Horney)的理论解释。霍妮提出，青少年在成长过程中有三种自我：理想自我、真实自我和现实自我。理想自我是个体所希望达到的自我状态；现实自我是现实情况下的自我；真实自我是个体通过努力，可望达到的自我状态，又称为可能自我。理想自我与真实自我之间通常会有较大的距离，而这二者之间的冲突是导致神经症的主要原因。② 虽然霍妮的理论是从精神分析的角度提出，只是一种可能状态，但青少年在形成自我同一性的过程中，难免为现实自我和理想自我的差距而矛盾，也难免会出现弥散性、模糊性的自我。因此，如何帮助青少年从现实自我迈向真实自我，进而接近于理想自我，促使其自我同一感的形成，是这一时期教育的重要任务。

2. 抽象思维能力加强，但自我中心倾向仍然明显

随着大脑机能的发展成熟以及感、知觉能力的完善，青少年的抽象思

① 皮连生. 学与教的心理学[M]. 上海：华东师范大学出版社，1997，52.

② 桑标. 当代儿童发展心理学[M]. 上海：上海教育出版社，2003，399～400.

维能力逐渐加强。根据皮亚杰的思维发展阶段理论，11～15 岁时人的思维进入形式运算阶段，至青春期抽象思维能力得到大大加强，逐渐掌握分析、判断、推理、论证的逻辑思维方法，认识事物的能力也逐渐提高，独立思考能力得以加强。可以说，这一时期青少年获得了科学思维，具有假设一演绎推理以及包括命题间推理的逻辑推理能力，能够理解高度抽象的概念，实现了从经验型的逻辑思维向理论型的逻辑思维的转化，甚至产生了最初的辩证思维。能够进行抽象思维后，青少年可以任意地做各种假设，并对假设进行各种可能的检验。因为抽象思维能力的发展，青少年喜欢怀疑、争论、辩驳，往往不轻信教师、家长或书本上的权威意见，而是经常独立地、批判地对待一切；他们不但能够批判地对待别人的和书本上的意见，而且开始比较自觉地对待自己的思维活动，开始能够有意识地调节、支配、检查和论证自己的思维过程；他们开始学会自我批评，各个方面以成年人的标准来要求自己，也有能力听取他人意见；他们可以将自身内部主观的经验看做是真实的一部分，处理问题时能考虑更多的可能性，思维活动的数量和质量都有很大提高。

虽然青少年的抽象思维能力得以加强，甚至发展出一定的辩证思维，但这并不意味着青少年思维的完全成熟与熟练应用。现实中，青少年抽象思维能力加强的同时，其思维的独立性和批判性还存在不成熟现象，考虑问题易受局部影响，容易犯片面性和表面性的错误，有时容易以偏概全，只见树木不见森林。尤其是在对自己的认识和评价问题上，自我中心倾向更为明显。由于过度关心自己以及他人对自己的态度和看法，如自己是否受他人欢迎等，青少年往往将自己对个人的评价投射给他人，认为别人所关注的也是他的外表与行为，也会和他产生一致的看法，不能区别自己所想的和他人所想的不同之处。这是青少年自我意识不统一的一个表现，同时也暴露出青少年抽象思维的不完全性及不彻底性。

抽象思维能力是思维的最高阶段，它的出现和成熟标志着个体思维能力的发展成熟，也标志着个体已经具备全面而深刻地分析客观事物的规律性及主观思想方法的正确性的能力，具备掌握哲学思维、进行高级学习的能力。但是，抽象思维能力的成熟需要青少年不断在学习和生活实践中发展完善，最终克服自我中心的思维倾向。

3. 独立意识增强，但独立能力有限

身体的迅速发育与成熟引起心理的重大变化之一，就是青少年开始感到自己长大成人了。他们认为，自己除了经济上仍然依靠父母外，日常生活中的各种事情已经能够自行处理，这使他们强烈要求自主，谋求独立，希望摆脱父母和其他成人的监护、指导，想从完全依赖家长、老师等成人的帮助向独立自主地完成任务、选择人生道路过渡。他们要求改变自己的地位，希望受到成年人的尊重；他们常以成年人自居，模仿成年人的口吻谈话，愿意承担成年人才能完成的任务。当然，他们不喜欢成年人仍把自己看做不懂事的孩子而任意摆布，对老师或家长的“苦口婆心”比较反感。

与逐步增强的独立意识形成反差的是，青少年的独立能力非常有限。打开电视、网络等媒体，对当今青少年尤其是独生子女的独立能力差的批评随处可见，人们普遍认为之所以出现这种情况，溺爱纵容的父母难辞其咎。2009 年辞去谷歌全球副总裁、创立了旨在培育创新人才和新一代高科技企业的创新平台——创新工场的李开复曾说过这样一段话，“我常常在大学演讲时听到学生举手问，你总告诉我们要追随我心，可我不知道我心是什么。你总告诉我们要学自己有兴趣的东西，但是我不知道自己的兴趣是什么”①。李开复认为，父母过于严格的管教，已经使得一些从小生长在被动环境里的孩子，被培养成机器，他们听不到自己的声音，找不到自己的兴趣。他们上大学是为了完成父母的心愿，找工作要看父母的意愿。这种孩子虽然听话，但最后可能会失去管理自己的能力，没法独立，更不知道自己将来会成为什么样的人。这种情况发生在马上要走向社会开始独立生活的大学生身上，可以想象处于高考指挥棒重压之下的高中生会是一种什么样的情况。在这样的青少年身上，我们所看到的，更多是对父母的依赖能力而不是独立能力。同时，独立意识的不断增强使青少年容易对自己的能力评价过高，认为自己已经具备相应的独立能力，但因能力有限，青少年又成为独立意识强与独立能力差并存的矛盾体。

4. 有强烈的归属感，但没有明确的归属意向

个体在成长的过程中，主要与他人形成两种类型的关系：垂直关系和水平关系。垂直关系指那些比儿童拥有更多知识和更大权利的成人（父母、老师）与儿童之间形成的一种关系，主要功能是为儿童提供安全和保护，使儿童学习知识和技能。水平关系即同伴关系，指儿童与那些和他具

① 谢洋，樊未晨. 李开复：我很惊讶大学生找工作得问家长[N]. 中国青年报，2009－11－16.

有相同社会权利的同伴之间形成的一种关系，其性质是平等的、互惠的，主要功能是为儿童提供学习技能和交流经验的机会。① 个体发展的初期，垂直关系在其成长中发挥着重要的作用，但随着青少年的逐步发展成熟以及独立性的逐步增强，垂直关系的影响逐渐减弱，而水平关系的作用越来越大。如有研究表明，从初中开始，孩子与父母感情的亲密程度较为疏远，甚至出现儿子与母亲的冲突增加的状况，他们互相干涉的次数越来越多，儿子很少有听从母亲的表现。② 在青少年与家人、老师等成人关系紧张的同时，青少年与父母的感情联系会减轻，过去主要是家庭成员，现在成为青年，既是家庭中的成员，又是伙伴集体中的成员，并更倾向于伙伴交往，他们与同伴相处的时间逐渐超越了家庭以及别的一切社会关系。青少年也在与同伴交往中体验到了更多的自由、平等与民主的氛围，这势必会影响青少年产生较为强烈的归属感，选择某一集体并加入其中。

集体是“由经常发生相互作用的人组成的，成员之间以一致的、结构化的方式相互影响，并且分享共同的价值观，成员对本集体具有归属感”③。集体作为同伴互动的社会背景，其重要性日益增加。一方面，集体是青少年社会化过程中的重要媒介，对儿童个性化发展也有重要意义。哈里斯(J. R. Harris)提出的群体社会化理论(A Group Socialization Theory，简称 GS 理论)认为，儿童社会化的过程不仅仅是由家庭影响的，更多是由家庭外的同伴及其群体影响的。④ 这一理论肯定了集体或同伴群体在儿童社会化过程中的作用。同时，这一理论也强调，在青少年个性发展的过程中，儿童家庭内行为和家庭外行为是两个独立的行为系统。父母的行为不再影响儿童个性，儿童个性主要受同伴行为以及儿童在家庭外行为方式的影响(这种方式受同伴群体准则的影响)。⑤ 可见，无论是青少年的社会化还是个性发展，同伴群体或集体都发挥了重要作用。另一方面，同伴集体的互动可使青少年观点采择能力快速提高。所谓观点采择，“指的是个体把自己的观点与他人的观点加以区分并协调起来的能力(K. Rubin)。观点采

① 桑标.当代儿童发展心理学[M].上海:上海教育出版社,2003,375～376.

② 朱智贤.儿童心理学[M].北京:人民教育出版社,1993,518.

③ 桑标.当代儿童发展心理学[M].上海:上海教育出版社,2003,381.

④ 桑标.当代儿童发展心理学[M].上海:上海教育出版社,2003,382～385.

⑤ 桑标.当代儿童发展心理学[M].上海:上海教育出版社,2003,385.

择是与自我中心相对而言的，它要求个人在对他人作出判断或对自己的行为进行计划时把他人的观点或视角考虑在内”①，具有较强的观点采择能力，说明青少年远离了自我中心思维的影响，其思维渐趋成熟。塞尔曼（R. Selman）采用两难故事法研究了儿童的观点采择能力，根据儿童的反应，将观点采择分为0～Ⅳ五个阶段，其中Ⅳ阶段是社会和习俗系统的角色采择（12～15岁以上）。在这一阶段，青少年试图通过将他人的观点与社会系统中的综合性观点相比较，以此来理解他人的观点。② 在综合比较他人观点的过程中，青少年的观点采择能力得以提升。集体及其中的同伴互动是青少年得到他人观点的重要途径，在集体中与同伴互动的过程中，青少年可以更好、更广泛地了解他人的观点，有可能提升个人的观点采择能力。

由以上论述可知，集体或同伴群体对青少年有着重要的影响，青少年强烈希望结交志趣相同的知心朋友，彼此不分你我；同时开始有了集体意识，有强烈的归属感和依赖性，常不怕自己受委屈，也努力保持自己与生活圈的平衡和协调，与“哥们”或“姐们”的成功或失败交织在一起。③但是，在缺乏正确引导的情况下，青少年往往没有明确的归属意向，不能正确选择正当团体作为自己的归属，同时因为判断力的缺乏，容易加入非正规群体，甚至犯罪团伙。

5. 性别角色概念进一步巩固，但有中性化趋向

青少年在发展成熟的过程中，一项重要的任务是获得稳定的性别角色，即根据社会文化对男性、女性的期望而形成相应的动机、态度、价值感和行为。④ 性别角色概念的获得与青少年身心发展的历程相伴，幼年时期就开始有了基本的性别角色意识，但在初中后期才基本完成。这主要是由于这一时期形式运算思维能力的发展，促进青少年重新思考自己以前获得的关于性别角色的认识，从而逐步使个人的性别角色概念趋于稳定。之后的很长一段时间内，性别角色会继续处于一种稳定和巩固的发展状态，男孩和女孩各自按照长期文化历史因素的积淀状态、按照社会对男性和女性的要求发展完善个人的性别角色。但随着现代社会的发展和历史的变迁，

① 桑标.当代儿童发展心理学[M].上海:上海教育出版社,2003,380.
② 桑标.当代儿童发展心理学[M].上海:上海教育出版社,2003,380.
③ 刘艳骄.青春期的心理特点有哪些？[J].家庭中医药,1994,(1).
④ 朱智贤.儿童心理学[M].北京:人民教育出版社,1993,519.

性别角色开始出现了一些新的内容，即中性化的性别角色。中性化的性别角色“是指个人同时具有男性的传统性别角色特点和女性的传统性别角色特点，这样的人既能按传统男性化的方式行动，也能按传统女性化的方式行动”①。也就是说，人们舍弃了一部分社会所赋予男性或女性的典型角色定位，而倾向于认可对立的性别所拥有的价值观、态度及行为。性别角色的中性化似乎是一种世界趋势，早在20世纪七八十年代，国外的一些研究者就指出，高中学生随着年龄的增长，男性有以各种更趋向于中性化的趋势，而女性则是偏离中型，向女性性别角色发展。② 在我国，近年来随着网络、电视媒体的介入和宣传，如一些选秀节目的影响，具有中性化性别角色的人一时成为青少年追捧的对象。

不可否认，中性化的性别角色具有一定的灵活性和适应性，使个人在心理适应和自我调节上都有一定的优越之处。但中性化的性别角色和传统的性别角色定位会有较大的反差，也有可能影响青少年心理的健康发展。

6. 性意识萌发，但还不能正确地处理好两性关系

随着第二性征的出现和性机能的逐渐成熟，青少年对性的兴趣会逐渐提高。有研究指出，高中生对与性有关的问题持有较高的兴趣，作为高中生最感兴趣的问题之一，性问题排在“将来的工作”和“理解他人”的后面。③ 可见，青少年对性成熟的适应问题也是其该阶段需要重点处理的心理问题之一。

青少年性机能的发展已经基本成熟，达到了成人水平。随着性机能的成熟，他们会出现一系列的心理变化。如青少年开始意识到了性的存在，开始理解性所包含的意义；他们对性产生了关注，发现异性与自己在很多地方有差异；他们开始注意异性，并对异性产生好奇心，产生接近异性的倾向，甚至对异性逐渐产生了爱慕心理，有时会不顾一切的去追求异性。同时，他们有时也会感受到性的兴奋和冲动，要求宣泄这种兴奋和冲动的愿望也逐渐强烈。但这时的青少年还不能正确处理好两性关系和性问题，既有产生性冲动的生理基础，又缺乏理智的控制能力。由于性知识的缺乏，青少年对正在萌动着的性冲动缺乏心理上的准备，常带有某种神秘色彩和

① 朱智贤.儿童心理学[M].北京:人民教育出版社,1993,520.

② 朱智贤.儿童心理学[M].北京:人民教育出版社,1993,551.

③ 朱智贤.儿童心理学[M].北京:人民教育出版社,1993,551.

好奇心，容易陷入早恋，甚至通过不正当渠道获取性知识从而走上犯罪道路。

正是一对对矛盾的心理特点的存在，最终使青少年产生“成人”的渴望和迷茫，也出现了教育引导的可能与契机。同时，也只有通过教育的引导，化解一对对矛盾，才能使青少年度过“断乳期”危机，顺利“成人”。

三、成人仪式教育：“成人”的确证

无论是青少年的生理特点还是心理特点，其间都充斥着不确定的矛盾，都横溢着是与非、成人与“未成人”的对立。克洛德·列维·斯特劳斯有一个著名观点：“我们生活在一个矛盾体的边缘：我们既属于大自然，又属于文化；我们既肯定，又否认自己的这种双重心理状态：我们强调我们既是人，又是动物；我们在生物性及其一切强制性条件的地基上建起了象征性、礼仪性认识的桥梁。”①可见，人的这种矛盾状态无所不在，在青少年时期尤为集中。我们认为，对此时期青少年的教育引导，关键在于寻求一种确证的形式，确证青少年的“成人”，承认其社会地位和权利，宣告其角色的转化。也许正如斯特劳斯所言，一个象征性的仪式就是帮助我们解决矛盾的桥梁，成人仪式教育正是这样的一种形式。

有研究指出，“无论是哪个民族，究其成人礼的人类学原始而言都简单得不能再简单，不过代表一代人生理意义的性成熟而已。但是，人类的高明在于他并不止于这个层次，而是能够把生理冲动赋予符号化和抽象化的诠释”②。尤其是在国家出现之后的现代社会，随着国家权力的介入，原本作为民间仪式的成人礼就具备国家权力与政治力量的影响，成人仪式教育的文化象征意义已经被大大拓展了，主要从以下几个方面去理解。

1. 成人仪式教育宣告个体的“成人”

成人仪式是一种界限，一个门槛，越过了它，就成为一个新人。在人类学界，成年礼被归入通过仪式(The Rites of Passage)的类别。在英文里，成年礼写作 initiation，本义就是“开始”、“发端”。成人仪式如同一个再生

① 巴巴拉·梅厄零夫. 过渡仪式：过程与矛盾[A]. 维克多·特纳庆典(中译本)[C]. 上海：上海文艺出版社，1993，159.

② 闫光才. 成人仪式的象征与教育日常生活[J]. 教育科学研究，2009，(5).

的“临界点”,仪式的举行为个人确立了新的人生起点和生活方式,使个体以全新的形象和精神面貌出现在社会群体中,成人仪式宣告了个体的“成人”。这种宣告表现在三个方面:首先,成人仪式是对个体生理成熟、心理成熟的宣告。如前文所述,个体生理成熟是“成人”的物质基础,心理成熟是“成人”的精神内核,但现实生活中,个体的心理成熟往往滞后于生理成熟。这种“滞后性使一些年轻人长期处于父母亲的监护之下,没有成长的意识。成人节可以使这种意识时间化、具体化,对于年轻人从生理成熟转向心理和文化上的成熟是非常有用的,它承载了对性的神秘性和生命神秘性的启示”①。因此,在生理成熟和心理成熟的基础上以仪式的形式给予确认,是对个人生理及心理“成人”的一种明确宣告。其次,成人仪式教育通过象征性的考验,证明青少年具备“成人”的能力。人类学的研究结果表明,“成人仪式或通过仪式,其目的是通过一定的仪式对即将进入社会、履行人生义务的未成年人进行一系列近乎严酷的考验”②。如秘鲁的跳崖、澳大利亚的断齿、坦桑尼亚的割礼、加拿大洛基地区的印第安人生吞活蜥蜴等,虽然这些民族的成年仪式各具特色,甚至近于残酷,但它们所表达的都是一个民族希望其后代在真正“成人”以前接受一定的考验,这种考验不仅仅是能力的,更是意志的。在现代文明社会中,理性化、有序化的教育代替了严格甚至残酷的成人仪式,但无可否认,作为人类心理深层的无意识积淀,成人仪式教育仍然通过一定的象征性考验,证明青少年具备“成人”的能力。最后,成人仪式教育宣告青少年接受了一定的知识和价值观。许多原始民族的成人仪式期间,未成年人会被部落中的长老或专职的巫师带到远离社会的隐秘之地,接受种种折磨和考验,并在此期间习得本部落的神话、历史、习俗和道德价值观。通过这种仪式,社会的基本结构得以保存,基本的价值观得以代代相传。成人仪式寄托着人们的一种美好理想:经过仪式后的成人,将能够履行民族或部落所赋予其成员的职责和义务。当然,知识或价值观并不能仅仅在仪式中赋予,需要之前或之后一段时间的持续努力才能真正获得,正如人类学家指出的“知识不是在强制性的社会

① 蒋栋元,黄友明.成人礼仪考察及主题意义[J].重庆交通大学学报(社科版),2008,(3).

② 张德明.《哈克贝利·芬历险记》与成人仪式[J].浙江大学学报(人文社会科学版),1999,(4).

仪式中赋予，而必须去追寻；并且一旦获得，还必须化为行动”①。

成人仪式教育通过仪式或象征的形式宣告个体的“成人”，甚至只有经过了仪式的宣告，才能成为有社会地位的人。如有研究指出，“在生产力发展滞后的传统社会，个体需要通过成人仪式来学习、掌握成人生活知识、技能以及相应的品质，而且这些能力和品质也可以通过仪式得以检验，所以只有参加或举行过成人仪式的个体才会被社会视为具有成人生活能力和地位的社会人”②。可见，成人仪式教育在宣告个体“成人”方面具有重要的价值。尤其面对今天 80 后、90 后不愿长大、不愿承担责任的“啃老族”、“草莓族”，成人仪式教育在宣告“成人”的同时，负载了强调、提醒的功能，提醒青少年必须开始学会独立，学会承担责任和义务，强化其成人意识。

2. 成人仪式教育实现角色转化

这里的角色转化即由自然人到社会人的转化，成人仪式也是个人社会化完成的确证。所谓个体社会化是指“个体凭借其生理特点在社会实践中通过学习获得符合特定社会要求的知识、技能、习惯、价值观、态度、理想和行为模式，成为具有独特人格的社会成员并履行其社会职责的过程”③。如果说个体脱离母腹是自然生物性的诞生，则成年仪式就标志着个体社会文化性的诞生。正如有学者所言，“在成人仪式完成之前，未成年者只是一个无名者和无身份者，还没有被社会接纳为正式成员”④，经过成人仪式，个体就会被社会所认可和接收，变成社会的人。因为无论是古代的成年礼还是今天的成人仪式教育，在本质上，都致力于人的身份角色的转换，也都采用了向人与己两方（即社会与自我）宣告转换结果的方式。通过成人仪式和仪式上的象征性活动，提醒个体重新认识自我、定位自我，强调个体不仅仅是一个生物意义上的人，在其现实性上，还是一切社会关系的总和，是一个社会的人。换言之，经过了成人仪式，个体就变为社会的一个组成部分，社会也变成了个体的归属，所谓社会与个人的冲突在形式上将不复存在。由此，成人仪式教育在实现自然人向社会人角色转化的同时，也在一定程度

① ［日］祖父江孝男. 文化人类学百科辞典［M］. 山东：青岛出版社，1989. 202.

② 董海军，易勇. 成人仪式：从生活教育到政治教育［J］. 思想战线，2003，(6).

③ 皮连生. 学与教的心理学［M］. 上海：华东师范大学出版社 1997，57.

④ 张德明.《哈克贝利・芬历险记》与成人仪式［J］. 浙江大学学报（人文社会科学版），1999，(4).

上消解了社会与个人的冲突。社会与个人的冲突历来存在,“原始的先民比现代人高明的地方就在于他们不是千方百计来掩饰这种冲突,而是通过成人仪式这种特殊的方式,使个体被社会规约所压抑的心理能量得以释放,从而消除或缓和了社会矛盾”①。虽然成人仪式只是对社会与个人冲突的形式上的消解,但在某种意义上让个体有了归属感,发挥了让个体更积极地按照社会规范要求自己、努力融入社会的作用。

可见,成人仪式教育担负着强化个体角色从自然人向社会人、从未成年人向成年人的转化,规范的成人仪式教育是这一角色转化的“舞台展现”,是个人获得身份的标志与象征。成人仪式教育通过角色承担,向社会、向自己宣告了一次角色的转化,一个社会人的诞生。

3. 成人仪式教育指明个体的归属

青少年有强烈的归属感,但没有明确的归属意向,他们处在归属的迷茫之中。而成人仪式教育明确指出个体的归属,即归属于成人集体,归属于民族、国家和社会。成人仪式教育是对社会责任、义务和公民意识的一次确认。《仪礼·士冠礼》中指出成人仪式在于“弃尔幼志,顺尔成德”,也就是说,经过成人仪式之后,就要改变幼年时的一些做法,按照成人的德行要求自己,这也是现实社会对青少年提出的必然要求。因为随着青少年的逐渐长大成熟,他们自身的能力发生了变化,外界对他们的要求也发生了变化。他们必须学习新的社会行为,抛弃儿童期旧有的社会行为,他们需要形成一套能使自己很好地适应成人世界的社会反应。而成人仪式教育是青少年集中学习适应成人世界的规则的一个机会。正如法国学者爱西尔维亚·西盖尔说过的,成人仪式是“用程式简单、明了的交接仪式,标志从未成年到成年及其责任的过渡”②,也是社会责任、义务和公民意识的确认。成人仪式教育向青少年传达了在进入成人之前必须具备的道德感、责任心、法律权利和义务等。而成人仪式后的变化是在社会文化层面发生的。“通过成年礼的人,便有了与以前不同的权利和义务。在权利方面,他们成了社会承认的成年者,可以参加群体内一切成年人的活动,有正常的

① 张德明.《哈克贝利·芬历险记》与成人仪式[J].浙江大学学报(人文社会科学版),1999,(4).

② 蒋栋元,黄友明.成人礼仪考察及主题意义[J].重庆交通大学学报(社科版),2008,(3).

社交，能过婚姻生活。在义务方面，他们要对群体、对家庭承担责任，要从事繁重的生产劳动”①。可以说，一旦“成人”，个体就会烙上本民族、国家的印记，就应承担起民族振兴、国家兴旺的重担。

4. 成人仪式教育在仪式中完成民族文化传承

德国哲学家、人类学家恩斯特·卡西尔（Ernst Cassirer，1874～1945）在其著作《人论》中提出的著名思想之一即：人是“符号化”的动物。他认为：“符号化的思维和符号化的行为是人类能够利用符号来表征世界、创造文化，从而把自己与动物等其他的存在物区别开来。”②文化无疑是人类的创举，其实，文化创生以后，文化的传承也是人类重要的社会活动。在人类早期发展中，成人仪式就肩负着传统民族或部落文化传统的重任。成人仪式教育是人类历史上特有的一种文化现象，是一种古老的青年教育的方式，积淀着一个民族的古风遗俗，具有丰富的教育意蕴。它将民族或部落的生活经验、生产知识、劳动技能等在成人仪式中集中传递，不仅使下一代学会一定的生产技能，懂得社会规范，明确生活目标，适应社会，成为社会的一员，也使下一代继承和发展了文化遗产，维持代际关系。同时，规范的成人仪式借助一系列符号系统施行并完成其文化经验的传承，营造出庄重、神秘的气氛，带给每个行礼者的心理感受是兴奋、激动、震撼与不安，特殊的心理历程自然而然促使情感结构的变化与自我意识和性别角色的增强。仪式成为促使人归属到民族文化模式中的象征，并形成该民族文化模式下人们独特的行为方式、心理结构、认知能力、情感和自我意识，实现了民族文化的传承。

以青少年生理成熟与心理成熟为前提和基础，成人仪式教育以一种独特的形式确证着青少年的“成人”，发挥了重要的角色转换、文化传承的作用，如果能够真正开展落实，将对青少年身心健康发展、更好适应社会发挥积极价值。值得欣慰的是，我国政府和相关教育行政部门自 20 世纪末开始重视并大力提倡成人仪式教育，使成人仪式教育在我国发挥了一定作用。但在高考指挥棒的重压之下，人们还没有充分认识到成人仪式教育的价值，开展过程中还存在一定的问题，这值得我们进行更深入的思考。

---

① 钟年. 中华民族的成年礼——成长的界标[J]. 寻根，1997，(4).

② 高申春. 人性辉煌之路——班杜拉的社会学习理论[M]. 湖北：湖北教育出版社，2000，47.

第3章　我国18岁成人仪式教育的现状

一、自1990年启动到目前开展活动情况[①]

严格意义上讲，18岁成人仪式教育活动是中国改革开放进入社会转型时期出现的一种特有的教育现象。它不仅帮助青少年认识到成人的必然性、成人的意义，帮助青少年建立自觉的成人意识，做好成人的思想准备，同时也指导青少年以健康的心态、正确的人生观去选择未来的成人之路。以下是对我国自1990年首创开始到目前开展的有关省市举办的较大规模的18岁成人仪式教育活动进行回顾。

18岁成人仪式教育活动首创于1990年。当时上海市嘉定县黄渡乡团委的主要领导受当时社会上青年人流行过集体生日的启发，设想举办一次寓教于乐的集体生日活动，1990年4月29日，一场别开生面的集体生日会在乡上简陋的大礼堂举行，109名黄渡乡的青年与团委书记一起无心地成就了共青团的一段历史。精心筹划的集体生日开始了，团委书记和他的团委班子邀请了团县委、乡党委的领导，邀请到乡里的老同志，也邀请到了家长代表。会上，一名刚刚高中毕业的回乡青年说："过这样一个有意义的生日，让我想到要做一个合格的公民。"整个活动始终贯穿着领导、老一辈对年轻人的热情勉励和信任。几乎所有的青年都当场表示，作为共和国公民中的一员，有责任为国家、民族的兴盛作出自己的贡献。朴实的话语和青春的誓言，激动着在场每个人的心。事后，黄渡乡团委又收到了许多青年、家长写来的信，感谢他们举办这样的活动。第二年，团委书记在集体生日

① 说明：本书在引用材料中把领导的姓名均隐去，下同.

的基础上，加上了“栽种成人树”等活动。至此，中国成人仪式的雏形完成了。①

1993 年 12 月在上海外滩人民英雄纪念塔前成功举办的“上海市第一届 18 岁成人仪式”，将黄渡乡的首创正式推到全国青少年的视野中，800 名 18 岁青年面对国旗、手持《宪法》、庄严宣誓“以我壮志激情，创造崭新未来，以我火红青春，建设锦绣中华”。由此在全国范围内拉开了 18 岁成人仪式活动的帷幕。

1994 年 10 月 18 日，共青团广州市委联同市人大办公厅、市委宣传部、市教育局等单位组织开展了“托起明天的太阳——1994 年成人宣誓仪式活动”，全市 26000 多名 18 岁青少年参加了宣誓，标志着成人宣誓活动在广州市正式启动。

1995 年 5 月 4 日上午 10 时，人民大会堂东门中央大厅内，北京市 18 岁中学生成人仪式正在这里隆重举行。1000 名来自首都各中学的 18 岁的中学生，面对国旗高举右拳，在共青团中央书记处书记的带领下庄严宣誓。为年满 18 岁的中学生举办成人仪式，是共青团实施“跨世纪青年人才工程”的一项重要内容，共青团北京市委拟在北京市的各中学相继开展这一活动。正如共青团中央书记处领导在祝词中所说：“这是你们人生旅途中十分重要的一步。它意味着责任——年轻的公民将要担负起对社会、对国家的责任；它也表现着希望——共和国将为拥有生机勃勃的新一代而显得更加富有活力。”22 名学生代表从领导手中接过了精美的“成人纪念卡”，也接过了党和国家对当代青年的重托。仪式结束时，这些年轻的共和国公民同领导和来宾一起，在人民大会堂东门外广场，亲手放飞了 3000 只和平鸽。在人们的欢呼声中，和平鸽飞向了远方，象征着年青的一代在祖国辽阔的天空里，展翅高飞、茁壮成长！

1995 年广州市 5 万多名 18 岁青年参加了以“实践跨世纪的诺言”为主题的成人宣誓系列活动。1996 年广州市以“青春的誓言”为主题开展了成人宣誓系列活动，近万名 18 岁青年参加了义务劳动，700 多名 18 岁青年参加无偿献血，全市 6 万名 18 岁青年参加了以“青春的颂歌”为主题开展的万人宣誓活动。

---

①　筱菱，陆惠明. 永远的 18 岁情结——18 岁成人仪式、18 岁网站首创者的故事[N]. 青年报电子版，2004－05－25.

2001 年 10 月 1 日，共青团中央组织了 100 多个城市近百万名年满 18 岁的中学生，以“青春献给新世纪的共和国”为主题，举行成人宣誓仪式。来自北京部分中学的 2000 多名年满 18 岁的学生代表隆重举行 18 岁成人宣誓仪式。面对鲜艳的五星红旗，他们庄严承诺：“服务他人，奉献社会；崇尚科学，追求真知；完善人格，强健体魄，为中华民族的富强、民主和文明，艰苦创业，奋斗终生！”

2005 年 4 月 23 日，是南京解放 56 周年纪念日。“2005 年南京市 18 岁成人宣誓仪式”在南京白马公园举行，来自全市 1800 多名适龄成人代表，面对神圣国旗，庄严地发出他们的成人誓言：“捍卫神圣宪法，维护法律尊严；履行公民义务，承担社会道义……奋发自励有为，建设锦绣中华。”孩子们在成人宣誓仪式中，感受成长与责任。

2005 年 5 月 4 日上午，首都近万名中学生在天安门广场举行 18 岁成人宣誓仪式，迎来一个有意义的“五四青年节”。共青团北京市委书记带领首都中学生庄严宣誓。

2005 年 10 月 18 日 8 时 30 分，广州天河体育中心南门广场上热烈庄严，由市委宣传部、共青团广州市委、市教育局、天河区委区政府联合主办的“2005 广州成人宣誓活动”在此举行，万余名 18 岁青年面对国旗，紧握右拳，立下了“构建和谐广州、实践青春诺言”的誓言！市长亲自为 6 名 18 岁青年代表颁发其亲笔签名的《十八岁成人证书》。宣誓仪式结束后，青年们从宣誓区走向互动区，那里依次有“18 岁手印区”、“18 岁誓言区”、“环保参观区”、“体能测试区”、“义务献血区”，参与各项有意义的活动。

2005 年 10 月 22 日，郑州市第二届“18 岁成人节”集中宣誓仪式在郑州绿城广场举行，来自全市部分中学及其他行业的 6000 余名年满 18 岁的青年参加了宣誓仪式。

2005 年 12 月 9 日下午，来自宁波市各地的 1000 多名学生齐聚在宁波大学园区图书馆前，隆重举行了以“弘扬民族精神、担负历史责任”为主题的 2005 年宁波市 18 岁成人宣誓仪式。

2006 年 4 月 16 日是沈阳市第七届“成人节”。上午 9 时，在大东区鹏利广场，1400 名来自全市各界的 18 岁适龄青年面对国旗庄严宣誓，完成了他们步入成人的典礼。仪式后，这些青年开展了交通协勤、文明出行宣传和卫生环境清理等志愿服务世园会活动，作为他们的成人纪念。市人大常委会办公厅、市委宣传部、团市委、市教育局等部门在全市广泛开展成人节系列活动：成人节社会公益实践主体活动；围绕“与自然共和谐，与青春共成长”主题，开展“奉献世园会，实践助成长”青年志愿者活动、“情系世园会，温情送寄语”参观游览世园会活动、“情满农家，动感田园”文化下乡活动，开展爱国主义教育、道德品质教育、法律知识、公民意识教育、科普知识教育、心理健康教育和素质拓展训练等7个系列的常规教育。成人节期间，全市各级各类学校组织10万余人，在有纪念意义的场所或地区，举行不同规模的宣誓仪式。

2006年4月23日上午，以“践行社会主义荣辱观，迈好成人第一步”为主题的2006年度南京市18岁成人宣誓仪式在南京市规划建设展览馆隆重举行。来自南京财经学校、技工学校、职教中心、医药中专和女子中专的1800余名适龄青年学生参加了宣誓仪式活动。当天，全市3万多名18岁成人公民在各个爱国主义教育基地参加了18岁成人宣誓仪式，共同度过这个隆重神圣、具有特殊意义的日子。

2006年10月18日，广州市成人宣誓大会在全市各区举行，全市10万名18岁青年学生面对国旗，紧握右拳，立下了“构建和谐广州、实践青春诺言”的誓言。

2009年5月4日，珠海市纪念“五四”运动90周年大会暨18岁成人宣誓仪式在市二中举行。早上8时，千余名高三学生在市二中主会场参加了成人宣誓仪式，同时在前山中学、南屏中学、第三职业学校等分会场也举行了同样的仪式。全市各学校都组织全体将满18岁的学生参加成人宣誓。这是珠海市近年来规模最大、参加人数最多的一次成人仪式。

2010年1月1日，“2010上海市18岁成人仪式”由上海市精神文明建设委员会办公室、中共上海市教育卫生工作委员会、上海市教育委员会、共青团上海市委员会主办，东方绿舟、上海市学生活动管理中心承办。来自宜川中学、卢湾高级中学、彭浦中学、田家炳中学、闵行三中，共5所学校2000余名学生在东方绿舟智慧大道上立下一生的志向，共同跨入人生的新阶段。

2011年1月1日，迎着新年元旦的旭日，来自上海市18个区县的1000多名高三学生，在东方绿舟参加2011年上海市18岁成人仪式暨本市首个成人节活动。每位同学在东方绿舟的智慧大道上，沿着象征成长旅程的18个大脚印，依次跨过“成人门”，接受家长和老师的祝福。

2011年1月1日，珠海二中高三的1300多名学生在学校举行成人宣誓仪式，用自己的青春誓词迎接即将到来的新年和人生的第一场大考——高考。

经过十几年的发展，目前这项活动不仅在全国大中城市广泛普及，许多中小城市也逐渐开展起来。18 岁成人仪式教育活动逐步走上系列化、规范化和普及化的轨道，构成了以公民意识教育、志愿服务、素质拓展训练和宣誓仪式为基本环节的比较完整的成人仪式教育模式。18 岁成人仪式教育活动已成为对青少年尤其是中学生进行思想道德教育的重要载体，成为中学共青团工作的名牌项目。

二、颁布一系列文件进行引导与规范

18 岁成人仪式教育在社会上引起了强烈的反响，得到了中共中央、国务院的充分肯定，先后被纳入《爱国主义教育实施纲要》、《公民道德建设实施纲要》、《中共中央国务院关于进一步加强和改进未成年人思想道德建设的若干意见》等文件中。

《爱国主义教育实施纲要》指出："进行爱国主义教育，需要提倡必要的礼仪，特别要提倡有助于培养对国旗、国歌、国徽崇敬感的必要礼仪，增强人们的爱国主义感情……提倡各地组织年满 18 周岁的公民举行对国旗宣誓的成人仪式。"①

《公民道德建设实施纲要》指出："要提倡在重要场所和重大活动中升国旗、唱国歌，开展入队、入团、入党宣誓、成人仪式以及各种形式的重礼节、讲礼貌、告别不文明言行等活动，引导公民增强礼仪、礼节、礼貌意识，不断提高自身道德修养。"②

《中共中央国务院关于进一步加强和改进未成年人思想道德建设的若干意见》指出："未成年人的入学、入队、入团、成人宣誓等有特殊意义的重要日子，都蕴藏着宝贵的思想道德教育资源。要抓住时机，整合资源，集中

① 中共中央关于印发《爱国主义教育实施纲要》的通知[J]. 中华人民共和国国务院公报，1994(20).

② 中共中央关于印发《公民道德建设实施纲要》的通知[J]. 中华人民共和国国务院公报，2001(32).

开展思想道德主题宣传教育活动。”①

共青团中央也一直高度重视这项工作，为指导各地团组织开展18岁成人仪式教育，先后下发多个文件来规范和表彰18岁成人仪式教育，如《共青团中央关于规范十八岁成人仪式教育活动的暂行意见》(1996)、《关于1999年深入开展中学生18岁成人仪式教育活动的通知》(1999)、《关于继续大力推进18岁成人仪式教育活动的通知》(2000)、《关于深入开展中学生18岁成人仪式教育活动的通知》(2002)、《共青团中央关于表彰1999年度全国18岁成人仪式教育活动优秀组织单位的决定》(2000)、《共青团中央关于表彰2000年度全国18岁成人仪式教育活动优秀组织单位的决定》(2001)和《共青团中央关于表彰2001年度全国18岁成人仪式教育活动优秀组织单位的决定》(2001)。

《共青团中央关于规范十八岁成人仪式教育活动的暂行意见》(1996)指出：18岁成人仪式教育活动的参加者是16～18岁处在成人预备期内的青年，重点是普通中学、中等专业技术学校和各类职业学校的适龄学生。18岁成人仪式教育活动是一个系统的教育过程，包括成人预备期教育、成人预备期志愿服务、成人宣誓仪式三个环节。18岁成人仪式教育活动以中学团组织为主实施。

《关于1999年深入开展中学生18岁成人仪式教育活动的通知》(1999)指出：进一步规范和普及18岁成人仪式教育活动，集中举行中学生18岁成人宣誓仪式，实行“16～18岁学生成长纪念册”制度，加快18岁成人仪式教育法制化步伐，以团的学校部门为主加强对活动的领导和协调。

《关于继续大力推进18岁成人仪式教育活动的通知》(2000)指出：广泛普及18岁成人宣誓仪式，探索仪式教育的有效方式。结合“倡导文明新风，共建美好家园”主题活动，立足社区开展成人预备期志愿服务。以品德教育、纪律教育、法制教育为重点，加强公民意识教育。重视对学生活动的认定和记载，促进活动的系统化、规范化。加大对活动的宣传力度，推进立法工作。

《关于深入开展中学生18岁成人仪式教育活动的通知》(2002)指出：活动主体是14～18周岁的全日制中学(含中等职业学校)在校学生。活动

① 中共中央国务院关于进一步加强和改进未成年人思想道德建设的若干意见[J].中华人民共和国国务院公报，2004(14).

内容要强化公民意识教育，加大志愿服务组织力度，丰富素质拓展训练内容，倡导成人宣誓仪式多样性。

这些文件的出台有力地推动了 18 岁成人仪式教育在全国的开展和普及。1999 年 9 月，团中央在南京召开了 18 岁成人仪式教育活动现场工作会，总结、交流经验，部署工作，有力地促进了活动的开展；2001 年，全国有 180 余座城市的中学生，参加了团中央组织的以“环保”、“科普”、“敬老”为主题的志愿服务统一行动，形成了相对固定的服务基地，在社会上产生了积极的影响；2002 年，突出敬老主题，确立 23 个重点城市，开展“青春辉映夕阳红”主题志愿服务。每年在“五四”、“十一”以及各地确立的本地成人节，中学生都集中举行 18 岁成人宣誓仪式。

三、地方立法工作取得突破性进展

随着成人仪式教育活动的开展，成人仪式教育活动的地方立法工作也取得了突破性进展，一些省或省辖市人大通过相关法律或决议，相继确立了本地的成人节或成人宣誓日。要求凡在本行政区域内居住、学习或工作，当年年满 18 周岁的青年，重点是在校学生，提倡参与成人节期间举行的成人宣誓活动。这对于进一步规范 18 岁成人仪式教育活动，促进 18 岁成人仪式教育活动规范化、系统化、法制化进程将起到积极的推动作用。根据笔者收集的资料分析，我国有如下省市通过了相关法律或政府决议，设立了 18 岁成人宣誓日或成人节（以下按时间先后顺序列出）：

1994 年，河北省石家庄市在全国首家以地方立法的形式设立“3・18”为成人节。1995 年 3 月 18 日是石家庄市第一届成人节。

1995 年，上海市团市委协同有关部门成立“上海市十八岁成人仪式教育活动推进委员会”，制定《上海市十八岁成人仪式教育活动管理条例》，进一步完善《上海市十八岁成人教育训练计划》，以加强对 18 岁成人仪式的协调与发展。1999 年 2 月 2 日，上海市人民代表大会十一届二次会议召开，团市委、市青联在会上建议：确定每年 5 月 18 日为“成人节”。

1995 年 3 月 16 日，广州市十届人大三次会议上 12 位人大代表联名提出确立“广州成人宣誓日”的议案，广州市人大常委会于 1995 年 9 月 1 日正式确立每年 10 月 18 日为“广州成人宣誓日”。

1996年8月，经汕头市第九届人民代表大会常委会审议通过，确定每年10月8日为“成人节”。

1996年12月5日，北京市人大常委会正式通过了《在16周岁至18周岁的未成年人中开展成年教育活动的决议》，成人宣誓日在5月4日前后。

1996年，经陕西宝鸡市市委批准，每年的5月18日为成人宣誓日。

1996年，厦门市十届人大常委会第25次会议通过的《关于确定“厦门市十八岁成年人宣誓日”的决定》规定，从1997年起，每年10月17日(厦门解放纪念日)定为“厦门市十八岁成年人宣誓日”。

1996年9月16日，济南市十二届人大常委会第4次会议作出《关于设立“十八岁成人节”的决定》，决定从1998年起，每年9月24日为济南市“十八岁成人节”。

杭州市于1997年设成人节。1997年1月16日，杭州市八届人大常委会第37次会议审议了西湖区第三代表小组杨一青等14位人大代表提出并经主任会议同意提请的“关于建立杭州市十八岁成人节的议案”。会议决定，从1997年起每年12月9日为杭州市“十八岁成人节”。

1998年3月25日，南京市人大常委会通过了《关于开展成人仪式教育活动的决议》，规定每年4月23日为成人宣誓日。

1999年，沈阳市十二届人大常委会第1次会议审议通过了《关于设立沈阳市18岁成人节的决定》，将每年的4月18日定为18岁成人节。2000年4月18日为第一届成人节。

1999年，哈尔滨市将4月28日定为成人节。

2000年3月28日，辽宁省抚顺市人大常委会决定把每年的4月10日定为抚顺市18岁成人宣誓日。

2000年6月29日下午，浙江省人大常委会通过决议，决定每年公历12月9日为浙江省成人节。2000年12月9日是浙江省第一个成人节。

2000年7月22日，经青岛市十二届人大常委会第19次会议审议通过，每年6月2日为青岛市18岁成人节。2001年6月2日为第一届成人节。

2001年6月24日，“澳门成人宣誓日”于下午3时在综艺一馆隆重举行，1200名18岁青年集体进行成人宣誓，以庄严的誓词立誓，决心成为有用之人，正确行使公民权利和履行公民义务，尽一己之能，贡献社会，服务他人。

2002 年 4 月 29 日，武汉市十届人大常委会第 33 次会议通过了《关于设立“武汉市 18 岁成人节”的决定》，决定从 2002 年起，每年 5 月 16 日（武汉解放日）为武汉市“18 岁成人节”。

2003 年，长春市第十二届人大常委会第 5 次会议通过议案，确定每年的 10 月 18 日为“长春市成人节”。2003 年 10 月 18 日是长春市第一届成人节。

2004 年 4 月 2 日，辽宁省营口市第十三届人民代表大会常务委员会第 8 次会议通过关于设立营口市 18 岁成人节的决定，决定每年的 4 月 18 日为营口市 18 岁成人节。

2004 年 6 月 25 日，政协郑州市第十一届委员会通过了《关于在我市建立“18 岁成人节”的建议案》，市人大教科文委员会多次讨论了《关于在我市建立“18 岁成人节”的建议案》。经过反复论证，决定将“郑州市 18 岁成人节”的日期定在每年的 10 月 22 日（郑州市“解放纪念日”），此时，正值秋高气爽的收获季节，又恰逢郑州解放，把“成人节”定在这一天具有特殊的意义。

2004 年 10 月 20 日，承德市十一届人大常委会第 14 次会议决定，将每年的 5 月 18 日定为承德市成人节。承德市是河北省首先设立成人节的地市。2005 年 5 月 18 日是河北省承德市第一届成人节。

2006 年，广西江门市第十二届人民代表大会常务委员会第 26 次会议审议了江门市人大常委会主任陈继兴《关于提请审议调整“江门成人宣誓日”日期的报告》，决定从 2006 年起，将“江门成人宣誓日”由每年 10 月 8 日调整为每年 10 月 18 日。

2010 年，上海市文明办、市教委党委、市委和团市委等成人仪式主办单位在经过与东方绿舟、市学生活动管理中心、市学生德育发展中心等承办方的会商后，一致确定从 2011 年起，将每年元旦的全市性 18 岁成人仪式扩展成上海的成人节。

另外，天津市将 10 月 1 日定为成人宣誓日；内蒙古自治区将 5 月 4 日和 10 月 1 日定为宣誓日。

四、实施成效较为明显

由于各地在举办 18 岁成人仪式教育活动中不同程度地采用了中学生喜闻乐见的形式，使仪式丰富多彩、生动活泼，做到了寓教于乐，因此，18 岁成人仪式教育活动有了较大的吸引力和凝聚力，取得了较明显的成效。例如：

1995 年 10 月 8 日是汕头特区在全国首个创立的“成人节”。随着一曲热情奔放的“成人节”节歌——《十八岁的誓言》的响起，“青春之歌”文艺晚会拉开了序幕，它把“成人节”庆祝活动推向了高潮。歌舞节目《十八岁的誓言》以其恢宏的阵容、精巧的舞姿设计、巨大的艺术感染力创造了“青春之歌”文艺晚会的“良好开端”，“我们站立在地平线，以年轻的心跳拍出新世纪的鼓点……”随着歌手深情的吟唱，一群蓝精灵般的儿童手执花环，扭动玲珑的身躯，与身着粉红色霓裳、手执桃花扇的伴舞姑娘一道，共同构筑出一个个色彩斑斓的立体图案，演绎了一首首流动的诗。来自驻汕部队的 200 名战士在《一二三四歌》的配合下表演了艺术化的队列操，当队列变幻出“十八”的造型时，全场掌声雷动，喝彩声四起。这种形式深受青年学生的喜爱。

2004 年 5 月 16 日是武汉市解放 55 周年纪念日，也是第三届“十八岁成人节”。全市各级团组织，按照“六统一”（统一程序、统一时间、统一誓词、统一标志、统一主题曲、统一纪念册）的基本要求，结合时代特色，开展形式多样的个性化宣誓仪式和主题团日活动。

爱国主义一直是南京市成人仪式活动的“主旋律”。南京有许多体现中华民族爱国主义精神的青少年思想教育基地，这是开展 18 岁成人仪式教育活动的一大优势。按照规定，每年全市适龄青少年在参加 18 岁成人仪式宣誓之前，都必须参观雨花台革命烈士陵园、梅园新村纪念馆、中山陵、江东门侵华日军南京大屠杀遇难同胞纪念馆等 6 个以上的爱国主义教育基地。①

---

① 王润涓. 南京解放 55 周年纪念日“成人仪式”追记[N]. 南京日报，2004－06－11.

广州市长签发成人证书。参加成人宣誓的18岁青年兴奋地收到了一份特别的礼物：由广州市长亲自签发的成人证书。市长在成人证书上殷切寄语18岁青年："祝贺你已迈入成人公民行列，希望你拥护中国共产党的领导和党的基本路线……为广州率先基本实现社会主义现代化的宏伟目标，贡献青春和力量！"证书的发放面将扩大到全市参加宣誓的近15万在校学生。①

武汉500多名学子身着楚服举行传统成人仪式。2005年5月16日，500多名来自武汉市18～20岁的莘莘学子，身着优雅端庄的仿古楚装，在阵阵编钟、鼓乐声中，按照"加衣冠"、"敬师长"、"敬父母"、"成人宣誓"等流程，完成颇具传统荆楚古风的成人仪式。一名来自武昌某高校的女生表示，今天参加这种形式的成人仪式，不仅丰富了其古代传统文化知识，而且让她感到了生活独立自主的迫切性，今后将减少对父母的过分依赖。②

2004年10月22日，1500余人在青少年宫礼堂举行郑州市首届18岁成人节宣誓仪式。在首届18岁成人节庆祝演出中，荣获2004年全国优秀科技奖并获本年度青少年科技教育实践活动最佳方案奖的纬五路小学青年教师李冉来了，2000年悉尼残奥会夺取五枚金牌、2004年雅典残奥会再次获得四枚金牌、一枚银牌的运动员朱宏艳来了……学生、家长、老师分别以不同的形式为步入18岁的成人进行庆祝。在节目过程中，50余位老人格外引人注目，56年前参加解放郑州的老红军代表段绪德先生介绍了这些老人，他们都是曾参加过郑州解放战役的老战士。段老说：56年前，这里，是一片硝烟弥漫的战场，那时我们意气风发，热血沸腾；56年后，这里是腾飞的城市，欢乐的海洋。现在的我已是白发苍苍，步入暮年。因此，青年朋友们一定要懂得什么是责任，什么是信念，什么是精神。从今天起，大家更要珍惜时间，铭记责任，不断学习，勇于创新，用青春和热血铸就中华民族的美好明天！18岁成人代表还宣读了著名诗人王怀让特为首届18岁成人节撰写的朗诵诗《以18岁的名义》，用这首诗来回报老师、父母及长辈的关心、爱护，并以18岁的名义对国旗宣誓，激昂的诗词感染了在场的每一个

① 广州迎来第十个"成人宣誓日"市长签证书[N].广州日报，2004－10－18.

② 武汉五百多名学子身着楚服举行传统成人仪式[DB/OL]. http://www.hsm.com.cn/news/2006/0517/68/28484.shtml.

人,使演出达到了一个高潮。①

笔者在郑州市、开封市、北京市等地采访期间,发现参加了成人宣誓仪式的中学生们受到了震撼,他们切实感受到了长大成人的意识和责任,确实提高了作为社会公民的素质和能力。下面这些感言是他们活动之后的真实记录:

△长大成人正意味着我们要面对现实,展望未来,给自己拟订一个目标,让自己充满自信,做一个有用的人。

△成人意味着理智,意味着做任何事不是别人能为你做到的,最主要的还是要靠自己。

△在人类社会进程中,个人也好,一个国家,一个民族也好,只有强大,才能生存,才能兴盛。在竞争更趋激烈的国际环境中,要实现我们中华民族的伟大复兴,唯有进取,唯有奋斗,依靠我们每一个公民踏踏实实地埋头苦干,创新向上!

△我要感谢生我、养我的父母,是你们赋予我生命,含辛茹苦地把我养大成人;我要感谢敬爱的老师,是你们孜孜不倦的教诲,给我知识,教我做人;我要感谢亲爱的党,是您把我从一个无知的孩子培养成为一名光荣的共青团员,让青春焕发光芒。

△长大,我最大的感悟是作为成人的责任。曾经稚嫩的羽翼现已丰满起来,是到了展翅翱翔的时候。18 岁,是我褪去外壳,独立迎接外面风雨的时候。18 岁,是我跨出曾经幼稚思想及行为的时候,是我肩挑起对祖国、对家人责任的时候。

△我突然发现我不能再对我父母撒娇了,因为我成年了;我不能坐到公交车的照顾专座了,因为我不再是孩子了。我可以以一个成年人的身份处理一些社会事物,我拥有了一些被平等对待的权利。

△18 岁,不应该是天真纯洁浪漫真实的结束,而应该是荣誉责任信仰奋斗的开始。但愿我们能自觉自律自强自新自爱自信地在未来的道路上昂首向前!

△站在国旗下,当我想到历史上无数成功人士们的 18 岁时,才想起了

① 郑州市首届十八岁成人节宣誓仪式[DB/OL]. http://www.hnyouth.org.cn/news/view_base.asp? id=6245.

自己的人生里有祖国有民族有家人，有着“责任”这两个真真切切的字眼。

△面对国旗宣誓，使我们明白了我们已不再是少年，我们已步入成人行列，我们的肩上有了一份沉甸甸的责任。我们只有刻苦学习，珍惜光阴，团结守纪，以优异的成绩报效祖国，才对得起党和人民，才不枉度年华。

△18 岁是黄金般的年华。她意味着美好的憧憬，更意味着沉甸甸的责任；她意味着一个成长阶段的过去，更意味着一个新的起点，新的开始。

△尽管参加了成人仪式，我算是一个成人了，但要走的路还很长，我不仅要对家庭负责，更要对国家负责，成人意味着更多的社会责任。

△我要感恩父母并感谢所有帮助过我的好心人，成为一个有用的人，将来承担责任。

由此可见，开展 18 岁成人仪式教育活动在内容和形式上具有创新和特色是相当重要的一个环节，它直接反映出活动的目的和质量。为此，我们在设计 18 岁成人仪式教育活动时，一定要结合青少年学生思想、身心的实际需要，把握青少年心理需求的脉搏，然后按照成人仪式的目的，因地、因校制宜地去规划设计。既要体现 18 岁成人仪式教育活动规范的要求，又要抓住青少年学生敢想敢做的生动活泼的特点，采用中学生喜闻乐见的形式，力求丰富多彩、生动活泼，做到寓教于乐，年年有创新，事事有特色。只有这样，18 岁成人仪式教育活动才有吸引力和凝聚力，才能使青少年学生乐意参加。

第 4 章　18 岁成人仪式教育中存在的主要问题

虽然 18 岁成人仪式教育活动逐步走上系列化、规范化和普及化的轨道，取得了较大成效，但在充分肯定其成绩的同时，也应该看到其开展过程中存在着许多问题和不足，需要我们审慎对待与认真思考。

一、认识上不够到位和普及面不够理想

我们在采访期间感受到广大中学生参与 18 岁成人仪式教育活动的积极性很高，教师和家长也比较支持 18 岁成人仪式教育活动的开展。他们一致认为，成人仪式作为一种成人教育，作为对即将成人的未成年人所实施的教育活动，它有助于青少年健康地步入成人社会，对青少年正在形成的道德观、人生观、价值观都会产生积极的影响，尤其是在成人仪式中进行公民教育，有利于培养公民意识和公民精神，引导中学生建立和强化自我的公民意识、法治意识、社会意识和国家意识，培养中学生维权履责、服务奉献的公民精神。这将促使学生走向社会，积极参与社会生活，从而增加他们社会实践、人生磨炼的机会，也必然有助于培养他们的成人意识和社会责任感，加快他们的成人化进程。教师和家长希望这项活动能持之以恒，长期地坚持下去。

但是，在目前许多高中“分数挂帅”的教育环境中，并不是所有的学生、家长、学校领导和教师都能够深刻地认识其意义，“能否考上大学是可以衡量的刚性的标准，成人仪式教育活动有没有实际的效果是很难衡量的软性的标准”①。高中阶段是为高考拼搏的阶段，高考这根无形的指挥棒指挥着

① 张云. 教育首先要培养“健康人”——论 18 岁成人仪式教育活动的意义[J]. 上海青年管理干部学院学报，2006，(1).

这支“乐队”。你说成人仪式教育活动重要,有人却认为高考更重要;你说成人仪式教育活动有意义,有人却认为考上大学更有意义。“一些人把这项活动仅仅看成是一个单纯的宣誓仪式,没有把它上升到是对中学生进行思想道德与公民素质教育的高度,没有上升到是中学生参与道德实践有效方式的高度,从而对活动的重要性认识不到位,支持力度不大”①。

尽管有许多省市和一些学校比较重视 18 岁成人仪式教育活动的开展,但仍有许多学校还没有也不打算把 18 岁成人仪式教育提上议事日程。由于受应试教育、功利化思潮、工具理性、狭隘的政绩观的影响,他们担心 18 岁成人仪式教育活动会影响教育质量尤其会影响他们学校的升学率,因为进行 18 岁成人仪式教育毕竟需要时间、精力、人力、物力等方面的前期酝酿和投入,他们担心这样会扰乱学校正常的教育教学秩序,会影响教师的教学和学生的学习。作为家长和学生本人来说,在应试教育的氛围下,他们最看重的往往是考试的分数、考试的名次,将来能否考上一个好的大学和找一个理想的工作,这对他们来说才是最重要的,至于在 18 岁时能否树立成人意识、能否更全面地发展那是考上大学以后的事情。这种狭隘的升学观念还相当普遍。

从全国开展 18 岁成人仪式教育活动总的情况看,我国东部地区要好于西部地区,大城市要好于中小城市,城市中学要好于农村中学。浙江省、广东省、上海市、北京市等我国东部地区从 20 世纪 90 年代中期陆续开展,而中国广大的中部地区,特别是西部地区很少有规模、有组织、有计划地开展这项活动。就全国而言,尽管每年跨入成人行列的青年达 2000 万人左右,但是,参加成人宣誓仪式的学生每年不过 500 万人。

下面这个案例及专家的分析,从家长角度说明了成人仪式教育活动存在的问题。

成人仪式不能没有家长②

2010 年 1 月 1 日,由上海市文明办、市教委党委、市教委、团市委主办的“18 岁成人仪式”在东方绿舟举行。仪式邀请家长到场见证。可来自全市 5 所高中的 1500 名学生家长签名的《回执》显示,只有 50 多位家长愿意

① 王松山,郭舒,刘岩.深化 18 岁成人仪式教育活动的思考[J].中国青年研究,2003,(4).

② 严丽荣.成人仪式不能没有家长[N].教育导报,2009-12-29.

参加。(12 月 25 日《新闻晚报》)

18 岁，是人生的一个崭新起点，是步入成人的标志。作为一项新的公民素质教育活动，“18 岁成人仪式”已被纳入我国《爱国主义教育实施纲要》、《公民道德建设实施纲要》，其宗旨是树立成人意识，明确社会责任，培养爱国情感，造就“四有”新人。它不只是一种外在形式的表达，更负载有丰富的文化内涵，对促进青少年的健康发展，激发青少年的成人意识起着不可忽视的重要作用。在我国古代，父母都重视子女的“成人礼”，到了一定年龄就为他们举行隆重的冠(笄)之礼，提示、鼓舞和激励他们，承担成人的责任，履践美好的德行，成为各种合格的社会角色。可如今，这么重要的学生成长活动，却有那么多的家长不愿参加，身为学校，首先应深入检讨和反思。

我们常看到，一些中小学校组织有家长参与的学生教育活动，流于形式，走过场，家长真正参与的时间和机会少之又少，多是当陪客或看客；活动结束后，家长往往没有任何体验感和成就感，不能产生共鸣的效果，参加的热情自然不高。“18 岁成人仪式”，不只是组织单位的事，也不只是学生的事，要使此项教育活动收到实效，给学生留下深刻、难忘的记忆，以至对其一生具有重要影响，没有家长的参与、互动，是难以达到的。

学校和组织单位在教育活动前，可通过《致家长的一封信》、电视、报刊等，大力宣传举办“18 岁成人仪式”的意义，具体介绍仪式的安排程序，增加仪式的亲子互动环节，如家长亲手为孩子颁发成人纪念卡、替孩子佩戴成人纪念章、送孩子一份特殊礼物、和孩子说几句悄悄话，甚至拿起相机拍个照，留下孩子成长的这个历史性的时刻等，都能吸引和激发家长参与孩子教育活动的注意力与积极性，不仅能大幅度提高学生成人仪式的教育效果，对家长来说，也是一次难得的教育，学会逐步“放手”，不要总是“包办”。

二、贯彻“系统”原则不够及前期工作比较薄弱

18 岁成人仪式教育活动由预备期公民意识教育、成人预备期志愿服务、成人预备期素质拓展训练和成人宣誓仪式四种方式或四个环节组成，“四方式或四环节”是一个系统工程，它们相互交叉，相互促进，不可或缺。活动的每一方面都有其丰富的内容和明确的教育目的，如公民意识教育包

括时事学习和伦理道德、法制意识、社会责任感等教育内容，志愿服务包括“暖心行动”、“文明行动”、“绿色行动”、“科普行动”等，素质训练包括寻访行动、法律宣传、生活体验等，宣誓仪式包括升国旗、前辈祝愿、赠送纪念物等程序，形成了完整的教育过程。四个环节有机联系，形成了一个相对完整的过程。

但是，从全国来看，各地在开展这一教育活动时大都偏重于单纯的举行 18 岁成人宣誓仪式，而对于成人预备期教育、成人预备期志愿服务和成人预备期素质拓展训练三个方面重视不够，前期工作比较薄弱。我们在调查时发现，多数学校在开展此项活动时特别注重最后的 18 岁成人宣誓仪式方式。学校里上至校长下至班主任针对高三学生，精心策划、组织和安排，场面隆重热烈。升国旗、唱国歌、面对国旗宣誓、领导勉励、前辈祝愿、成人心声、颁发纪念品等似乎热闹非凡，投入了大量的人力、物力和财力，却只是一些场面效果，忽视了系列教育活动。这犹如是建造一座没有地基的大厦，其教育效果显然不会理想。他们忽略了从中学生 14 岁起就应该有计划、有组织和有目的地举行成人预备期的公民意识教育活动、志愿服务活动和素质拓展训练活动。

三、活动模式雷同并缺乏区域个性

从全国 18 岁成人仪式教育活动的开展情况看，的确存在效果低下、不被学生认可的现象。一些中学开展这项教育时往往追求形式的轰轰烈烈，而忽视采用的方式是否符合学生的心理需要和教育规律，忽视对教育对象的研究和教育突破点的选择，忽视形式所承载的真正内容。活动模式基本雷同，举行成人宣誓仪式，不过是领导讲讲话，学生代表发发言，然后一起宣誓，草草结束。活动方式没有创新性，不能使学生在知、情、意、行等方面都有所收获，对学生行为的改变影响较弱。

下面一篇评论性的文章反映出的问题，应当引起我们教育者的反思。

我们需要怎样的成人节？①

据报道，5 月 16 日是××解放 53 周年纪念日，也是××市第一个 18

① 我们需要怎样的成人节？[N]. 工人日报，2002－5－30.

岁成人节，来自江城三镇的 5160 名青年在××国际会展中心举行成人仪式，面对国旗庄严宣誓。可是，仪式完毕仅几分钟，大部分人便将宣誓的成人帽和纪念证随手丢在广场上。人群散了，广场上留下红黄的一片，清洁工们好一阵忙活。这实在令人尴尬，是××市第一个成人节的遗憾。看到青年们如此举动，想到他们那震撼人心的成人誓言，我们当然可以指责他们的成人意识甚至道德素质如何如何，但更重要的，我们应当反思为什么会出现这令人尴尬的一幕。“要积极履行公民义务，自觉遵守社会公德，服务他人……”言犹在耳，青年们确实应该好好反思自己。可是，笔者觉得，更应该深刻反思的实际上还有其他的一些人。长期以来，许多诸如此类的宣誓活动，组织者往往都太注重于形式，而忽视了形式所承载的真正内容。比如成人仪式，它远不仅是跟着领誓人机械地复诵一段誓词，而是在特意营造的氛围下唤起人的责任感、道德感，在步入成人的青年们心灵深处，留下一个美好的人生纪念。可是，我们的组织者好像偏移了这些仪式的“重心”，把重头戏放在了领导出席、讲话之类，把仪式的主角——青年放到了次要的位置，说严重点儿，是舍本逐末了。据知情人士介绍，为了使这次活动与 5 月 16 日联系起来，需要人数是 5160 人，组织者没有按 18 岁的标准筛选。因此出席成人仪式者中，大部分是未满 18 岁的中学生。5 月 16 日那天烈日当头，“成人”们却在广场上列队等了出席仪式的领导 2 个小时。在领导讲话时，有人竟被晒昏了过去。面对这些“隐情”，我们还能忍心责怪“成人”？仅仅为了形式，为了所谓的“特殊纪念”意义，把未满 18 岁的人拉来凑数，这些“成人”还会珍惜这些极像道具的成长帽和纪念证吗？某些领导喧宾夺主，长篇大论，仪式过后，将成长帽和纪念证随手扔掉，“成人”们是不是有点儿泄愤的动机？这些都是令人深思的。

这种单调空洞的成人仪式，不但不能激发学生成人的神圣感，反会引起学生的反感和抵触。成人仪式不仅仅是跟着领誓人机械地复诵一段誓词，而是在特意营造的氛围中唤起成人的责任感，在步入“成人”的门槛后心灵深处留下一段美好的人生记忆，使其真正起到对学生心灵的震撼作用。

四、缺乏全国统一法定的成人节

虽然成人仪式教育活动的地方立法工作近年来取得了突破性进展，一些省、省辖市人大通过决议或法律，相继确立了本地的成人节或成人宣誓日，要求凡在本行政区域内居住、学习或工作，当年年满 18 周岁的青年，重点是在校学生，提倡参与成人节期间举行的成人宣誓活动。这对于进一步规范 18 岁成人仪式教育活动，促进 18 岁成人仪式教育活动规范化、系统化、法制化进程将起到积极的推动作用。

但尚缺乏全国统一时间法定的“成人节”，使 18 岁成人仪式教育的实施正常化、规范化、制度化。为加强 18 岁成人仪式教育的文化内涵和社会认可、重视、普及程度，我们建议应设立 18 岁成人仪式教育的法定节日，把这个节日和其他传统节日一样对待，真正为青少年营造一个成人仪式教育的氛围，让他们感受到社会的关心、关爱，让他们体会到社会的希冀与期盼，也使其认识到健康成长不仅是自己的事情，更是社会的责任，不仅关涉个人的幸福还关系到社会的美好未来和希望。

第 5 章　18 岁成人仪式教育的实施及其建议

针对 18 岁成人仪式教育中存在的问题，我们如何实施才能取得更好的成效？以下从实施理念、实施模式、实施内容、组织方式、建立法定节日五个方面提出实施建议并加以论述。

一、实施理念：抓好普及性、系统性和实效性

1. 做到普及性

18 岁成人仪式教育要面向全体适龄青年，使他们受到成人意识和公民素质教育。而要推动 18 岁成人仪式教育活动的普及，当前要着重做好以下几个方面。

(1)提高对活动意义的认识

18 岁是成人的重要标志和生活的新起点，是一个人从未成年向成年转变、身心发生质变，世界观、人生观、价值观初步形成的关键时期，是被无数教育家所公认的人的“第二次诞生”。我国 18 岁以下的未成年人约有 3.67 亿人，他们的成才和精神风貌将直接影响和决定着中国的未来。每年要跨入 18 岁成年人行列的有 2000 万名左右，这些青少年正处在人生的十字路口，急需我们加以引导，来端正他们的人生观、理想观、道德观等。利用 18 岁成人仪式教育活动来达到此目的是极其重要的形式或载体。它不仅帮助青少年认识到成人的必然性，成人成才的意义，帮助他们建立自觉的成人意识，做好成人的思想准备，同时指导青少年以健康的心态、正确的人生观念去选择正确的成人之路。中共中央《爱国主义教育实施纲要》指出：“进行爱国主义教育，需要提倡必要的礼仪，特别要提倡有助于培养对国旗、国歌、国徽崇敬感的必要礼仪，增强人们的爱国主义感情……提倡各地

组织年满 18 周岁的公民举行对国旗宣誓的成人仪式。”①

(2)活动要面向全体学生

素质教育的要义就是要面向全体学生,使学生生动活泼、积极主动地得到发展。18 岁成人仪式教育活动也必须面向每一个中学生,不管是团员还是非团员,不管是优秀生还是后进生,不管是成绩好还是成绩差,每一个学生都有受教育的权利,在 18 岁成人仪式教育活动面前“人人平等”。各地开展这项活动,要在努力提高普通中学、中等专业技术学校和各类职业学校适龄学生参与率的同时,广泛吸引包括农村青年和职业青年在内的适龄青年参与到活动中来,接受教育。

(3)活动要调动学生的积极性

18 岁成人仪式教育活动的主角是学生自己,学校团组织和教师只是活动的组织者和引导者。如果活动没有学生的积极参与,就难以使他们认识到自己就要成人了,认识到自己的成人责任,认识到社会对自己的素质要求。因此,任何一次活动方案的计划、实施与总结都需要学生积极参与,并发挥主动性。

2. 抓好系统性

18 岁成人仪式教育是一项系统的教育过程,不能单纯理解为就是一个宣誓仪式。18 岁成人仪式教育要达到预期的教育目的,必须贯穿于整个中学阶段,遵循“系统化”四环节的原则,在平时下工夫,做到夯实成人预备期公民意识教育,强化成人预备期志愿服务,突出成人预备期素质拓展训练,办好 18 岁成人宣誓仪式。

(1)夯实成人预备期公民意识教育

公民意识教育是这项教育的基础。“公民意识教育”是“成人预备期公民意识教育”的简称,也称“成人预备期教育”。成人预备期公民意识教育是对 14～18 周岁的中学生进行公民意识教育的基本方式。

第一,活动目的。根据共青团中央关于开展 18 岁成人仪式教育活动的文件精神,结合全国各地开展 18 岁成人仪式教育活动的实际情况,公民意识教育活动的目的主要是:通过教育,使青少年掌握宪法和法律的有关知识,懂得宪法和法律所赋予的公民权利和义务;通过教育,使青少年掌握

① 中共中央关于印发《爱国主义教育实施纲要》的通知[J]. 中华人民共和国国务院公报,1994,(20).

"爱国守法、明理诚信、团结友善、勤俭自强、敬业奉献"的基本道德规范；通过教育，使青少年树立为社会、为他人服务的意识，增强对国家、对社会、对家庭的责任感。

第二，活动形式。公民意识教育必须有所依托的形式和载体。公民意识教育不能脱离其他科学知识的教育，不能脱离智育、体育、美育和社会实践，不能脱离学校、家庭和社会的环境影响。因此，公民意识教育可以通过学科教学、报告和讲座、参观访问、社会实践等形式进行。

系统的学科教学是传授公民意识和知识、成人意识和知识的有效途径。学科教学要重视德育渗透，根据中学德育大纲的要求和学科内容的特点，深入挖掘教材中的德育因素，准确把握教育点，考虑学生的年龄特征和认识水平，激活学生的思维。如语数外、政史地、理化生、音体美劳等学科各自具有不同的德育要素，运用的恰到好处，对培养学生的成人意识和公民素质起到重要的作用。尤其初中开设的思想品德课和高中开设的政治课中蕴涵着丰富的民族精神教育、生存技能教育、成人意识教育和公民素质教育内容，学科教师要充分挖掘和利用。

学校和社会教育机构可以通过一些专门性的设施和活动来增强中学生的爱国情操、政治素质和国情知识，如中学生团校、中学生业余党校、公民学校、校内外德育教育基地、爱国主义教育基地组织中学生学习政治理论和时事政治，学习党的基本理论知识，参观烈士陵园和革命纪念馆，通过写观后感和思想汇报等，帮助学生正确深刻地认识社会主义初级阶段、改革开放等问题，从而坚定走有中国特色社会主义道路的信心和决心。

公安、法院、劳动和社会保障等部门可利用以年满 16 周岁的中学生首次领取居民身份证为契机，通过知识讲座、模拟法庭、庭审旁听等形式对步入成人预备期的中学生进行法律、公民意识教育，帮助他们了解公民应具有的权利和义务，增强他们的民主、法制观念和对国家、民族、社会的责任感。

共青团组织可以利用主题团日活动引导中学生学习宪法知识、普及公民意识，如演讲比赛、知识竞赛、文艺晚会等。充分利用重要节日、纪念日开展各种道德教育活动，如利用"五四"、"七一"、"八一"、"十一"、"一・二九"以及重大历史事件、历史人物纪念日等革命节日（纪念日）举行的活动，对学生进行爱国主义、集体主义、社会主义和革命传统教育；利用重阳节、教师节等传统节日和行业节日举行的活动，对学生进行尊老爱幼等家庭美德教育、敬业奉献等职业道德教育；利用“普法日”、“世界环保日”等类型的纪念日所举行的活动对学生进行遵纪守法、注重环保等社会公德教育。

第三，注意事项。预备期公民意识教育活动要有计划性。对处于 14～18 岁的中学生进行的公民意识教育活动是一项经常性的活动，切忌无计划。学校共青团要争取学校教务处的配合，安排固定的场所、稳定的师资，制订教学计划，检查教育效果，使预备期公民意识教育活动有序开展和规范运作。要根据社会发展对学生的要求和公民自身发展的需要以及现代公民意识形成的特点与规律来构建现代公民教育的目标、内容、操作程序和评估系统，如开设哪些课程、讲授哪些内容，哪些是主干课、哪些是辅助课，课程之间的内在关系是什么等，要认真研究，以形成公民意识教育的完整体系。

要注意发挥课堂教学主渠道、主阵地的作用。《思想品德》和《政治》课程的教学要帮助学生树立正确的世界观、人生观、价值观，认清人与人的关系，人和社会的关系，人和自然的关系以及人的发展和社会发展的统一，人的思想道德素质和科学文化素质对人类社会发展的意义等，要培养学生的法律意识，引导他们知法、懂法、守法、用法，使他们明了宪法和法律赋予公民的权利和义务，并正确地行使公民的权利和自觉履行公民的义务。要防止个别教师和学生认为这些课程无关紧要，而采取的态度。应该认识到，有些青少年正是在这方面没有打好基础、出现问题，以致造成无视法纪、胡作非为、腐化堕落，最后走上违法犯罪的道路。理论和实践都告诉我们，为了人的尊严，为了社会的安定、繁荣和进步，是不能不强化预备期公民意识教育的。

同时还要把握公民意识教育的特点与规律，增强公民意识教育的科学性。新的形势要求我们要与时俱进，对传统政治教育理念和教育制度进行变革，实现从灌输式的教育向启发式的教育转变。教育的最终目标是教会学生如何做人，不是做“臣民”、“顺民”，而是真正意义上的现代国家的“公民”。过去思想政治教育中采用的不讲层次、不分标准、模式雷同，而且内容抽象、空洞、脱离实际的教育模式已经不适合于今天的青少年了。今天的学校教师、家长、社会成员应当采取启发的教育方式，对学生晓之以理，让学生“听得进”、“记得住”法律规范和道德规范；应当创设有关情景或组织有关实践活动，让学生作为活动主体，在作为公民行动的过程中体会公民的角色感，获得对公民道德、义务的理性认同，如把公民意识教育与学校生活、班级生活联系起来，让学生在校园的小社会里体会与同学、老师、校长的关系，体会规则的制定与执行、体会权利与义务；应当根据青少年的年龄特征和身心发展实际，对处于不同年龄阶段的学生提出不同的标准和要求，实施分层次、有针对性的教育；应当根据青少年的特点，因地、因时、因校制宜，开展丰富多彩的活动，寓思想性、教育性于活动之中，使教育多样化、丰富化。

(2)强化成人预备期志愿服务

成人预备期志愿服务是中学生 18 岁成人仪式教育活动的关键方式，也是组织中学生参与道德实践的重要途径，是对青少年进行强化爱国主义教育、公民意识教育和社会责任感教育的重要活动载体。

第一，活动目的。组织 14～18 岁处于成人预备期的中学生(亦称青少年)开展志愿服务活动，可以引导中学生在为社会服务的过程中培养履行公民义务的意识和能力，增强社会责任感。志愿服务既是实实在在的社会服务活动，又包含着深刻的思想政治教育内容，具有帮助他人、完善自己、服务社会、弘扬新风的功能。在成人预备期志愿服务活动中，青少年不仅能深入地了解社会、丰富课外生活，发现和克服自身的弱点，提高适应社会的能力，而且能够把所学的知识直接运用于各项服务中，提高解决实际问题的能力，培养学生的社会责任感和奉献精神。青少年通过参与志愿服务，有机会为社会出力，尽公民责任和义务；青少年利用闲余时间，参与一些有意义的工作和活动，既可扩大自己的生活圈子，更可亲身体验社会的人和事，加深对社会的认识；青少年在参与志愿服务过程中，除了可以帮助人以外，更可培养自己的组织及领导能力、学习新知识、增强自信心及学会与人相处等，所谓"予人玫瑰，手有余香"也是志愿服务自我实现效果的体现；培育青少年的志愿精神，会使志愿服务理念深入人心，使志愿服务真正成为人们参与社会生活的一种方式。

第二，活动形式。树立正确的价值观和培养良好的公民素质不仅需要通过课堂教育，而且需要参与丰富的社会实践活动进行体验。各中学不但要在青少年学生中大力倡导"奉献、友爱、互助、进步"的志愿服务精神，更应积极组织成人预备期志愿者在学校，进社区，到公园、敬老院、福利院等地方开展以下送服务、献爱心活动。

敬老活动。组织中学生到老年福利院、老年公寓、护老院、敬老院、托老所、老年服务中心等社会养老服务机构，开展生活服务、文化娱乐、康复训练、医疗保健、精神慰藉等志愿服务活动。

环保活动。组织中学生参加宣传环保、清扫公众活动场所卫生、清理建筑物与报栏乱粘贴和乱涂抹的广告、捡拾白色垃圾、回收废旧电池、回收旧书、植树种草、资源保护、环境监测等为内容的环保活动。

科普活动。组织中学生参加以普及和宣传科学知识的禁毒宣传、法制宣传、反对邪教、举办科技竞赛、各种科技场馆志愿讲解等为内容的科普活动。

助残活动。组织中学生参加帮助残疾人料理基本生活和精神慰藉等为内容的活动,或募捐钱款资助聋哑儿童,为聋哑孩子所在的班级捐献图书,为福利院的孩子们带去温暖,进行文体联欢活动等。

其他社会公益活动。教师可以组织中学生一起参与青年志愿服务活动,学校共青团组织可以组织中学生到车站和码头义务劳动、疏导交通、打扫卫生。学校还可结合当地实际开展其他内容的志愿服务活动,形成具有本地特色的志愿服务重点项目。

第三,注意事项。志愿服务活动内容要贯穿于中学生成长全过程,不同时期可各有侧重。服务的内容和形式要根据青少年的特点和实际能力来确定。要创造条件,确保每一名中学生志愿者在 14～18 周岁成人预备期达到服务总时数的要求。各中学应在学生志愿者中推行服务时间储蓄制度,要求成人预备期志愿者使用服务手册,在每次活动后,把活动时间及时记录下来;同时,要建立相应的确认和回访督察制度,以保证成人预备期志愿服务活动正常、规范。

为保证志愿服务活动内容贯穿于中学生成长的全过程,要加强中学生成人预备期志愿服务基地建设。学校团组织要积极争取学校党政领导的支持,与社会服务机构签订协议,认真组织学生开展服务,建立长期、稳定的关系。学校团组织可以结合学生特点和学校实际,成立成人预备期志愿服务基地,如敬老院、火车站等公共场所(馆)、交通亭、农场等,进行命名挂牌,同时安排固定的服务内容,组织学生进行志愿服务。地方各级团组织要对当地社会服务机构的数量、分布和对志愿服务的需求等基本情况认真调研,帮助中学生与学校签订协议。要建章立制,长期坚持,力戒活动一阵风,以确保成人预备期志愿服务活动能科学规范、健康发展。

各中学还应成立本校较为稳定的成人预备期志愿者服务队,做到活动有计划,有步骤,实施有影响、有实效。要努力形成成人预备期志愿服务的机制和制度，为14～18岁青少年参加志愿服务提供更多的机会、渠道和制度保障。

(3)突出成人预备期素质拓展训练

中学生素质拓展计划是共青团组织实施的一项优化课外活动内容、促进学生全面发展的素质教育计划，旨在全面贯彻党的教育方针，以邓小平理论、“三个代表”和科学发展观重要思想为指导，以育人为目标，以培养中学生的公民意识、创新精神和实践能力为重点，在教育部门的支持和学校党政的领导下，组织开展各种形式的实践教育活动，帮助中学生提高综合素质，成为社会主义现代化事业所需要的合格人才。18岁成人仪式教育活动方式之一“素质拓展训练”是整个中学生素质拓展计划的中心所在。

第一，活动目的。中学生基本生活和学习技能的培养是中学生综合素质培养的重要内容。要充分利用假期，通过组织磨砺训练、环境保护与宣传、科学普及、农村生活体验等各种素质训练营，开展丰富多彩的活动，帮助中学生提高科学文化素质、身体素质、心理素质和基本生活技能，使他们能够学会生存、学会劳动、学会学习、学会合作，具备一定程度的独立生活能力和自护能力。

第二，活动形式。素质拓展训练要按照多样性、科学性、分层性的要求设计和创新中学生素质拓展训练项目，主要有下面四个板块：

思想道德教育活动。通过读书、考察、社会实践等活动对学生进行国情、省情教育，培养中学生热爱家乡的情感和爱国主义精神。加强中学生团校和高中业余党校建设，以“两校”为主要阵地开展邓小平理论、“三个代表”和科学发展观重要思想的学习和推优入党工作，引导学生树立正确坚定的理想信念。同时引导和帮助中学生走进社会大课堂，接受锻炼，明确责任，增长才干，加强中学生道德实践。

科技创新活动。举办各类科普讲座、报告会等，引导学生爱科学、学科学、懂科学、用科学，培养学生追求真知的科学意识。充分发挥各类学生社团的作用，开展科技竞赛、科技夏令营、科技周等活动，帮助学生学习科技知识，掌握科学方法，培养科学精神和创新精神，提高学生的科技文化素质。

技能训练实践活动。依托校内外各类实践基地，通过生产实习、公益劳动、勤工助学、技能比赛等社会实践活动，科学引导中学生的兴趣爱好，关注他们的个体差异，帮助他们掌握实用技能，培养动手能力和团队精神，增强他们适应社会生活的能力。

健康审美活动。举办心理健康培训，开展心理咨询服务，开展各种体育和艺术活动，帮助学生培养健康意识和良好的心理素质，提高审美能力和人文素质。进行文明礼仪教育，引导学生养成良好的行为习惯，提高审美情趣，形成健康的生活方式和高尚的情操。要重视中学生的个性发展，开展各种形式的"中学生艺术展演"活动。支持鼓励中学生积极参与学生社团活动。

第三，注意事项。素质拓展训练要注意扩大中学生的参与面。全日制初级中学、普通高级中学、中等专业学校和中等职业技术学校的学生都要因地、因校进行。各地、各学校要讲究方法，从中学生的身心特点和思想教育的规律出发，分类别、分层次开展工作，增强工作的针对性。教育内容上要分类实施，城市中学重点要抓好中学生社会生活能力的培养，农村中学重点要抓好中学生农村实用技能的学习，中专和职业学校重点要抓好学生职业技术水平的提高；教育目标上要分层要求，对每一个年级的学生提出不同的要求，使每一位学生在学习中都更有针对性和有所收获；教育方法上分别对待，因人而异，尊重学生的个性、引导学生的爱好、完善学生的人格。

为保证素质拓展训练的顺利实施，争取把计划的实施纳入学校德育工作的总体规划中；争取教育、劳动、人事等部门和其他社会力量在政策、信息和培训等方面的支持；协同有关行业协会通过专业技能资格证书的颁授，推动中学生接受初步的职业意识培养和技能培训。

为使素质拓展训练的工作阵地化、有形化，团组织要依托各中学的学生活动阵地和一些社会资源，重点创建一批学生思想教育、科技创新、文化艺术、社会实践、志愿服务、技能培训的基地。

为保证素质拓展的顺利进行，还要试行《中学生素质拓展证书》制度。建立记录中学生各学年参加素质拓展计划客观情况的评价机制，为社会和高一级学校评价学生综合素质提供依据。《中学生素质拓展证书》主要用于记载中学生在校期间参与思想道德教育、科技创新、技能训练实践、健康审美等方面活动的情况。建立评价体系是中学生素质拓展训练实施成果的有形记录和显现，同时规范《中学生素质拓展证书》的使用。要求各中学必须使用统一印制的证书，在证书的发放、填写、认证、保管等方面做到规范。

(4)办好 18 岁成人宣誓仪式

18 周岁是成年人与未成年人的法定分界线。18 岁宣誓仪式是 18 岁成人仪式教育活动的标志性方式，具有重要的导向和教育意义。在中学生年满 18 周岁时，组织他们集体面向国旗宣誓，通过突出仪式神圣、庄严的特点，给中学生的一生留下深刻的印象。

第一，活动目的。18 岁成人宣誓仪式是公民意识教育、成人预备期志愿服务活动和素质拓展训练的最终确认和认可。18 岁成人仪式宣誓教育活动是针对年满 18 周岁的青年，重点是中学、中等专业技术学校和各类职业学校的适龄学生进行的以“树立成人意识，明确社会责任，增强爱国情感，争做‘四有’新人”为主题的教育活动。

第二，活动形式。《共青团中央关于规范 18 岁成人仪式教育活动的暂行意见》(1996 年 4 月 8 日)指出：18 周岁成人宣誓仪式的基本程序包括升国旗、唱国歌、面对国旗宣誓、领导勉励、前辈祝愿、成人心声、颁发成人纪念物等。

升国旗、唱国歌。国旗是国家的标志和象征，集中体现国家的尊严。升国旗、唱国歌既是《中华人民共和国国旗法》的要求，也是对学生开展以爱国主义为核心的民族精神教育，牢固树立爱祖国、爱社会、爱家乡、爱学校、爱家庭、爱他人、爱自己的责任和意识，不断提高综合素质的有效途径。全体教职员工、学生面向旗杆立正站立。升旗开始，全体教职员工、学生面对国旗立正行注目礼，升旗手徐徐将国旗升起，同时奏国歌和齐唱国歌。国旗升至旗杆顶，升旗结束。升旗时所有在场的人员都必须肃立。学生要统一着装。教职员工要着装庄重。唱国歌时，要全体起立，保持立正姿势，两眼平视前方；要精神饱满，庄重肃穆，不得讲话，不得随意走动；歌声要洪亮、准确、整齐。

面对国旗宣誓。宣誓是 18 岁成人仪式教育活动的精髓所在。18 岁成人仪式教育活动的内容中，重中之重是宣誓，宣誓对 18 岁青年来说在人生的旅途中有着警醒的作用。《共青团中央关于规范十八岁成人仪式教育活动的暂行意见》(1996 年 4 月 8 日)对成人誓词作了统一规定：(领誓人：请宣誓人举起右手)我是中华人民共和国公民，在 18 岁成年之际，面对国旗、庄严宣誓：我立志成为有理想、有道德、有文化、有纪律的社会主义公民。遵守宪法和法律，热爱社会主义祖国，拥护中国共产党的领导。正确行使公民权利，积极履行公民义务，自觉遵守社会公德。服务他人，奉献社会；

崇尚科学，追求真知；完善人格，强健体魄，为中华民族的富强、民主和文明，艰苦创业，奋斗终生！此方式要求全体宣誓人面对国旗，左手持《宪法》，右手握拳举起，由领誓人领誓。

领导勉励。可由政府官员、市县共青团组织负责人或学校领导讲话。内容主要是向中学生祝贺他们成人，并对他们提出加强世界观、人生观和价值观修养，加强道德素质、政治素质和法律素质等方面修养的期望和要求。

前辈祝愿。可由教师代表、家长代表、老红军或老战士代表讲话。内容主要是向中学生提出增强成人意识、增加社会责任感和勤奋学习立志成才的要求。

成人心声。可由学生代表发言。内容主要是学生向关注他们成长的教师、家长和社会表示感谢，并表示以 18 岁成人为起点，加强政治、学习和生活等方面的锻炼，做合格的社会公民。

颁发成人纪念物。《中华人民共和国宪法》、《中国共产党章程》和《成人纪念册》等读物是向中学生寄托希望和要求的一种最好方式，是他们铭记成人日子的最好载体。

18 岁成人宣誓仪式活动是一个开放的、动态的教育活动，没有一成不变的模式和程序，各地可以根据需要增减一些程序。如在程序中增加成人诗歌朗诵活动、家长和孩子互相写一封信活动等，在仪式结束后开展义务献血、栽植成人纪念林、到公园认领一棵树等公益性服务活动，或开展孩子为爸妈做一顿饭活动，举行文艺晚会、演讲比赛等。

心灵感恩之旅①

上海 2007 年元旦举行的成人仪式中除了统一的程序外，多了一个“心灵感恩之旅”的环节：“首先，请全体同学闭上眼睛，感受我们的心跳，慢慢地放松、轻轻地呼吸，什么事都不用想……”与一般的仪式不同，没有长篇大论的发言，背景音乐响起，随着柔和舒缓的女声，十八年来的点点滴滴历历在目：“……时间慢慢流逝，我也渐渐长高；似乎，依偎在妈妈怀里撒娇是件很老土的事情；向爸爸说声‘谢谢’多少有些可笑……”记者看到，有些女孩子听到这里已经开始悄悄地抹眼泪，而一些专程陪伴而来的家长的眼圈

① 上海元旦举行成人仪式[N].上海青年报，2007－01－04.

也开始红了。“成年礼,我长大了!我要为我爱的人而战斗,我要为我的国家而战斗,我要为自己的命运而永远战斗!”结束语的青春激扬又迎来了热烈的欢呼与鼓掌。

18 岁成人节:今天我做饭①

在郑州市第二届“18 岁成人节”期间,共青团郑州市委发起了“爸爸妈妈,让我为你做顿饭吧”活动。上午的课结束以后,十九中高二的朱佑龙背起书包,匆忙地向位于电力设计院家属院的家走去。他说,中午给父母做什么样的饭菜,他头天可是认真地盘算过。回到家,朱佑龙让爸爸妈妈坐在屋里看电视,并神气地宣布:“今天我来做饭,你们等着吃就行了。”朱佑龙做的菜是父母平时最爱吃的青椒炒鸡蛋、调菠菜和清蒸鱼。厨房里传出的阵阵香气把朱妈妈吸引来了:“小心呀,别弄伤了手。”

饭菜端上桌,朱佑龙对爸妈解释说:“为了报答你们的养育之恩,我还专门给这些菜取了名字。青椒炒鸡蛋叫‘寸草春晖’,取自谁言寸草心,报得三春晖,谢谢你们对我的爱!”他指着调菠菜说:“这道菜叫‘爱心之菠’,因为这道菜里凝聚着我对父母的深深爱意,我要把爱献给你们!清蒸鱼叫‘涌泉跃鲤’,感谢你们 18 年来对我的呵护和关爱,我会涌泉相报的!”接着,他来不及将围裙解下,就提前对父母进行了“成人节宣誓”:“爸妈,你们为我操劳了半辈子,可我以前不太懂事,老让你们担心。从今天起,我长大了,我会改掉以前的毛病,努力学习之余,我一定要经常分担家务,做一个全面发展的优秀青年!”

“看到孩子这么懂事,我太欣慰了。成人节的活动真是办得太好了!”朱佑龙的家长们开心不已。

第三,注意事项。成人宣誓仪式是成人仪式教育活动的标志性方式,成人宣誓仪式必须按照规定的程序进行,使用统一的誓词、标志和主题歌曲。要保证仪式的严肃性、规范性,场地要庄重严肃,程序要完整规范。

做好准备。在举行仪式前,宣誓人应掌握 18 岁成人誓词的含义;了解公民的基本权利和义务;知道成人仪式的基本内容;知道成人仪式的主题歌。要检查在成人预备期内是否参与了一定时间的志愿服务。在此期间,

① 18 岁成人节:今天我做饭[DB/OL]. http://www.henannews.com.cn/news/category/50/2005/10/23/2005－10－23_34881_50.shtml

还应围绕宣誓活动开展征文、歌咏、朗诵、演讲、摄影等宣传活动，组织大规模的成人预备期志愿服务等活动，作为宣誓的前奏。

统一宣誓时间。要求各地各单位成人宣誓仪式要相对集中，或在每年的“五四”、国庆期间举行。为烘托教育气氛，宣誓仪式选择在有纪念意义的标志性场所举行。除当地已明确“成人节”、“成人宣誓日”外，原则上集中组织一定规模的中学生 18 岁成人宣誓仪式，以形成一定的气势。

统一宣誓地点。成人宣誓仪式可在本地具有纪念意义的场所举行。地点既可以是爱国主义教育基地，也可以是志愿服务基地、国防教育基地、社会实践基地等有教育意义的地方。如，南京市共青团组织在每年的 4 月 23 日组织中学生在雨花台烈士陵园、渡江战役胜利广场等大型爱国主义教育基地或是鼓楼市民广场、南京长江二桥公园等标志性地区举行集中性的成人宣誓仪式。

统一誓词。按照团中央制定的全国统一的《成人誓词》，如前所述。

统一使用推荐歌曲。《共青团中央关于规范十八岁成人仪式教育活动的暂行意见》(1996 年 4 月 8 日）规定，18 岁成人宣誓仪式，必须选用共青团中央推荐的如下主题歌曲：

《我们已长大》(王持久词，魏群曲）；

《我们已经长大》(金波词，付林曲）；

《圣洁的时刻》(张俊以词，孟庆云曲）；

《这一刻》(陈虹词，肖白曲）；

《阳光下的誓言》(王健词，瞿希贤曲）；

《十八岁的节日》(晓光词，艾立群曲）；

《我们听见时光的声音》(虞文琴词，孙川曲）；

《青春的宣言》(黎琦词，李焕之曲）；

《长大成人》(石顺义词，张卓娅曲）；

《今年我十八岁》(段林词，晓里曲）；

《今天我们已成年》(于名珊词，羊鸣曲）；

《放心吧，祖国》(张藜词，冯世全曲）；

《今天的阳光灿烂》(虞文琴词，王祖皆曲）。

统一标志。标志造型由阿拉伯数字“18”组成一只鸟在奋飞的形象。“18”代表成人的年龄界限，飞鸟象征青少年“羽翼长成”，成为成年公民，应当担负起宪法赋予的全部责任。两翼的四羽代表争做“四有”公民。标志为红色，象征热情、成熟。举行 18 岁成人宣誓仪式，宣誓人应佩戴成人标志徽章。成人标志作为 18 岁成人仪式教育活动的统一标志，可以在成人仪式教育的各项活动中使用。

统一纪念册。全国有许多地方实行了“16～18 岁成人纪念册”制度，为推动 18 岁成人仪式教育活动的深入开展，使活动形成有形的载体，引导更多的中学生自觉参与这项活动，更好地进行自我教育提供了范例。由共青团中央学校部编、中国社会科学出版社出版发行的《青春的飞升・16～18 岁学生成长纪念册》紧密围绕成人仪式教育活动内容，分知识部分和记载部分，针对 16 岁、17 岁、18 岁三个年龄段分别编写，循序渐进，不仅有助于中学生了解公民素质的有关知识，记载成长历程，而且有利于学生进行自我教育，实现全面发展。《纪念册》通俗易懂、简明扼要，形式活泼、新颖，符合中学生的阅读心理特点，便于长期保存。

3. 注重实效性

公民素质教育是指为提高社会成员担任公民角色所需要的素质而进行的教育。公民素质教育建立在公民个体在公民社会中的角色和地位的基础上，突出了从“公民”一词的内涵带来的政治、法律、社会、经济、文化、社群和民族传统等方面的素质内容。18 岁成人仪式教育活动本质上是教育者按照成人公民的素质标准对未成年公民所进行的公民教育。公民素质教育从公民认识、公民情感、公民意志和公民行为的角度理解，存在着一个知情意行统一的问题。“知”是基础，“情”是动力，“意”是保障，“行”是标志，四者是统一的整体。公民教育的过程是教育者将社会对成年公民的要求转化为受教育者个体的内在行动的过程，是促使受教育者公民认识、公民情感、公民意志、公民行为等协调发展的过程。

(1)强化公民认识

知，即认识，是指人们对某一事物与现象以及事物或现象之间联系的理解和看法。公民认识是指作为公民应该具备的政治、经济、法律、伦理道德和社会生活交往方面的基本知识。掌握公民认识，既是适应现代社会生活的需要，又是养成公民行为的基础。没有公民认识的人是不可能形成公民素质的。一个人的公民认识水平总是制约着他的公民素质水平。

因此，18 岁成人仪式教育活动必须注重公民认识的教育。公民认识教育必须传授给学生相应的政治、伦理、法律、经济、社会、历史、地理等方面的知识，使学生掌握必备的公民知识。如，通过公民权利和义务认识的教育，使受教育者从一定的理论高度把握公民与国家、个人与社会的关系，明确公民的权利和义务，知道公民应享有的人身自由权、受教育权、选举权和被选举权、财产所有权等权利，也了解公民应履行的维护祖国统一、维护民族团结、赡养父母、依法纳税、遵纪守法等义务，理解《宪法》、《民法》、《刑法》等基本的法律知识。

(2)激励公民情感

情，即情感，是指人们对事物的爱憎、好恶的态度。公民情感是指公民在履行自己的公民角色时所产生的情绪体验，如尊严感、权利感、义务感、正义感、责任感等，如对善良的歌颂，对正义的崇敬，对党和国家的热爱，对工作的责任感，对违法行为的厌恶、憎恨等。积极的公民情感是公民行为产生的"催化剂"，它能推动公民认识转化为公民行为，发展为公民信念。如果缺乏相应的情感，即使有了某种公民认识也将停留在口头上。如，有的学生对公共事务、公共设施、公共财物有正确的认识，懂得爱护的道理，但仍存在对教室及课桌随意破坏，随意刻画；对公共卫生，如打扫教室等马马虎虎，应付了事等行为。

所以，18 岁成人仪式教育活动应当重视公民情感的教育。公民情感教育必须激发中学生对公民行为的敬仰、爱慕之情，引导他们去体验进行公民行为活动所获得的愉快和满足，感受到公民行为的价值和需要，以培养他们的深厚公民情感。

(3)磨炼公民意志

意，即意志，是指人们为了达到某种目的而产生的自觉能动性。它常表现为意志行动，即为实现个人确定的行动目的而严格约束自己、不随意冲动和能够克服种种困难的行为。公民意志是指作为一个合格公民履行公民权责所应表现的行为积极性和克服困难的勇气。公民意志是一种巨大的精神力量，能排除各种干扰和障碍，使决定采取的公民行为顽强地坚持下去。事实证明，意志薄弱者尽管他有某种公民认识和情感，但一遇艰难险阻便不能坚持所确定的公民信念。只有意志坚强者才能坚持不懈地履行自己的公民义务，即使犯了错误，一旦认识到也有毅力来改正。

18 岁成人仪式教育活动应当注重磨炼中学生的公民意志，培养、锻炼他们的坚强意志，使他们有顽强的毅力。如，中学生在民主、平等等政治和法律意识增强的同时，要有自觉性、主动性，在生活中积极实践。在维护个人的权利和尊严方面，中学生在受到伤害和侵犯时，不要采用忍气吞声的态度，而是勇于捍卫自己的权利和尊严。在选举班、团干部时，不能只会随大流或只是应付一下，而是要好好享受自身权利，为选举一个心目中的负责人而严肃对待自己的“神圣一票”。

(4)履行公民行为

行，即行为，是指人们在一定认识和情感支配下采取的行动。公民行为是指公民符合法律和道德规范的行为。公民行为是人的公民素质的一个重要的外部表现。一个人的公民素质只有通过道德行为才能表明，因而公民行为是衡量人们公民素质水平的重要标志。评价一个人的公民素质如何，不仅要听其言，而且要观其行。公民教育不仅是解决思想意识和情感问题，更重要的是要落实在行动上，只有通过行为才能体现出公民的性质。

18岁成人仪式教育活动应当注重公民行为的教育。公民行为教育必须导之以行，培养学生良好的公民行为及行为习惯。如，国家六部委于2002年2月在全国3～18岁儿童中实施中国“小公民”道德建设计划就是培养学生公民行为的一种很好的形式。这个计划有针对性地实施“五小”行动，即在家庭做父母的“小帮手”、在社会做帮人律己的“小标兵”、在学校做同学的“小伙伴”、在独处时做主宰自己的“小主人”、在社区和公共场所做环境的“小卫士”。

下面以民族精神教育来具体说明知情意行统一原则。以爱国主义为核心的民族精神是公民政治素质中的基本内容，对中学生进行民族精神教育就必须贯彻知情意行统一原则。在民族精神认识上，要通过课堂教学、讲座、德育知识竞赛、报告会、爱国图片展等形式让学生理解爱国主义与民族精神的意义与内容，理解什么行为是爱国，什么行为是背叛国家利益，强化学生的公民意识，丰富学生的公民知识。在民族精神情感上，要通过参观爱国主义教育基地，在报刊上收集中华民族曾经有过的伟大业绩，让学生真切感受中国的伟大，逐步树立民族自尊心、自豪感。在民族精神意志上，要通过社会实践活动、勤奋学习，让学生为中华民族的伟大复兴而树立远大志向，自觉抵制来自各方面的种种诱惑。在民族精神行为上，要把爱国之知、爱国之情、爱国之志落实在自己的日常行为中，在家中做个好孩子，在学校做个好学生，在社会上做个好公民。

下例这所中学开展的民族精神活动月就很好地贯彻了知情意行相统一的原则。

中学“弘扬和培育民族精神月”活动方案①

一、指导思想

指导思想的具体内容略。

二、活动主题

引导学生感受民族精神的伟大力量,体验民族精神的时代内涵,逐步树立民族自尊心、自豪感,真切感受中国了不起、中国人了不起,努力做个了不起的中国人,建设了不起的中国。弘扬民族精神,做“自主、自强”的好学生。

三、活动安排分为三个阶段

启动阶段(9月1～5日):

1. 开学典礼仪式上,做到四个渗透,即把民族精神在本学期教育主题中渗透,在校长讲话、教师发言中渗透,在学生爱校宣誓中渗透。

2. 9月5日就9月份的第一个升旗仪式召开启动仪式,全面启动“弘扬和培养民族精神月”教育活动。在仪式上向全校师生发起“贯彻《守则》、《规范》,弘扬民族精神”倡议。

活动阶段(9月5～29日):

1. 寻找为中国自豪的20个理由。

引导学生集思广益,充分利用电视、网络、报纸等媒介,搜寻各种信息,从中华民族特别是改革开放以来的成就当中寻找,了解和体会作为一个中国人应该具备的自豪感可以是名胜古迹,发明创造、英雄事迹、中国一绝……

2. 寻找中华民族的20个声音。

引导学生自己动手查找心目中了不起的中国人的人物资料,了解他们的故事、寻找在他们身上体现的民族精神,然后采集这些人物的“豪言壮语”或格言警句:如航天英雄杨利伟、非典功臣钟南山的发言等等。

3. 寻找五星红旗升起的20个时刻。

启发同学们寻找新中国成立以来特别是改革开放以来有影响的事件。比如重要纪念日、重大活动、重大体育比赛等,寻找升挂国旗的时刻和场

① “青岛七中‘弘扬和培育民族精神月’活动方案”,http://www.qd07.qdedu.net/ReadNews.asp? NewsID=473(青岛七中)整理.

所，寻找国旗背后的生动故事，感受中国自强不息的民族精神，感受中国的日益强大。比如中国人首次到达南极、北极、登上珠峰时的升旗等动人时刻。

4. 进行一次社会实践活动。组织初三学生到校外德育基地开展一次学农实践活动，通过实践活动进一步使学生了解民族精神的含义。

5. 9月的第一个周，全校各班举行以"从小好好学习，长大报效祖国"为主体内容的班会。

6. 全校深入开展"五尊"、"五不"、"五远离"活动。"五尊"即尊敬国旗、国徽、尊敬父母、尊敬老师、尊重残疾人、尊重他人的人格、宗教信仰、民族风俗习惯；"五不"即不随地吐痰、不乱扔废弃物、不说谎话、不说脏话、不欺负同学；"五远离"即远离烟酒、远离网吧、远离迷信活动、远离赌博、远离毒品。积极传承中华美德，争做文明学生，通过生活中点滴小事进一步提高基础道德素质。

7. "弘扬和培育民族精神"专题黑板报、橱窗宣传。

8. 参观一次抗战纪念地。结合实际，组织青少年学生就近参观一次抗日战争纪念地，追忆抗战历史，进行爱国主义和革命传统教育。

9. 开展一次征文活动。围绕纪念抗日战争胜利60周年，结合改革开放和现代化建设所取得的辉煌成就，组织开展一次征文活动，吸引广大青少年学生积极参与，激发他们继承传统、发奋读书、报效祖国的热情。

10. 利用音乐课、音乐欣赏时间，组织学生学唱一首革命歌曲、观看一部革命电影，向学生推荐百部爱国影片，百首爱国歌曲。

11. 创建图书角，举行读书活动，号召学生们读一本爱国主义书籍，向学生推荐百本爱国书籍。

12. 结合节假日开展爱国主义教育。

教师节——出一期黑板报、做一张贺卡、说一句温馨的话，让学生了解到尊师重道是中华民族的传统美德，并能对自己的老师真心地表示感谢。

国庆节——出一期黑板报、读一本爱国主义书籍、看一部爱国主义影片，激励学生为国家、为民族的振兴而奋斗。

13. 9月20日公民道德宣传日，走进社区做个好公民。

小结阶段(9月30日至10月8日)

1. 举办爱国歌曲大合唱比赛

2. 总结、评选、展示、表彰

二、实施内容:抓好成人意识、生存技能和公民素质教育

18 岁成人仪式教育是人告别童年和少年转为正式社会成员的人“社”过程,旨在强制和引导受礼人按社会预期完成由自然人向社会人的飞跃。综合考虑,我们可确定成人意识教育、生存技能教育和公民素质教育作为 18 岁成人仪式教育的主要内容。

1. 成人仪式教育要强调四种意识

成人意识是指青少年感到自己已经长大成人,渴望参与成人角色,求独立、得到尊重的体验和态度。从儿童、少年期过渡到成人期,是“人生的第二次诞生”,心理学家称这一时期为“第二次危机”。要使他们对自己和社会有比较成熟的认识和评价,并根据这种认识和评价指导自己的行为,要适应社会的发展,就应着重强化他们的四种教育:独立意识教育,培养他们正确处理自身与家庭、社会的关系的能力以及独立判断、处理生活问题的能力;感恩教育,培养他们用感恩之心去感受世间的亲情、友情和恩情;青春期性教育,通过讲解与异性交往的礼仪和方式、青春期生理卫生、性的生理发育知识等内容,达成青春期学生个体的性生理、性心理、性道德的健康发展;文明礼仪教育,养成知荣明耻、尊敬师长、相互尊重、友善宽容等文明行为。

(1)独立意识教育

14～18 岁是一个人心理上出现成人感,独立性增强的时期。他们开始讨厌老师和父母对自己过多的照顾和过细的要求,有时甚至会产生逆反心理。他们开始对“父母和孩子是统治和被统治的关系”、“不敢说话,害怕父母”、“儿子像风筝,父母紧紧拴住它,不让它高飞”等现象反抗和抵制。成人之前,人处于孩童阶段,处于父母、家庭的监护之下,生活的大小事情,基本上由父母做主与打理。在这样的环境下,孩童的独立意识是不清晰的,依赖意识是很强烈的。而 18 岁以后,人就是一个独立的社会人了,他既可以独立地表达自我的要求,同时又必须独立面对生活,自我决断行为与否,独自承担行为后果。作为年满 18 岁的公民,将不再受《未成年人保护法》的保护,不再有“未成年人的特权”了,没有“特权”就意味着要承担更多的责任。18 岁后,人将走上人生的多重路口:升学,还是就业? 升入什么学

校，到什么部门就业？如何成家立业？都需要成人者自我作出抉择，虽然父母仍会提供指导和帮助，但最后的决定则是当事者本人。这样的自主选择对人来说既体会到了自由，又会感到作出抉择的不易。

独立意识教育，实际上可视为对一个健全的人所进行的良好的生活习惯、生活技能，忍耐力、健康及情绪教育，培养学生正确处理自身与家庭、社会的关系的能力以及独立判断、处理生活问题的能力，为将来成为具有独立人格的社会人做准备。通过独立意识教育，让学生在家学会生活节俭，不互相攀比，不乱花钱；学会料理个人生活，自己的衣物用品收放整齐；学会生活有规律，按时作息，珍惜时间，合理安排课余生活，坚持锻炼身体。通过独立意识教育，让学生在校坚持按时到校，不迟到，不早退，不旷课；坚持上课专心听讲，勤于思考，积极参加讨论，勇于发表见解；坚持认真预习、复习，主动学习，按时完成作业，考试不作弊；坚持积极参加生产劳动和社会实践，积极参加学校组织的其他活动，遵守活动的要求和规定。按道理 18 岁以上的成年子女继续接受教育，应视为对其未来道路自主选择的行为，应由自己解决各种困难。但由于中国的国情与传统，父母将视具体情况给予支持。但学生自己，特别是家境贫寒的学生应通过勤工俭学、助学贷款等途径为父母减轻经济负担，逐渐树立独立生活的意识和能力。

(2)感恩教育

“孝心、爱心”是“立人之本”，是一切德行之源。现在的中学生基本上是独生子女，而现在城市中普遍存在的“四二一”型的家庭结构(即四个老人、两个大人和一个孩子)很容易娇生惯养出一个以“我”为中心的“小贵族”。据有关调查，京、沪、惠三市高中生每年用于各项教育支出、生活费和零花钱在家庭收入中的占用率分别是 40%、24%、26%①，这样的孩子既缺乏生活中的动手能力，也很少想到他人甚至父母需要自己的帮助。在现实生活中，确有一些学生从小不懂礼貌，没有规矩，对父母呼来唤去，对教师缺少尊重，对同学自私，唯我第一，遇事斤斤计较，不能吃一点点亏，对集体、对社会毫不关心，自己遇到困难畏缩不前，看到别人有难置之不理，没有一点同情心。个别孩子由娇而横，唯我独尊，由爱生恨，甚至有的还恩将仇报。据说，有个学生考上大学后，由父母护送到校，时间已过正午，儿子

① 中国青少年研究中心课题组．现状与对策：十八岁成人仪式与公民教育[J]．中国青年研究，1997，(3)．

让父母给自己铺床、套被罩、挂蚊帐，而自己却到外边饭店美美地吃了顿午餐。这个儿子是否想到父母正饿着肚子为自己铺床？连自己的父母、老师都不懂得关心，将来怎么会关心他人、关心社会呢？所以，加强中学生的感恩教育也是 18 岁成人仪式教育活动的应有之义。

18 岁成人仪式教育活动通过感恩教育要让中学生做到路上遇到长辈先打招呼，吃东西把好的先留给长辈或与长辈共享；在家做一些力所能及的家务劳动，如洗碗、洗衣、扫地、洗菜、叠被等等，减轻长辈的负担，控制用零花钱，对大人的批评要虚心听取；对同辈要宽容谦让，真诚相待，不欺负人，遇事先替别人着想；对客人要热情让座、起立迎送；对集体要关心，乐于参加集体劳动等等。让学生用感恩之心去感受世间的亲情、友情和恩情，在接受他人关爱、支持和援助时，将他人恩惠铭记在心，给他人以回报，懂得尊重，懂得怜悯，懂得负责，与人为善，善待自然界中的一草一木。

下面这个案例及对案例的分析，可以作为对青少年进行感恩教育的典型材料，也引起我们对家庭教育的反思。

孩子长到 18 岁①

18 岁，可以看做“未成年”时代的结束。生活拮据的父母眼巴巴地望着孩子终于长到这个年龄，本指望多少可以松下一口气来，孰料得到的却是沉重的一击：据报载，南京一位 18 岁的学子因父母无法供养他继续升学，一纸诉状把生身父母告上法庭。

18 岁孩子状告父母事件所包含的新闻价值，其实远不如其具有的教育价值。它带给千百万不惜为儿女牺牲一切的家长们的思索，是十分沉重、深刻，然而是万分必要和有益的。

在西方，孩子长到一定年龄，法律和道德都要求他必须自立，即依靠自身的劳动和努力求得生存与发展。家长的继续支持和帮助当然也并非完全没有，但主要靠子女自己独立生活。子女成人后以继续依赖家庭、父母为无能和耻辱。而中国的情况似乎正好相反，父母对孩子必须包揽一切并且始终如一，两种文化的价值取向如此截然不同，自有深刻的社会历史原因，我们不宜也不能简单断定此是彼非。但从孩子成长的要求来看，我国传统家庭教育的弊端显而易见，在观念和实践上都需要认真反思，与时俱

① 越人. 孩子长到 18 岁[J]. 江西教育科研，2003，(6).

进。

从家长方面说，生养和教育孩子的全部目的，应当是促使其尽快成为“社会人”，使其在享受家庭、社会权利的同时，能够逐步承担起相应的责任和义务。这就要求父母在教养态度上，把孩子视为一个人，一个正在发展成长中的人。从蹒跚学步、牙牙学语直到安身立命、为人处世，要坚持不懈地用教育、引导的方式帮助其逐步走向自立自强。如果把孩子视为“宠物”，一味溺爱，使其产生永难摆脱的依赖习惯和心理，则不但难以指望得到什么亲情回报，而且可能产生对立以至于反目成仇。道理非常简单，任何家长都不可能永远做到满足孩子的所有要求。你纵有万贯家产，也是欲壑难填。况且当下我国的大多数工薪家庭收入菲薄，孩子上学早已成为一大负担。因此，孩子长到 18 岁，也就是到了成人和公民的年龄，他能否体会父母的艰辛，能否体谅家庭的苦衷，能否意识到自己对家庭已经存在的一份责任，其实是家庭教育成功与否的一个重要标志。可以断言，那位被 18 岁孩子告上法庭的家长，18 年来始终未曾注意、至少是未曾有效地进行过责任感方面的教育培养，面对诉状，应当在震惊中猛醒、在痛苦中反思。为人父母者都应该思考：对孩子一味迁就、施予，会导致何等始料不及的后果！

从孩子方面说，状告父母的背后，是责任的缺失，道德的堕落，人格的扭曲。18 年关爱呵护、风雨沧桑，竟然没有在他身上孕育出一丝半点报效之念和道德良知，我们有充分的理由批评他丧失了基本的人格和尊严。渴望升学而交不起学费的学子成千成万，国家政府关怀无微不至，已经身强力壮自己完全可以通过勤工俭学或申请贷款、亲友借贷等多种方式实现升学愿望。向父母伸手未遂而起诉，人情、天理、国法都不会容忍。

从社会方面说，重要的还不在于不应支持类似的以怨报德者，而在于充分重视此类社会现象，并采取切实的措施加以防范。对独生子女的过度保护、过度关爱、过度给予，正在造就大量不依赖父母家庭便无法生活的儿童少年，有些人上了大学还要父母辞职陪读，去学校所在地租房为之料理生活。如此学子纵然将来学富五车、才高八斗，也难以在社会自立，遑论报效国家社会。而家庭教育失当造成的儿童的此种依赖心理，如不加以矫正调适，随着其年岁增长，会不可避免地演变成为社会问题。试想这一代独生子女如果普遍缺乏独立的意识、能力和精神，将来我们的社会靠谁去发展，能指望他们去开创现代化宏伟大业、去实现民族的伟大复兴吗？

(3)青春期性教育

2005年,天津市青春健康项目调查中发现①,我国青少年目前性成熟年龄比20世纪70年代提前4～5岁,在小学五六年级已有30%左右的男孩出现遗精、女孩月经初潮。但是,在性生理早熟的同时,青少年的性知识与性心理严重滞后。在有关青春健康知识的问卷调查中,不知道青春期第一和第二性征的占57%;认为前列腺是男性器官的占45%,认为是女性器官的占2%,男女都有的占34%。“偶尔的性生活是否可能导致怀孕”的回答正确率只有一半。青少年对男性婚前性行为持可以理解的宽容态度(只要基于爱情就可以,只要双方愿意就可以,不好,但可以理解)的占82%,对女性婚前性行为持可以理解宽容态度的占77%。青少年男女性成熟年龄的提前和结婚年龄的推迟,大大增加了青少年婚前性行为的几率。中华全国妇女联合会妇女研究所肖扬指出:“婚前性行为普遍、性病和艾滋病蔓延、少女怀孕增加,已成为目前青少年健康面临的三大难点。”②青少年向成年人过渡的重要标志之一是性成熟。“随着身体的发育,一个人必然会出现性的要求因而要求他们对自己有性的约束”③。面对青少年性犯罪率的不断提高和犯罪年龄的趋小化,面对不断出现的“少女妈妈”,面对我国青少年性知识的缺乏和自我保护能力的低下,国家应提倡实施性教育,学校应贯彻国家的教育方针,作为青少年也应积极地接受青春期性教育。

1996年国家教委发出《关于在普通中学进一步开展人口与青春期教育的通知》要求“在普通中学开展18～24学时青春期教育课”,至此,我国中学的青春期性教育逐步开始并走向普及。学校作为性教育的主渠道必须畅通,大大方方的性教育,可以让孩子从小就以非常坦诚的态度去面对性,在性心理发育过程中少走弯路。青春期性教育通过讲解与异性交往的礼仪和方式的知识、青春期生理卫生知识、性病防治知识、性的生理发育知识、避孕知识、爱情的知识、性行为的知识、正确对待性冲突的知识等内容达成青春期学生个体的性生理发展的健康、性心理发展的健康、性道德发

① 刘冬梅.谁来破解青春期“密码”[N].天津日报,2005-11-24.

② 张舵,孙晓胜.走进生命的春天——青春期性教育刻不容缓[J].河南教育,2002,(2).

③ 李娟.成人礼文化传承及变迁探析[J].阜阳师范学院学报(社会科学版),2005,(3).

展的健康和性保护发展的健康。这个目标要求我们的教育不能停留在性知识的传播，还要传递给学生正确的性观念，培养健康的生活方式，建立良好的性道德，珍爱生命，珍爱青春，教会他们学会选择、学会自尊、学会自律、学会自护，使自己的行为符合社会的道德规范。性道德教育既是德育的重要组成部分，也是青春期性教育的核心内容。青春期性道德的基本要求有：男女平等，尊重女性；男女交往，互尊互爱；端庄稳重，自尊自爱。

(4)文明礼仪教育

"礼"指的是由一定的社会道德观念和风俗习惯形成的，大家共同遵守的礼节。"仪"是指人的容貌、举止。"礼仪"指的就是"人类社会交往中应有的礼节仪式"。礼仪是一个人乃至一个民族、一个国家文化修养和道德修养的外在表现形式，是做人的基本要求。中华民族自古以来就非常崇尚礼仪，号称"礼仪之邦"。文明礼仪是一种道德修养的表现，是健全人格的一种表现。文明礼仪既是尊重他人的良好表现，又是维护人们社会交往中友好和睦关系必不可少的条件。在社会生活中，人们只有相互尊重、关心和照顾，遵守公共秩序，才能避免造成相互之间的矛盾和冲突，并建立一种平等、团结、友爱、互助的关系，使整个社会的生产和生活呈现出井然有序的局面。而个别的中学生和青少年在这方面的表现实在是让人不够满意。一些人在学校里，不会礼让，不讲礼貌，遇见教职工不行礼或不主动问好，同学之间以大欺小；在社会上不懂得怎样称呼他人，甚至随心所欲，满口粗言滥语，随地吐痰，乱扔弃废物，大声喧哗，起哄滋扰；在家里不懂得孝敬长辈，唯我独尊，任性、耍脾气、为所欲为等表现屡见不鲜。因此，加强对中学生的文明礼仪教育，使之养成良好的文明行为习惯是他们成"人"的一项重要内容。学习文明礼仪，有利于学生的个性气质的培养、道德水平的提高、文化修养的加深、审美情趣的增强和交际能力的提升。

文明礼仪教育要以礼仪、礼貌教育和学生日常行为规范的培养为重点，使学生逐步养成知荣明耻、尊敬师长、相互尊重、友善宽容等文明行为，让"辛勤劳动"、"团结互助"、"诚实守信"、"遵纪守法"、"艰苦奋斗"逐步变成学生的自觉行为。《中小学生守则》和《中学生日常行为规范(修订)》是对中小学生的基本要求，其中有大量的内容是关于中学生文明行为教育的内容。用《中小学生守则》、《中学生日常行为规范(修订)》和礼仪常识等对学生进行礼仪教育、文明礼貌行为的养成教育，要注意重在提高学生的思想认识，落在指导学生敢于实践与养成的实处。齐齐哈尔市第十八中学德育处将《中小学生守则》、《中学生日常行为规范(修订)》更加细化，编成“三字经”是一种很好的教育尝试。

校园礼仪“三字经”①

人为本 爱凝聚 文明尺 礼仪评 入校园 修言行 我勿忘 三字经
面必净 衣必整 发必齐 钮必扣 头容正 肩容平 背容直 步履轻
右侧行 勿噪声 铃声响 入课堂 勿喧闹 脚步轻 互问候 互尊重
课堂内 气氛浓 迟到后 勿慌忙 轻叩门 入课堂 说缘由 语态诚
师允许 方入座 举止雅 讲文明 老师夸 同学敬 答问题 先举手
语清晰 姿态正 敢作答 信心足 答不出 敢说明 同学答 勿插言
答错时 勿讥讽 有礼貌 人人敬 清晨到 老师早 晚放学 说再见
遇老师 问声好 先让路 品格高 同学间 同窗友 朝相伴 夕相处
互关心 互进步 互帮助 互宽容 诚待人 胸若谷 不嘲笑 不挖苦
守公德 是常识 讲诚信 更重要 同学间 起绰号 低趣味 又庸俗
新同学 莫冷落 共关心 共进步 升国旗 赤子情 容庄重 纪律明
唱国歌 声嘹亮 爱祖国 在心中 ……

2. 生存技能教育要注重四个学会

技能有广义与狭义之分。广义的生存技能，是指人类在自然与社会环境中自我生存、自我发展、实现预定目标的技能。狭义的生存技能是指人在自然灾害、意外事故等危及人的生命安全的突发事件面前，保护生命安全与个人健康，顺利处理危险情况的技能。本文所指的“生存技能”是广义概念。18 岁成人仪式教育应着重关注学生的生活技能、劳动技能、服务技能和创造技能等方面的教育，培养他们最基本的生存技能、生活自理、与同伴交往能力，具有正确的劳动观点和良好的劳动习惯，培养创造能力，探索创造方法，塑造创造品格等，使他们学会生存、学会合作、学会沟通、能够发展。

(1)生活技能教育

生活技能是人们最基本的生存技能。现在大部分孩子在父母的督促

① 校园礼仪“三字经”[DB/OL]. http://www.18zx.net/index.asp? xAction=xReadNews&NewsID=173.

下拼命地学习，生活上的事情绝大多数由父母包办打理，从做饭、洗衣服到理发，有的家长甚至每天给孩子收拾床被、打洗脸水等，使得孩子连最基本的生活能力都没有。等到上大学后，学生独立生活的能力还没有发展起来。如有的学生在手里有钱时什么都买，价格很高的体育器材等，毫不犹豫就出手，而月底未到就捉襟见肘，甚至三餐不济等。父母对孩子从小百般呵护，让孩子过着饭来张口、衣来伸手的“神仙”般的生活，体验不到真实的生活，缺乏锻炼的机会，也因此缺乏了独立自主的能力。更为严重的是，个别学生在遇到挫折或打击时，为逃避现实，将自杀作为寻求摆脱的手段，而这些打击一般包括学习成绩、人际关系、爱情问题、身体状态、家庭问题等。这是畸形的教育。殊不知，孩子只有具备基本的生活能力，如穿衣、洗脸、刷牙、吃饭、单独上学等生活自理能力和与同伴的交往能力，才能谈得上知识、技能的学习和训练。

根据《中国青年报》的报道，在香港上大学的小汪由于独立生活能力差、不习惯全英文教学和不习惯香港人的生活方式而不得不中途退学。这个事例虽然不能以偏概全，但是也应该引起教育者对中学生独立意识教育的关注。

应试高手独立生活成问题①

我想，小汪最大的问题是到香港求学的心理准备不足。这不仅包括了解香港的人文、历史、文化和国际大都市的地位，也包括熟悉这里的大学、专业、课程和授课方式和特点。更重要的是，要做好自立、独立、思乡的心理准备，锻炼与他人相处、交流沟通的能力等。这些对于在宽松教育环境下成长起来的青年人来说不应该有问题，但对于我们这些从小上奥校、业余时间忙于各种文娱体育考级，初中和高中都拼命啃书本，没有一点自己时间和空间的应试“高手”来说，还真有一定的难度。

对于多数到香港就读的内地学生来说，这是 18 年来第一次长时间、远距离离开父母，离开家。对自理能力较弱的同学来说，那更是一种挑战。比如我们从北京到深圳再到香港的过程：从进入机场开始，一切就要靠自己了；办理登机手续、过两道海关、乘火车换地铁再到学校，办理入学手续等，很多同学没有家长陪伴，就只能独立作战。而且，内地同学不会粤语，给交流带来极大不便。同学们感受的是，初到香港的兴奋劲儿一过，就非

① 刘脩.他为什么逃离香港的大学[J].中国青年报，2007－03－27.

常想家。我想，这是独生子女后遗症——家长对唯一的孩子过分地呵护和过分地代劳，无形中造成了部分同学的“高分低能”。

生活技能教育对学生的全面发展至关重要。生活技能教育主要是指对学生生活能力、生活方式和生活态度等方面的教育，旨在培养学生生活的基本能力，提高学生的生活质量。青少年阶段是培养生活能力的重要阶段，放弃对青少年生活能力的培养等于是剥夺他们获得良好发展的机会。具体说来应该有这几个方面的内容：培养学生自主安排和计划生活的能力，如计划和安排自己的学习时间、生活作息时间、日常活动，计划和安排家庭日常活动，计划和安排自己的开支等；培养独立生活的基本能力，如基本的生活自理能力，做饭菜、洗衣物、整理卫生、购物、乘车、待人接物、自我安全保护等各种能力；培养承担家庭责任的能力，如承担力所能及的家务劳动，参与家庭经济的计划和家庭事务的决策等；提高对生活质量的认识和培养提高生活质量的能力，如追求健康的、丰富多彩的生活情趣，和父母一起创建和谐的、有文化气息和创造性的家庭生活等。

(2)劳动技能教育

无论学校培养的人才是“劳动者”或是“建设者和接班者”，劳动技能教育都是培养人才综合素质不可缺少的重要途径和内容。马克思主义认为，人的劳动能力不仅指体力，而且指智力，是人的体力和智力的总和，是人们的体力和智力的有机结合。正如马克思在《资本论》中指出的：我们把劳动力或劳动能力，理解为人的身体即活的人体中存在的、每当生产某种使用价值时就运用的体力和智力的总和。人的体力和智力构成人的劳动能力。人的体力指的是“人体所有的自然力”；人的智力指的是“精神方面的生产能力”，包括文化科学知识、劳动技能、生产经验等。一个人的智力和体力得到了充分的统一的发展，具备丰富的科学知识和劳动能力，还要在物质生产过程中得到统一的运用，同物质生产过程相结合，才能使人得到较全面的发展。而当前由于追求升学率的需要，一些中学生便自然成了学校和家庭的重点保护对象，在家过着“饭来张口，衣来伸手”的日子，在校过着“两耳不闻窗外事，一心只读应试书”的生活，以致有的学生由于缺乏劳动意识，养成了不爱惜他人劳动成果的陋习，社会公德较差；有的由于缺乏艰苦奋斗的思想，在平时的生活中不顾家庭经济的承受力，穿着一味地追求时尚，互相攀比，任意挥霍父母省吃俭用寄来的钱。这种好逸恶劳，奢侈浪费的坏习惯一旦养成，不仅会潜移默化到学习上来，导致学生缺乏刻苦精神，而且毕业后工作时也会害怕艰苦，不愿到基层受锻炼，更害怕到贫困地区工作。

劳动技能教育的基本目标是学生通过自我服务劳动、家务劳动、公益劳动和简单的生产劳动，使学生掌握一些服务性劳动和工农业生产的基础知识和基本技能，培养学生具有正确的劳动观点和良好的劳动习惯以及珍惜劳动成果，热爱劳动人民的感情。自我服务性劳动和家务劳动主要包括料理个人生活和在此基础上帮助做些力所能及的家务活，如打扫班级卫生、种花、清扫校园；搞好个人卫生，洗好自己的衣服，收拾自己的房间，学会使用针线等；学做简单的饭菜，帮助父母清洗碗筷，收拾家庭卫生，照顾老人等。社会公益性劳动主要体现为不计报酬地为他人服务，如扫雪（主要在北方）、植树、维护公共场所卫生、帮助军烈属及孤寡老人干家务活、对伤残弱小者提供体力和智力援助等。普通高中是九年义务教育后高层次的基础教育，担负着为高等学校输送合格新生及为社会各行各业输送素质较高的劳动后备力量的双重任务。各校可因地制宜的开设计算机、工艺、无线电修理、烹调、旅游、缝纫、种植、养殖等劳技课，以使学生掌握现代社会生产和生活所必需的一些基本的劳动知识、劳动技能和管理技能。

(3)服务技能教育

尽管学生将来从事的职业各种各样，工作对象、工作内容、工作方法等方面差异可能很大，但是，任何人所从事的职业都是具有服务性的。今天的孩子在家得到的是父母无微不至的服务，却没有或很少为家人做力所能及的服务；在校往往得到的是教职工无所不到的照顾，却没有或很少为教职工做力所能及的服务；同学之间往往只知道照顾自己、管理自己，却很少帮助同伴，不愿意给同学补课，有的因害怕耽误学习而不愿意当干部，较少主动打扫教室卫生。所以，普通高中、职业中专和技工学校的教育应该培养学生自觉的服务意识、良好的服务态度和优良的服务技能。人只有生活在群体中，并互相帮助、互相关心、互相爱护、相互服务，才能和谐共处、共同发展。人只有在工作中，想工作对象之所想，急工作对象之所急，为工作对象兢兢业业，尽职尽责，才能作出成就，对社会有所贡献。

服务技能教育是18岁成人教育活动的内容之一，其主要内容是组织14～18岁青少年学生参加一定量的社会公益劳动，如为军烈属、孤寡老人服务，献爱心；打扫楼梯走道；做好“门前三包”；为花圃除草；参加拥军优属活动；参加居委会组织的活动；到工厂、农村、商店等单位开展社会调查；参加力所能及的劳动等等，使他们在服务社会的实践中增强对国家、社会、家庭的责任感，培养其履行公民义务的意识和能力。一个人活着不能只想着自己的利益，而应该为家庭、为邻居、为他人、为工作、为社区、为社会、为国家多点服务意识和本领、多尽义务、多做贡献。

(4)创造技能教育

创造技能是一种创造性解决问题的综合能力，是人根据一定的目标任务，开展积极能动的思维活动并产生具有一定社会价值的新观点、新理论、新产品、新工艺的能力，是人类大脑思维功能和社会实践能力的综合体现，即发现问题和解决问题的创新能力和实践能力。创新，是人类社会发展生生不息的动力。对青年人来说，就要着重培养他们的创新能力。胡锦涛曾在《迈向新世纪，创造新业绩——在中国共产主义青年团第十四次全国代表大会上的祝词》中指出："作为一个发展中国家，要想不受制于人，尽快缩小同发达国家在经济社会发展水平上的差距，尤其要坚持创新。青年人最少保守思想，最具创造活力，要努力在继承、借鉴前人和他人有益成果的基础上，解放思想，实事求是，积极创新，勇攀高峰。"①

创造技能教育就是引导学生尊重创造的价值，培养创新能力，探索创造方法，塑造创造品格的教育。为此做到：第一，创造技能教育应加强学生创造性思维能力的培养。创造性思维是"求新、求异、求发展"，为理性思维的活动。在思维过程中要求灵活、迅速、流畅、开阔、随机应变，举一反三，触类旁通，以全新的思维去发现新事物，创造新方法，解决新问题。第二，创造技能教育应开发培养学生的自主学习能力。自主学习既是一种学习的方法，更是一种贯穿于学生一切活动之中的积极的、不断进取的主动精神，同时又是一种勤于观察、勇于思考、乐于思考、寻根究底、实事求是的科学精神。第三，创造技能教育应充分发展学生的个性。创新能力较强的人必定是获得良好个性发展的人，缺乏个性的发展不可能真正形成并实现其创造能力。第四，创造技能教育应加强实践环节的教学。创造性思维只有通过实践才可能产生有社会价值的成果。第五，创造技能教育需要解放学生的思想和手脚，使之能想、能看、能说、能做。陶行知对"六大解放"有一个总结性的表述："解放眼睛，敲碎有色眼镜，教大家看事实；解放头脑，撕

① 共青团中央. 中国共青团年鉴(1998—2002)[M]. 北京：中国青年出版社，2004，7.

掉精神的裹头布，使大家想得通；解放双手，剪去指甲，甩掉无形的手套，使大家可以执行头脑的命令，动手向前开辟；解放嘴，使大家可以享受言论自由，摆龙门阵，谈人、谈心、谈出真理来；解放空间，把人民与小孩从文化鸟笼里解放出来，飞进大自然、大社会去寻觅丰富的食粮；解放时间，把人民和小孩从劳碌中解放出来，使大家有点空闲，想想问题，谈谈国事，看看日出，干点与老百姓有益的事，还要有空玩玩才算是有点做人的味道。"①

3. 公民素质教育要着力提高四种素质

18 岁是一个人由未成人到成人的标志，从此作为一个名副其实的中华人民共和国的公民，不仅是简单的自然年龄增长，而且意味着自身必须承担社会责任，意味着具有与成年公民相适应的素质。公民素质教育主要侧重于心理素质、道德素质、法律素质和政治素质教育，培养他们具有良好的健康向上的心理素质，懂得善恶、是非、荣辱的道德素质，遵纪守法、守校规校纪的法律素质，坚持四项基本原则、有崇高的理想信念、弘扬爱国主义精神等良好的政治素质。

(1)心理素质教育

中学阶段正处于青少年期，由于中学生的生理特征正处于生长发育渐趋成熟的变化发展之中，中学生的心理随之也经受着巨大的变化，因此，如果学校、家庭和社会对这个时期的青少年的教育引导不够及时、有效，将会产生各种心理障碍。

根据《新民晚报》的报道，18 岁生日后抢劫当"成人仪式"。这个事例虽然属于个别事件，但是也应该引起教育者对中学生心理素质教育的关注。

18 岁生日后抢劫当"成人仪式"②

飞车抢夺居然是为了表示自己已经成人，18 岁的职校生曹×终于落入警方的法网。近日，上海市虹口区警方经缜密侦查，成功侦破了 10 月以来发生于虹口区的 7 起飞车抢夺案，犯罪嫌疑人曹×被警方依法刑事拘留。

今年 10 月以来，虹口区先后发生多起飞车抢夺案，虹口警方迅速成立专案组全力攻坚。在对多名被害人的回访中，警方发现，被害人普遍反映

① 陶行知全集[M]第 1 卷. 成都：四川教育出版社，1991，259.

② 18 岁生日后抢劫当"成人仪式"，无知法盲被刑拘[N]. 新民晚报，2006－11－01.

犯罪嫌疑人系一名 20 岁左右的青年男子,作案时骑一辆红色摩托车。警方分析认为这些案件作案手法相似、犯罪嫌疑人体貌特征也相近,可能系同一人作案。经过进一步调查访问,侦查员又掌握到一条重要线索,有人反映犯罪嫌疑人作案时穿着的衣服有点像学生的校服。侦查员深入辖区所在的大专院校撒网布控,逐一筛选,最终成功地将嫌疑目标锁定于某职校学生曹×。

校方反映曹×平时游手好闲,经常旷课到网吧玩游戏。侦查员根据这一特点,立即在他的宿舍及学校周边网吧布下了天罗地网。10 月 22 日上午,曹×被侦查员擒获,在其家中查获作案用的摩托车一辆及被抢手机、银行卡等赃物。

经查,犯罪嫌疑人曹×对其 10 月以来在虹口区广中、凉城、川北和曲阳地区连续实施飞车抢夺作案 7 起、案值 1 万余元的犯罪事实供认不讳。可笑的是,曹×第一次飞车抢夺他人财物刻意选择在 18 岁生日那天,只是为了证明自己已经长大"成人"。

开展心理素质教育可从以下几个方面做起:第一,促进认知能力发展正常。中学生的年龄正处于人生智力发展的关键时期,智力与认知能力发展正常,是中学生就学阶段的重要心理条件,是中学生心理健康的重要标准。主要标准为:有强烈的求知欲,乐于学习;对新问题、新事物有兴趣和探索精神,表现出能动性;智力各因素在活动中能够有机结合,积极协调,正常地发挥作用。第二,保持情绪稳定、乐观,心情愉快。中学生情绪健康的内容主要有:积极情绪多于消极情绪,使自身保持乐观、积极、向上的心态;情绪反应适度,有适当的引发原因,反应强度与引发情境相符合;能有效调节和控制情绪的质、量、度,使其能在适当时间、场合恰如其分地表达,既能克制约束,又能适度宣泄。第三,做到意志健全,有较强的行动的自觉性、果断性、顽强性和自制力。意志健全主要表现为行动的自觉性、果断性、顽强性和自制力,即:在活动中有自觉目的,而不是缺乏主见或盲目决定,一意孤行;执行决定中能及时决断,并根据变化的外界环境随时调整决定;能以坚忍不拔的毅力克服一切困难和挫折,实现既定的目标;同时能有效地控制、调节自身的心理活动,使之符合实现目标的要求。第四,自我观念正确,具有健全良好的个性。其一致的标准为:对自己的认识比较接近现实,不产生自我同一性混乱;能愉快地接受自己,对自己的生活、学习、现状和未来有一定程度的满足感和发展感;以积极进取的人生观作为个性的核心，把自己的需要、愿望、目标和行为统一起来。第五，拥有和谐的人际关系。人总是处在一定的社会关系之中，人们在互相交往过程中所形成的个体的心理关系称为人际关系。和谐的人际关系主要表现为：乐于与人交往，既有稳定广泛的一般朋友，又有无话不说的知心朋友；在与人交往中不卑不亢，保持自己的个性；宽以待人，乐于助人，客观评价自己和别人。取人之长，补己之短。第六，具有较强的适应能力。这里的适应能力包括社会适应、学习适应、生活适应等。这种适应能力的标准是：能和集体保持良好的接触和同步关系，自己的需要和愿望与社会的要求、集体的利益发生矛盾时，能迅速自我调节，谋求与社会协调一致，对社会现状有较清晰的认识，明确自己所处的位置；学会调控解决生活中遇到的各种问题，掌握排解心理困扰、减轻心理压力的方法；学会学习，掌握学习的方法与策略，能够优化和调节自己的学习过程，能够调控自己的学习心理状态，开发潜能，达到良好的学习适应。

(2)道德素质教育

中学时期是学生从少年期向成人期过渡的时期，人的道德素质在这一时期基本定型。道德素质是个人在先天素质的基础上，通过后天环境影响及道德教育而形成的稳定的长期发挥作用的内在的道德品质；是个人依据一定的社会道德行为准则，在行动时表现出来的某些稳定的特征，它体现一个人的道德觉悟和道德实践能力。良好的道德素质对学生的成长成才具有导向作用，能促使学生树立崇高的理想，使个人的成才方向与社会发展方向保持一致，能以健康的道德情感、坚定的道德意志支配其良好的道德行为，成为一个对社会有用的人。《公民道德建设实施纲要》(2001 年 9 月 20 日)强调："根据党在社会主义初级阶段的历史任务，当前和今后一个时期，我国公民道德建设的指导思想是：以马克思列宁主义、毛泽东思想、邓小平理论为指导，全面贯彻江泽民同志'三个代表'重要思想，坚持党的基本路线、基本纲领，重在建设、以人为本，在全民族牢固树立建设有中国特色社会主义的共同理想和正确的世界观、人生观、价值观，在全社会大力倡导'爱国守法、明礼诚信、团结友善、勤俭自强、敬业奉献'的基本道德规范，努力提高公民道德素质，促进人的全面发展，培养一代又一代有理想、有道德、有文化、有纪律的社会主义公民。”①当前我国公民道德发展的主流是好的，爱国主义、集体主义日益深入人心，为人民服务精神不断发扬光大，崇尚先进、学习先进蔚然成风，追求科学、文明、健康生活方式已成为人民群众的自觉行动。但是，我国公民道德建设方面仍然存在着不少问题：社会的一些领域和一些地方道德失范，是非、善恶、美丑界限混淆，拜金主义、享乐主义、极端个人主义有所滋长，见利忘义、损公肥私行为时有发生，不讲信用、欺骗欺诈成为社会公害，以权谋私、腐化堕落现象严重存在。这些问题的存在也严重影响着当代青少年的道德素质的进一步提高。

根据《光明日报》的报道，个别家长只重视孩子成才，而忽视孩子的道德教育。下面这个事例应该引起教育者对中学生道德素质教育的关注。

成人成才：孰先孰后？②

张家港市实验小学曾经发生过这样一件事，一位女同学把在校园里捡到的一块手表藏在书包里打算带回家，老师发现了就给她讲道理，没想到她却理直气壮地说：“我妈妈说了，捡到的东西就是自己的。”于是，老师找来了她的家长，告诫他们注意自己的一言一行，培养孩子诚实守信的品德。老师的话没有激起这对夫妇什么反应，可说到他们的孩子最近学习不太好时，父亲的情绪顿时激动起来：“小孩子小偷小摸不算什么，长大了会改的；学习不好可不行，将来要吃大亏。老师可得为我抓紧点！”这种“以分为本”的观念如今似乎很普遍，无论是家长还是一些教师，对孩子的要求都显得有点急功近利。

18 岁成人仪式教育活动的开展为青少年的道德素质教育提供了一个新渠道。道德素质教育是指对人们进行有组织、有计划、有目的的施加的系统的道德影响。其主要任务，既要使人们懂得善恶、是非、荣辱，更重要的是要使一定社会或阶级的道德原则和规范深入人们的内心，转化为个人的内在道德品质，并落实在行动上。只有让学生掌握了这些原则和规范，才能懂得什么是对的，什么是错的，什么是可以做的，什么是不能做的，什

① 中共中央关于印发《公民道德建设实施纲要》的通知[J].中华人民共和国国务院公报，2001，(32).

② 成人成才：孰先孰后？[N].光明日报，2004－04－27.

么是应该提倡的，什么是必须反对的，从而认清道德选择的方向，掌握道德行为的尺度。道德素质教育的内容极广，包括买卖公平、拾金不昧、吃苦耐劳、艰苦奋斗、勤俭节约、自强不息、刚健奋进、威武不屈、自勉自励、坚忍不拔、谦虚谨慎、克勤克俭、仁义忠孝、尊老爱幼、团结互助、救人危难、以和为贵、尊师重教、忠于职守等。当前一个时期要着力进行以“爱国守法、明礼诚信、团结友善、勤俭自强、敬业奉献”为基本内容的公民基本道德规范教育，以“文明礼貌、助人为乐、爱护公物、保护环境、遵纪守法”为基本内容的公民社会公德规范的教育，以“爱岗敬业、诚实守信、办事公道、服务群众、奉献社会”为基本内容的公民职业道德规范教育，以“尊老爱幼、男女平等、夫妻和睦、勤俭持家、邻里团结”为基本内容的公民家庭美德规范教育。

(3)法律素质教育

法律是维系社会正常运转的保证，是每一个公民必须遵守的行为规则。成人最重要的义务和社会责任，就是要遵纪守法，在法纪的范围内活动。遵法是义不容辞之责，违法要受到应有的惩罚。不仅如此，在校期间，还要自觉地遵守校规校纪，共同培育良好的学风与校风。14～18 岁在人的一生中是非常重要的阶段，按照我国宪法和法律的有关规定，一个年满 16 岁的公民将领取居民身份证，在犯罪时将负完全刑事责任；年满 18 岁则意味着步入成年，将依法享受全部的公民权利，同时依法承担全部的公民义务。

现代公民法律素质教育的主旨就在于普及和提高现代公民的法律意识和法律素质。一旦公民法律意识蔚然成风，法律素质较大提高，依法治国才能成为现实。做一个合格的现代公民，就要懂得运用法律来维护自己的人格尊严和合法权益，懂得遵守法律来维护他人的人格尊严和合法权益，行使自己应有的政治权利，履行自己应尽的法定义务。公民的法律素质包括公民应该具备的法律意识、法律知识以及运用法律的能力。所谓法律意识是指人们关于法和法律现象的思想、观点、知识和心理的总称，即重视法律、依法办事的思想意识，它是在一定法律知识基础上形成的一系列法律信念、法律心理和法律思想的总称，它包括法律至上的意识(法律作为治理国家的重要工具，具有至高无上的权威性，其他任何社会行为规范都不得同法律的原则和内容相抵触)、法律面前人人平等的法律意识(所有公民不分性别、民族等，一律平等地受法律保护，平等地享有法律赋予的权利，履行法律规定的义务，不允许任何人有超越法律之外的特权)、权利与义务相统一的法律意识(每个公民既是权利主体又是义务主体,公民要想充分地享有权利必须靠自觉尽义务来实现,在行使自己的正当权利时,不得损害国家、集体、他人的合法权益)。所谓法律知识是指人类不断探索法的规律和法律现象而产生的结果,它包括一定的法理知识、宪法知识和各部门法的有关知识。所谓运用法律的能力是指运用已有的法律知识去合理地解决日常学习、生活和工作中所遇到的法律问题的实际本领,主要包括依法认识问题的能力,依法处理问题的能力,依法规范自己行为的能力,依法参与社会生活的能力,依法保护各种合法权益的能力以及依法同各种违法犯罪行为作斗争的能力等。

很值得一提的是,公民权利和义务观念是现代文明中的重要观念,是青少年法律素质的核心内容。所谓公民的权利,是指法律对公民在国家和社会生活中,能够做出或不做出一定行为以及要求他人做出或不做出一定行为的许可和保障。所谓公民的义务,就是指法律规定公民应对国家和社会必须做出一定行为或不得做出一定行为的约束。所谓公民的基本权利和义务,是指由宪法规定的最重要的必不可少的权利和义务,是制定有关公民权利和义务的其他部门法律的立法基础。只有把权利和义务统一起来之后,国家和社会才能运转。世界上任何国家的公民,没有无义务的权利,也没有无权利的义务。法律素质教育必须首先使学生熟悉宪法,理解宪法的基本精神,确立宪法意识,增强实行宪法的自觉性。其次树立公民基本权利和义务观念:增强权利意识,有利于公民运用法律武器维护自己的权利,如人身自由权利、劳动权、教育权、休息权等等;树立义务观念,有利于对法律的遵守,形成知法、守法、维护法律秩序和法律尊严的良好素质,同时养成对国家和社会履行义务的自觉性和主动性,如纳税义务和服兵役义务等。

(4)政治素质教育

政治素质关系到青少年成才的方向,是青少年个人信仰和价值取向的基础。公民的思想政治素质应该包括公民的政治信念(政治观念、政治立场、政治方向等)、公民的政治品格(政治责任感、道德品质、纪律性等)和公民的政治能力(政治鉴别力、政治敏锐性、分析解决政治问题的能力等)三个部分。具体来说有:坚持辩证思维和唯物史观,坚持集体主义原则,确立奉献为人生价值的评价标准,坚持四项基本原则,树立社会主义理想信念,弘扬爱国主义精神,树立组织纪律观念和民主法制观念。

当前一个时期对中学生的政治素质教育应该强调以下内容：第一，应加强学生的政治理论教育。掌握邓小平理论、"三个代表"重要思想和科学发展观以及"八荣八耻"社会主义荣辱观等。第二，应加强学生的政治品格教育。这中间包括追求真理的坚定性、为人民服务的精神和热诚、对自己严格自律的自觉性、对他人的理解信任和坦诚等多方面的内容。第三，应加强学生的政治能力培养。这主要应该包括政治上对大量的、复杂的社会信息具有分辨出真伪的鉴别能力；对与社会主体价值相背离的东西具有足够的警惕能力；对社会上正面的信息具有吸收能力；对社会上负面的信息具有批判和拒绝的能力；对社会事务具有分析、决策和解决的能力。

而以爱国主义教育为核心的民族精神教育是政治素质教育的重要内容之一，也是18岁成人仪式教育活动的特色内容。"民族精神是一个民族在长期的共同生活和共同社会实践的基础上形成和发展的，为民族大多数成员所认同和接受的思想品格、价值取向和道德规范，是一个民族的心理特征、文化传统、思想感情等的综合反映"①。它是推动民族进步与发展的强大精神支柱，是维护祖国统一和民族团结的强大纽带，是实现中华民族伟大复兴的强大动力。民族精神是一个内容丰富、层次多样的概念。笔者认为，18岁成人仪式教育活动应特别强化中学生的爱国主义、中华传统美德和革命传统以及民族创新精神等方面的教育。

第一，必须加强爱国主义教育。爱国主义是中华民族精神的核心，是贯穿中华民族精神形成和发展过程的一条极其鲜明而清晰的主线，所有中华民族精神的内涵都是紧紧围绕着这一主线而丰富和发展的。18岁成人仪式教育活动要高扬爱国主义旗帜，倡导一切有利于民族团结、祖国统一的思想和精神，倡导一切有利于国家富强、人民幸福的思想和精神，引导学生树立以热爱祖国、报效人民为最大光荣，以损害国家和人民利益、民族尊严为最大耻辱的观念。

第二，必须加强中华传统美德和革命传统教育。18岁成人仪式教育活动要帮助学生了解5000年历史中孕育的优秀传统美德，如三省吾身、豁达大度、温良恭俭让的修身之道，天下兴亡、匹夫有责的社会理想，"先天下之忧而忧，后天下之乐而乐"的崇高志向，"富贵不能淫、贫贱不能移、威武不能屈"的浩然正气，奋不顾身、舍生取义、见义勇为的英雄气概等。与此同

① 十六大报告辅导读本[M].北京：人民出版社，2002，307.

时，要帮助学生了解中国共产党领导中国人民在建立新中国的奋斗中表现出来的革命精神，严守纪律和自我牺牲精神，大公无私和先人后己精神，压倒一切敌人、压倒一切困难的精神，坚持革命乐观主义，排除万难去争取胜利的精神；要帮助学生了解社会主义建设和改革开放实践中形成的自力更生、艰苦奋斗的苦干精神，爱岗敬业、恪尽职守的奉献精神，团结互助、和衷共济的社会风尚，勇于开拓、与时俱进的进取精神。

第三，必须加强民族创新精神教育。18 岁成人仪式教育活动要帮助学生理解“创新是一个民族进步的灵魂，是一个国家兴旺发达的不竭动力”，全社会、全民族的创造精神和创新能力是推动全面建设小康社会、实现中华民族伟大复兴的强大力量；要使学生形成尊重劳动、尊重知识、尊重人才、尊重创造的思想；要帮助学生了解中国在长期历史发展中不仅创造了灿烂的物质文明，也形成了一种为了祖国和人民的进步，锐意进取、学习不止、攀登不止、创造不止、开拓不止的思想、性格和品质；要帮助学生了解学习是创新的基础，立足于中国特色社会主义的伟大实践，努力学习中华民族的优秀历史文化，以开放的精神面向世界，虚心学习世界其他民族的长处。

三、实施模式：统一要求与形成区域特色相结合

18 岁成人仪式教育要在学校教育中得以有效实施，必须得到广大学生内心的认同和支持，这就要求在进行 18 岁成人仪式教育的时候应符合学生的生理、心理和思想认识发展的特点，符合当地的实际，充分考虑当地的风俗民情，吸取和借鉴传统成人礼、成人仪式教育等优秀文化传统，同时汲取国内外 18 岁成人仪式教育的宝贵经验，充分考虑到学生时间、空间、精力等方面的因素，采用灵活多样的形式确保 18 岁成人仪式教育的有效实施，确保 18 岁成人仪式教育不仅仅是一个“仪式”、一个形式，更应负载着丰富的文化内涵、深刻的教育意义；使其真正触动学生的灵魂深处，促进其精神成长，对学生产生更持久的教育影响；使其成为历史与现代、继承与创新、国内与国际、个体与社会联系与发展的一个纽带，从而使 18 岁成人仪式教育在学生的认同和积极参与下更有效地开展。

1. 统一要求

18 岁成人仪式教育应该有一系列的基本规范要求，借鉴国外的经验，如日本"模范成人式"的具体形式分为两个部分，第一部分为：新成人入场；执行委员会讲注意事项；宣布典礼开始；齐唱国歌；市长致词；祝辞·介绍来宾；新成人发表决心宣言；合唱"市民之声"。第二部分为纪念活动。

总结我国近几年一些学校的经验，如北京师范大学附属实验中学成人冠礼仪式，各校可以参考。成人冠礼仪式程序：一、全体起立，唱国歌；二、领导致辞；三、全体起立、宣誓（背景：成人誓词）；四、教师代表讲话；五、家长代表讲话；六、回顾成长历程；七、学生代表发言；八、向家长代表献花；九、发放成人冠礼手册；十、歌唱祖国（背景：歌唱祖国歌词）。

2. 形成区域特色

18 岁成人仪式教育活动虽然有一系列的基本规范要求，但需要坚持实事求是，与实际相结合，因地制宜，办出当地的个性特色。各个地方、各个学校要根据自身的实际情况，针对学生的身心特点，来设计教育活动，并要切合社会的发展变化不断探索和创新活动形式、途径，深化活动内容，一成不变、照搬照抄、脱离实际、没有创新，就缺乏感染力、吸引力和生命力。

下面以实例来说明这项活动的生命力在于不断创新，在于具有特色。

(1)宣誓词的个性设计

举行成人宣誓活动，成人誓词是不可或缺的关键方式，而全国各地的成人誓词内容是有所差别的。

1994 年 10 月 27 日上午，内蒙古元宝山平庄中学 116 名身着整齐服装的 18 岁青年，面对鲜红的国旗，庄严肃立，举起右臂：今年我 18 岁，我以一名光荣的中华人民共和国公民的身份，在国旗下宣誓：忠心献祖国、爱心献社会、热心献科学、关心献他人、孝心献父母、信心留自己，讲公德、守法纪，肩负起家庭、社会和历史的重托，做跨世纪的一代新人。①

上海市 18 岁成人仪式誓言是：我是中华人民共和国公民，拥护中国共产党的领导和党的基本路线，热爱社会主义祖国，遵守国家宪法和法律，履行公民的权利和义务，努力学习，诚实劳动，关心集体，团结互助，恪尽职守，艰苦奋斗，全心全意为人民服务，做有理想、有道德、有文化、守纪律的

① 李桐雅. 国旗，我们向您宣誓——平庄中学"十八岁青年面对国旗宣誓成人礼"侧记[J]. 内蒙古宣传，1994(12).

社会主义新人，为祖国统一，民族团结，实现有中国特色的社会主义现代化，贡献青春和力量。

1995 年 10 月 8 日，“首届汕头成人节”上的誓词是：我是年满 18 周岁的公民，我向国旗庄严宣誓：履行宪法义务，珍惜宪法权力；拥护中国共产党，听从祖国召唤；保卫正义，保卫和平；继承民族美德，造就现代精神；弘扬中华文化，促进人类文明；不断开拓进取，创造辉煌业绩，为汕头的崛起，为祖国的富强，贡献我的青春和智慧！

2005 年 10 月 18 日，广州市成人宣誓誓词是：我向国旗庄严宣誓：我是中华人民共和国公民，拥护中国共产党的领导，热爱社会主义祖国，遵守国家宪法和法律，履行公民权利和义务。认真学习，努力工作，关心集体，团结互助，做有理想、有道德、有文化、有纪律的社会主义新人，争当爱国、守法、诚信、知礼的现代公民。为全面建设小康社会、实现中华民族的伟大复兴，贡献青春、智慧和力量。

2006 年 2 月 19 日，山东济南市实验英才高中开展 18 岁成人仪式教育活动的成人宣誓誓词是：(领誓人：请宣誓人举起右手)我是中华人民共和国公民，在 18 岁成年之际，面对国旗、庄严宣誓：捍卫神圣宪法，维护法律尊严。履行公民义务，承担社会道义。国家昌盛为先，人民利益至上。热心公益，奉献社会，无愧祖国培育。勤勉自励，奋发有为，不负父母厚望。以我壮志激情，创造崭新未来。以我火红青春，建设锦绣中华。①

北京师范大学附属实验中学的成人誓词是：(领誓人：请宣誓人举起右拳)值此 18 岁成人之际，我以一个中华人民共和国公民的名义，面对中华人民共和国国旗庄严宣誓——祖国高于一切，人民利益为先。捍卫神圣宪法，维护法律尊严。履行公民义务，承担社会责任。崇尚集体主义，发扬奉献精神。尊重科学民主，追求进取拓新。实现人生理想，振兴中华民族。宣誓人：×××②

(2)成人节主题的个性设计

广州市和汕头市是我国 18 岁成人仪式教育活动开展最早的城市，也是这项活动开展得最为成功的城市。而两个城市每年的成人宣誓日的主

① “十八岁成人仪式教育活动方案”[DB/OL]. http://www.sdsyyingcai.com/news-disp.asp?id=917.

② 摘自北京师范大学附属实验中学编制的《成人冠礼仪式纪念册》.

题是有差异的。

广州市：托起明天的太阳(1994)、实践跨世纪的诺言(1995)、青春的誓言(1996)、爱我祖国(1997)、弘扬抗洪精神，实践青春诺言(1998)、回顾光辉历程，实践青春诺言(1999)、肩负世纪重任，实践青春诺言(2000)、当九运文明东道主，做世纪杰出新主人(2001)、争做合格公民，建设美好家园(2002)、弘扬抗非精神，做文明广州人(2003)、共建文明广州，实践青春诺言(2004)、构建和谐广州，实践青春诺言(2005)、构建和谐广州，实践青春诺言(2006)。

汕头市：十八岁的誓言(1995)、在阳光下成长(1997)、做新世纪的主人(1998)、迎着新世纪曙光，勇担跨世纪重任(1999)、实践十八岁誓言(2000)、领跑二十一世纪(2001)、诚信人生(2002)、新世纪，新汕头，新青年(2003)、自强自立，奋发有为(2004)、弘扬实践汕头精神，青春奉献和谐汕头(2005)、践行荣辱观，共建新家园(2006)。

(3)活动方式的个性设计

现行成人宣誓仪式的主要程序为组织年满18周岁的青年，在具有纪念意义的地方，升国旗、唱国歌、面对国旗宣誓、领导勉励、前辈祝愿、成人心声、颁发成人纪念物等。一般成人仪式，大多由学校领导主持，地方党政官员讲话。但全国政协委员胡旭晟认为仪式应选择优秀的法官主持，并以法院开庭的方式进行，更充分地体现法律的权威①：由法庭工作人员宣布仪式开始，成年的中学生在仪仗队的引导下依次进入会场。国歌唱毕，法官请大家坐下；由法庭工作人员宣读成年人名单。每人在听到自己的名字后，便上台从法官手中领取一份证书，意味着自此以后要独立承担社会义务和法律责任；法官带领适龄中学生做成年宣誓。然后，由法官讲话，其中应包含这样的意思：你们刚才的捍卫和维护宪法的誓言不是单方面的誓言；它确立了一种合约，确立你们和国家之间的一种相互的责任；正如你们要保护、维护和捍卫宪法、法律一样，宪法和法律也将保护、维护和捍卫你们。

(4)活动标志的个性设计

颁发《中华人民共和国宪法》、《中国共产党章程》和《成人纪念册》是向中学生寄托希望和要求的重要载体，而一些学校别出心裁地向学生颁发成

① 胡旭晟委员建议成人宣誓到法庭去[N].法制日报，2007－03－13.

人帽、点燃生日蜡烛等也是一种不错的方式。北京一六六中学在 2007 年 3 月 3 日举行成人宣誓仪式时给每一个学生佩带微笑圈也受到了很好的教育效果。仪式上，老师和家长给每一位同学佩戴了微笑圈，鼓励同学们微笑迎接挑战，展翅高飞。由奥运五环颜色组成的红、黑、绿、黄、蓝五色“微笑圈”，分别代表乐于助人、诚实守信、保护环境、文明礼仪、学习进取五项承诺。让同学们以佩戴“微笑圈”这样一种特有的方式迎接这个神圣的时刻，可谓意义深远，因为成人仪式只有一次，但是“微笑圈”的承诺却是相伴一生的，它可以时刻提醒同学们自己已经长大成人了，要对自己负责，实践微笑承诺，从自我做起，从身边的小事做起，崇尚文明、讲究礼仪、遵守秩序、爱护环境；同时，“微笑圈”还有着鲜明的时代意义，鼓励同学们积极投身奥运，参与奥运志愿服务，在为奥运做贡献的同时，培养一种主人翁的责任意识，真正地成长成才。同学们还在巨大的横幅上庄严地签下他们的名字，为这值得铭记一生的时刻留下见证。

四、实施组织方式：设立“18 岁成人仪式教育活动协调委员会”

1. 设立“18 岁成人仪式教育活动协调委员会”

如果一个城市有一个统一的成人宣誓日，组织全体年满 18 岁的青年进行集体成人宣誓活动，那么将形成宏大的场面效应和心灵震撼效果，将给中学生和中学生家长留下终生难忘的记忆。当然，组织多大规模为好，要根据各地的实际。为此，有条件的地方要设立成人节或成人宣誓日。为了协调好这项活动，建议设立“18 岁成人仪式教育活动协调指导委员会”，以形成高效的运行机制。为加强部门间的协调，可以以市或县为单位建立，请市或县政府主抓教育工作的市长担任指导委员会主任，市县相关部门的负责同志参加，教育局局长和团委书记等有关领导担任副主任。由于 18 岁成人仪式教育活动的主要组织实施在中学，所以，各中学也要组织相应的指导委员会，负责活动的具体实施。

2. 建立学校、家庭、社会和共青团共同参与的立体式教育网络

同时，还要建立起学校、家庭、社会和共青团共同参与的立体式的 18 岁成人仪式教育网络。学校要成立学校领导挂帅，政教、教务、后勤、团委、学生会等相关部门人员参加的 18 岁成人仪式教育活动计划、指导和实施机构，负责制订和完善本校活动方案，落实具体工作。学校领导要把实施18岁成人仪式教育活动作为学校贯彻落实素质教育的一项重要工作来抓，摆上议事日程。家长要主动参与，融入到孩子们的成人仪式教育活动当中，来引导、见证孩子的成长，培养孩子的责任意识。政府各级部门要充分认识18岁成人仪式教育活动的重要意义，将其作为加强未成年人思想道德建设的重要载体，作为学校德育的一个有机组成部分，作为精神文明建设制度化的一个突破口，认真地组织好、开展好，确保有效普及。各级共青团组织应该加强对18岁成人仪式教育活动的指导、激励和保障力度，指导各地团组织开展好18岁成人仪式教育活动。

(1)共青团积极组织

开展18岁成人仪式教育活动是共青团组织的重要任务。共青团应该利用组织优势，采取措施，加强组织，突出成人要求，强化成人内涵，对中学生广泛开展18岁成人仪式教育活动，通过成人预备期教育、成人预备期志愿服务、成人预备期素质拓展训练和18岁成人宣誓仪式等活动，进一步强化学生的公民意识，宣传科学的世界观、人生观和价值观，让其更深刻地理解作为一名公民要遵守的基本道德规范，增强其对国家、社会和家庭的责任感和使命感。

共青团组织开展这项活动时要研究当代中学生的特点①：一是年龄特点。中学生大都处在14～18岁，这个阶段是一个人世界观、人生观、价值观形成的重要时期，也是一个人社会化、逐步跨入成年行列的关键阶段。中学生既要学习科学文化知识和技能，为成才做准备，还要学习法律知识，接受道德训练，掌握社会规范，为成人做准备。二是时代特点。当代中学生是在改革开放环境中成长的一代人，大多生活在独生子女或少子女家庭中，中学生身上有着鲜明的时代烙印和不同于前辈人的新特点，如思想开放，思维活跃，价值观趋向多样化；个性强，比较注重个人价值的实现和对现实利益的追求，社会责任感、集体荣誉感相对弱化；知识面广，但由于受应试教育的影响，创新意识、吃苦精神、动手能力等较为欠缺，等等。三是历史特点。在全面推进建设有中国特色社会主义事业的伟大进程中成长、成才、建功立业，是当代青少年最根本的历史责任。对这一代中学生进行

① 共青团中央.中国共青团年鉴(1998～2002)[M].北京：中国青年出版社，2004，541～545.

教育，必须注意从我们党、我们国家对中学生的历史要求出发，引导中学生更好地完成所肩负的历史使命。

与此同时，各级共青团组织应该加强对 18 岁成人仪式教育活动的指导、激励和保障力度。共青团中央十几年来一直高度重视这项工作，为指导各地团组织开展 18 岁成人仪式教育活动，先后下发多个文件来规范和表彰 18 岁成人仪式教育活动，如：《共青团中央关于规范十八岁成人仪式教育活动的暂行意见》(1996 年 4 月 8 日)、中青发[1999]4 号《关于 1999 年深入开展中学生 18 岁成人仪式教育活动的通知》、中青办发[2000]4 号《关于继续大力推进 18 岁成人仪式教育活动的通知》、中青办发[2002]8 号《关于深入开展中学生 18 岁成人仪式教育活动的通知》、中青发[2000]2 号《共青团中央关于表彰 1999 年度全国 18 岁成人仪式教育活动优秀组织单位的决定》、中青发[2001]5 号《共青团中央关于表彰 2000 年度全国 18 岁成人仪式教育活动优秀组织单位的决定》和中青办发[2001]30 号《共青团中央关于表彰 2001 年度全国 18 岁成人仪式教育活动优秀组织单位的决定》。这些文件的出台有力地推动了 18 岁成人仪式教育活动在全国的开展和普及。

(2)学校鼎力协助

学校作为教育系统中一个重要的组织和实施机构要从促进学生成长发展和深化素质教育改革的角度提高对 18 岁成人仪式教育重要性的认识，积极开展相关理论方面的研究，自觉进行 18 岁成人仪式教育，扎实做好 18 岁成人仪式教育的普及和实施工作，使 18 岁成人仪式教育成为学生受益面大、受欢迎程度高的重要的教育活动，使学校成为 18 岁成人仪式教育研究和实践探索的主阵地，促进理论研究和实践探索的不断拓展。

学校要成立学校领导挂帅，政教、教务、后勤、团委、学生会等相关部门人员参加的 18 岁成人仪式教育活动计划、指导和实施机构，负责制订和完善本校活动方案，落实具体工作。学校领导要把实施 18 岁成人仪式教育活动作为学校贯彻落实素质教育的一项重要工作来抓，摆上议事日程。学校要通过校报、校内广播站、校园网等多种方式，积极宣传其活动的重要意义，展示本校学生参与活动的情况，使更多的学生受到教育。

各校要着眼于充分发挥共青团在学生思想政治教育、素质教育中的作用，进一步加强中学共青团组织建设，以 18 岁成人仪式教育活动为中学共青团的重点工作，确保 18 岁成人仪式教育活动全面、长期地实施下去。

学生会、学生社团是青少年学生的群众组织，也是共青团“一体两翼”组织体系的重要组成部分，在推动中学生 18 岁成人仪式教育活动中发挥着不可替代的作用。各学校一方面要明确学生会和学生社团在 18 岁成人仪式教育活动中不同的地位和作用，发挥好它们各自的优势，为 18 岁成人仪式教育活动服务，另一方面要引导和扶持好学生社团的发展，通过推进活动、理顺关系、完善机制，做到社团活动与研究性学习、学科建设、校园文化建设、示范群体建设的四个结合，真正把 18 岁成人仪式教育活动作为发展学生个性、培养特长、锻炼能力、拓展素质的舞台。

(3)社会大力支持

该项活动的开展，离不开党政领导的关心和社会各方面的大力支持。各级党政部门和社会各界都应充分认识 18 岁成人仪式教育活动的重要意义，将 18 岁成人仪式教育活动作为加强未成年人思想道德建设的重要载体，作为学校德育的一个有机组成部分，作为精神文明建设制度化、经常化的一个突破口，认真地组织好、指导好、开展好，确保 18 岁成人仪式教育活动的有效普及。

开展 18 岁成人仪式教育活动，要充分利用各种宣传手段广泛宣传。要充分发挥电视、广播、报刊等新闻媒体的作用，大力宣传活动的主要内容、进展情况与先进典型，努力营造浓厚的宣传舆论氛围，扩大影响。还要重视互联网在 18 岁成人仪式教育活动中的作用，加强网上的正面宣传和管理，充分运用网络资源开展 18 岁成人仪式教育活动。如，“18 岁成人仪式专业网(www.18year.net.cn)”是一个公益性网站，其目的是为了更有效快捷的传递“18 岁成人仪式教育活动”信息，通过互联网辐射更广阔的地域，为全国“18 岁成人仪式教育”的开展搭建良好的交流平台。

(4)家长主动参与

该项活动的顺利开展也离不开家长的参与。在人生的历程中，在子女的成长中，父母起着极为重要的作用。家庭成员之间的关系、家庭人际交往的态度和价值观、家风家规、家庭文化等都会对子女学习、人生道路的选择、为人处世、社会交往、思想道德品质产生潜移默化、积极或消极的影响，尤其是我国实施独生子女政策，使家庭德育呈现出前所未有的重要性。

以往的 18 岁成人仪式教育活动过多地依靠社会和学校，对家庭关注不够，而青少年有一半的时间是在家庭与父母相处中度过的，因此在 18 岁成人仪式教育活动中重视发挥家长的作用必不可少。要改革以往成人仪式教育活动的固有模式，强调家庭的参与意识，让家长们融入到成人仪式教育的活动当中，让家长一起参与、引导、见证孩子的成长，培养孩子的责任意识。这种方式可以让青少年和家长共同意识到18岁应该是人生的一个关键年、一个新起点。作为父母应给予子女更多的关爱，不仅仅是衣食住行上的关爱，还要重视与子女的沟通交流，关注子女言谈举止的变化，尊重子女的想法，进行必要的心理疏导，创设良好的家庭氛围。家长要给子女参加适当的家务劳动、理财当家和参与家庭管理议事的机会，培养子女对家庭的责任意识，培养孩子吃苦耐劳的精神；还可通过家庭的外出旅游、探亲访友、文体活动等亲子活动，增进家庭间成员的情感交流，让孩子生活在浓浓的亲情之中，培养子女对家庭的情感，促进亲子互动，让孩子在温馨的家庭环境中健康成长。

北京师范大学附属实验中学举办18岁成人仪式教育活动十分成功的原因之一就是学校注重调动家长的积极性，动员家长主动参与。下面是他们开展活动的一次家长动员会。

18岁成人宣誓仪式活动的家长动员①

一、为什么要举行18岁成人宣誓仪式活动

18岁意味着什么？法律上的独立个体，人格上的独立个体；逐渐走向经济与心理上的独立。面临着人生一次重要考验——高考。

(一) 教育目标

(1) 培养学生的责任感(家庭与社会)、成人意识。

(2) 培养学生对父母、老师、社会的感恩之心。

(3) 爱惜与珍重生命。

(4) 激发学生的生活热情与学习动力。

(二) 方式选择

(1) 以亲情感动学生，以真情打动学生，以激情感染学生。

(2) 父母、学生、老师共同参与。

(3) 营造既庄重又积极向上体现青春活力的环境、气氛(场地布置、服

---

① 根据北京师范大学附属实验中学团委孙明杰老师所做的“成人冠礼活动的家长动员”整理.

装、音乐)。

二、时间与地点

时间初定于12月8日(周五15:30开始)。地点初定于教育部礼堂。具体时间与地点另行书面通知。

三、前期准备

1. 服装:正装(深西装,浅色衬衫,男女都打领带),最好为黑色皮鞋。

2. 给孩子写一封信:

(1) 内容:写在这个手册上,内容可以回顾孩子18年来成长的历程,难忘的事件与情境,孩子的进步,您的付出与收获,您的感受,面对18岁成人的孩子的希望、叮嘱、祝福、勉励等。最好由父母两个人商量后写,共同签名。作为家长肯定有很多话要讲,有很多情感要抒发,希望家长们能表达自己最真切的情感。

(2) 形式:可以多样,信、诗歌、散文、随笔都可以,最好能图文并茂,将其成长中的照片剪贴其中。

(3) 写的位置:第5～14页"前浪对后浪说"。

(4) 手册介绍:

第1页校长寄语;

第2页成人誓词;

第3～4页"园丁对花朵说"——是老师对学生的寄语;

第5～14页"前浪对后浪说"——是家长的信;

第15页"成长的足迹说",由家长或者由孩子将成长中的关键点与成功点写出,是回顾18年来的成功与进步;

第16页即最后一页"我对未来说",是成人冠礼仪式结束后,由孩子自己展望未来,写出自己的所思所感、理想与憧憬等。

3. 程序:

(1) 今天回教室,把手册与信封发给家长。

(2) 两周后,11月24日(周五)以前将手册右下角用铅笔写上孩子的学号、姓名,将信封封好,并在信封上写上孩子的班级、姓名。由孩子带来,自己送学校也可以,交班主任处。但手册里写了什么,事先不让孩子知道,在成人冠礼仪式上将现场发给学生,作为仪式的一项重要内容。

(3) 老师收到后,将开启信封,写老师的寄语。如果您觉得自己给孩子的信涉及很隐私的东西,也可在信封上注明"由孩子自己开启",那么,老师将尊重家长的意见,但也没办法给这个孩子写寄语了。同时,我们的老师也会翻阅您给孩子的信,一是更好地了解孩子的成长,二是发现很好的信可以作为家长发言的参考。

(4) 手册在仪式上发给学生,学生现场读信。

(5) 仪式后,学生完成手册最后一页,"我对未来说"的部分。这本手册由学生和家长共同珍藏。

五、建立法定节日:建议国家设立统一的"成人节"

1. 设立"成人节"的意义

"节日是人们从一年中确定的对它抱有特定期待的日子,流淌着的源远流长的历史和文化,它反映着一定时代人们的生活方式、精神风貌、审美情趣和价值观念"①。一般来讲,设定节日有助于引起社会对某一类群体或阶层的关注,从而达到所期待的效果,如改变群体生存状况、提升社会声誉、影响个体价值取向等等。我国已有许多节日,诸如儿童节、青年节、妇女节、重阳节、教师节等等。未成年人是一个庞大的社会群体,他们能否顺利"成人",对个体本人的未来发展和社会的和谐稳定都至关重要。为此,我们应制定实施18岁成人仪式教育的相关政策与制度,而18岁成人仪式教育活动的制度和法律应当对18岁成人仪式教育活动的目的、任务、内容、形式、管理等都作出全面且系统的规定,并使18岁成人仪式教育的实施正常化、规范化、制度化。

2. 各地设立18岁成人节的实践摸索

我国尚未设立统一的18岁成人节,但有部分省、市已进行设立18岁成人节的实践摸索,根据掌握的资料列举如下。

(1) 省级设立

1995年,上海团市委协同有关部门成立"上海市十八岁成人仪式教育活动推进委员会",制定《上海市十八岁成人仪式教育活动管理条例》,进一步完善《上海市十八岁成人教育训练计划》。1999年,上海市人民代表大会通过有关决议,确定每年5月18日为成人节。

---

① 秦永洲.让节日留住文化的根[J].博览群书,2007,(12).

1996 年 12 月 5 日，北京市人大常委会正式通过了《在 16 周岁至 18 周岁的未成年人中开展成年教育活动的决议》，成人宣誓日在 5 月 4 日前后。

2000 年 6 月 29 日，浙江省人大常委会通过决议，决定每年公历 12 月 9 日为浙江省成人节。

另外，天津市将 10 月 1 日定为成人宣誓日；内蒙古自治区将 5 月 4 日和 10 月 1 日定为宣誓日。

(2) 省会城市设立

1994 年，河北省石家庄市在全国首家以地方立法的形式设立"3・18"为成人节。

1995 年 9 月 1 日，广州市人大常委会正式确立每年 10 月 18 日为"广州成人宣誓日"。

1996 年 9 月 16 日，济南市十二届人大常委会第 4 次会议作出《关于设立"十八岁成人节"的决定》，决定从 1997 年起，每年 9 月 24 日为济南市"十八岁成人节"。

杭州市于 1997 年设成人节。

1998 年 3 月 25 日，南京市人大常委会通过了《关于开展成人仪式教育活动的决议》，规定每年 4 月 23 日为成人宣誓日。

1999 年，沈阳市十二届人大常委会第 1 次会议审议通过了《关于设立沈阳市 18 岁成人节的决定》，将每年的 4 月 18 日定为 18 岁成人节。2000 年 4 月 18 日为第一届成人节。

1999 年，哈尔滨市将 4 月 28 日定为成人节。

2002 年 4 月 29 日，武汉市十届人大常委会第 33 次会议通过了《关于设立"武汉市 18 岁成人节"的决定》，决定从 2002 年起，每年 5 月 16 日为武汉市"18 岁成人节"。

2003 年，长春市第十二届人大常委会第 5 次会议通过议案，确定每年的 10 月 18 日为"长春市成人节"。

2004 年 8 月 13 日，郑州市十二届人大常委会第 4 次会议审议通过立法，确定每年的 10 月 22 日为"郑州市 18 岁成人节"。

(3) 省辖市设立

1995 年 10 月 8 日，汕头特区在全国地级市第一个创立成人节。1996 年 8 月经汕头市第九届人民代表大会常委会审议通过，确定每年 10 月 8 日为成人节。

1996 年，经陕西宝鸡市市委批准，每年的 5 月 18 日为宝鸡市成人宣誓日。

1996 年，厦门市十届人大常委会第 25 次会议通过的《关于确定“厦门市十八岁成年人宣誓日”的决定》，规定从 1997 年起，每年 10 月 17 日定为“厦门市十八岁成年人宣誓日”。

2000 年 3 月 28 日，辽宁省抚顺市人大常委会决定把每年的 4 月 10 日定为抚顺市 18 岁成人宣誓日。

2000 年 7 月 22 日，经青岛市十二届人大常委会第 19 次会议审议通过，每年 6 月 2 日为青岛市 18 岁成人节。

2004 年 4 月 2 日，辽宁省营口市第十三届人民代表大会常务委员会第 8 次会议通过关于设立营口市 18 岁成人节的决定，决定每年的 4 月 18 日为营口市 18 岁成人节。

2004 年 10 月 20 日，承德市十一届人大常委会第 14 次会议决定，将每年的 5 月 18 日定为承德市成人节。2005 年 5 月 18 日是河北省承德市第一届成人节。

2006 年，江门市第十二届人民代表大会常务委员会第 26 次会议审议了江门市人大常委会主任陈继兴《关于提请审议调整“江门成人宣誓日”日期的报告》，决定从 2006 年起，将“江门成人宣誓日”调整为每年 10 月 18 日。

3. 设立“中国 18 岁成人节”的建议

近年来，随着 18 岁成人仪式教育的发展，设立全国性的成人节基本成熟，一些社会知名人士开始呼吁设立全国性的成人节，并把成人节列为国家法定节日。

1999 年 3 月，团中央主要领导在九届全国人大二次会议上，与三十几位人大代表提交了一份议案，建议对在我国青少年中普及成人仪式教育做出法律规定，建议加强对活动的宣传，扩大活动的影响，积极争取人大和党政部门的重视、支持，推动更多的城市确定地方的“成人节”、“成人宣誓日”，待条件成熟时设立全国性的“成人节”。

2005 年 3 月，全国政协一名委员向全国政协提案建议设立成人节，建议认为：青少年是祖国未来的栋梁和希望，在关注孩子身体成长和智育的同时还要重视对青少年责任心、公共道德等基本素质的培养。设立成人节是加强青少年思想政治和综合素质教育的一个有效举措①。建议以四月的第三个星期六定为成人节（考虑高考时间、天气、五一活动因素）。当天全国各地以镇、乡和学校为单位举行成人仪式。成人节前各单位举办各种青少年竞技比赛，举办主题感想和征文比赛等。由家长和青少年主动报名免费参加。对优胜者，加大荣誉宣传力度并给予一定奖励。通过竞赛选拔出各级优秀青少年，在相关节假日集中到天安门、长城等场所进行成人宣誓仪式，并分类接受重要领导人、科学家、劳动模范、体育明星等人的接见或与外国青少年举行联谊活动，树立青少年的荣誉感和积极向上的精神追求。

2007年3月，全国政协又一名委员向正在召开的全国两会做出了"成人节应设定为法定节日"的呼吁，并提交了相关的提案②。他认为："成人宣誓仪式是成人仪式教育活动的最后一个环节，目的是为了加强爱国主义教育和强化成人意识，把成人节设定为法定节日，将成人宣誓活动法定化，将会增加成人宣誓活动的法律权威感。"日本在《关于国民节日的法律》中规定，成人节是国家11个法定节日之一。这样，可以使成人宣誓成为一种具有公民道德建设和国家法制教育双重意义的活动。"将成人节设定为法定节日，目的是为了加强爱国主义教育和强化成人意识，引导广大中学生在成人之际，严格遵守法律法规"。他表示，在成人节当天一般的做法是组织年满18岁的青年举行面对国旗宣誓的仪式，我国成人宣誓活动中的相关程序也在设计上用心良苦，成人誓词中涵盖的内容广泛但不失概括，宪法和法律的地位有所体现，这些都对提高公民的法律意识具有重要的意义。

2008年五四青年节前夕，深圳市一名人大代表在奥一网上发帖呼吁国家和社会重视18岁青少年成人时期的思想道德教育和引导，提倡每个家庭都要举办孩子的"18岁成人礼"，倡议国家设立统一的"中国18岁成人节"。通过此举呼吁全社会重视18岁青少年的健康成长。此举引来众多网友跟帖支持。他认为，虽然我国各地都是笼统按照团中央的要求举办18岁成人宣誓仪式，但全国没有一个统一的时间。为了使青年节更有实际的教育意义，他倡议将原来全国各地在不同时期举办的集体成人活动全部集中到9月18日国耻日这一天。他认为选用这一天还可唤起18岁青少年的爱国心，激发他们的报国热情。杨剑昌建议全国各地市政府在每年的"中

---

① 袁伟霞委员：设立成人节[N].湖北日报，2005－03－12.

② 胡信锋.成人节应设定为法定节日[N].三湘都市报，2007－03－13.

国 18 岁成人节”当天举办集体成人礼。所有当年年满 18 岁的青少年在“中国 18 岁成人节”当天都放假一天，以便参加由政府举办的、大型的成人宣誓仪式。并建议每个 18 岁青少年都在“中国 18 岁成人节”或自己 18 岁生日当天种植一棵与自己共同成长的“成人树”。此外，他还提出国家应提倡每个家庭都要举办孩子的“18 岁成人礼”①。

从以上国内部分领导和专家的建议或提案可以看出，我国设立统一的 18 岁成人节势在必行。借鉴国外如日本、韩国等国设有成人节的经验，结合我国的成人仪式教育的实施主要在学校，主要是高中和中等职业学校的学生尤其是应届毕业生，考虑到学年结束在 6 月份的实际情况，我国设立统一的 18 岁成人节最好在他们毕业前举行，这样可保证成人仪式教育过程的完整性和有效性，为此，我们建议我国统一的“18 岁成人节”定在每年的 4 月 18 日较好，其寓意在于：4 月是春天，风和日丽气候宜人，寓意青少年进入生命的春天，最能体现青少年蓬勃向上的精神风貌，具有象征意义；4 月 18 日寓意 18 岁，纪念意义明显；过完“成人节”，接着可度过第一个“五四”青年节，青年与成人的印象更加深刻；还可对应届毕业生 6 月份毕业后无论是升入大学还是走向社会参加工作都产生重要的影响。凡是进入 18 岁的青年，主要是应届毕业生，都要参加宣誓仪式过好自己的节日。当然，各地在组织方式和具体安排上要根据地域、民族等实际情况，允许各地有一定的灵活性。设立法定的节日旨在让大家了解青少年的健康成长是全社会的责任，要真正为青少年营造一个“成人”的氛围，让他们感受到社会的关心、关爱，让他们体会到社会的希冀与期盼。也有人提议放在 10 月 18 日，是共和国诞生的月份，具有特殊意义。但我们认为从学校学年时间的设定和学生毕业的时间考虑，放在上半年比较合适，这样对 6 月份毕业后的学生无论是升入大学还是走向社会参加工作都产生重要的影响。如放在 10 月份，应届毕业生将无法参加活动，起不到 18 岁成人仪式应发挥的普及性、有效性等作用。

---

① 深圳人大代表倡议将 9 月 18 日定为成人节[DB/OL]. http://www.qzwb.com/gb/content/2008-05/01/content_2796139.htm.

第 6 章　国外成人仪式:历史、类型、功能及启示

青少年的成人仪式已成为人类学、社会学、民俗学诸多学科研究的一个课题。所谓成人仪式,又称成人礼或成丁礼,是不同民族根据各自的传统和习俗,通过举办各种仪式来标志一个人进入了崭新的人生阶段的一种特有的文化现象。成人仪式既是一种礼仪,又是一种古老的青年教育方式。美国克拉克大学心理系教授、文化心理学家 J. 瓦西纳指出:“人类生命历程中大部分和社会有关的转折,如出生、结婚、生育、死亡,都组成某一种仪式。‘成人仪式’也是相关的一个事件,对于成年人来说,这相当于是一次庆祝丰收的活动,因为他们的孩子从此开始了成熟的、充满了新要求的成人生活。”①国外出现过许多成人仪式,因地域和文化差异而呈现出多种形式和内容,并承载着多元的教育功能。近年来,我国一些城市对 18 岁青年男女进行成人仪式教育,因此,研究国外成人仪式教育,无疑将会给我们提供一定的启迪,尤其是对我国青少年素质教育的推进,具有较大价值。

一、史前社会的“成年礼”

“成年礼”作为一种特殊的负载一定教育意义的形式,在史前社会就已出现。史前社会是人类社会的第一种形态,伴随其发展,史前教育本身也出现了一些变化②:教育的内容日益多样和复杂;儿童作为社会的成员逐步受到重视;与性别有关的男女儿童的教育,特别是男孩的教育成为教育者关注的问题。这种情况的出现表明,人的发展和不同阶段教育在人类社会

---

① [美]J. 瓦西纳. 文化和人类发展[M]. 孙晓玲,罗萌等译. 上海:华东师范大学出版社,2007,413.

② 张斌贤. 外国教育史[M]. 北京:教育科学出版社,2008,24.

的早期已经引起了人们的重视，史前社会中的“成年礼”制度可以说是这种教育的产物，而且它在一定程度上为学校的产生奠定了基础。

1. 史前社会的“通过仪式”

在社会发展的早期阶段，人类的生活是受到诸多方面的因素和条件限制的，一个人的成长和发展也是要经过许多阶段的。在每一阶段，年青一代不仅经历各种各样的困难，而且还承受各种各样的禁忌。在这个过程中，年青一代从一个阶段转到另一个阶段，一定的“通过仪式”（Rites of Passage）起到了重要作用。法国人类学家范根纳普（Arnold van Gennep，1873～1957）在其《通过仪式》（Les Rites de Passage，1909）一书中指出，通过仪式是“伴随着地点、状态、社会地位、年龄的每一变化而实施的礼仪”①。他认为通过仪式可以用于更广泛的意义上，作为人类社会中的普遍的建构机制。范根纳普指出，生活不是按照统一的速率进行的，人类的经验是由不同的阶段，诸如出生、青春期、结婚、生小孩和死亡组成的。从一个群体过渡到另一个群体，从一种社会状态过渡到另一种社会状态，都被看做存在之天经地义的事情，由此人的一生变成了由一连串有着相似终点和起点的阶段所组成：出生、社会性的青春期、结婚、为人父母、提升到更高的等级、职业的专门化、死亡这些事件中的每一个都有庆典，其根本的目的在于使个人离开一种确定的位置而转入另一种同样确定的位置。也就是说，通过仪式的意义在于每个人在一生中都必须经过几个生活阶段，每个人的社会属性也正是通过这些重要的阶段不断确立起来的。在各个阶段，年青的一代要以一定的通过形式加以表示，并以此获得社会的承认和评价。范根纳普还把“通过仪式”划分为三个阶段，即分离、过渡、聚合。在分离阶段，仪式的行为总是象征着某个人或某个团体离开了他们以前在社会结构中所占据的固定位置，或离开某种文化的状态；在过渡阶段，作为仪式主体的当事人（如新成员）处于一种“模棱两可”的状态之中，即既不具有原来状态的基本特征，也不具有未来状态的基本特征；在聚合阶段，转化完成了，这时的仪式主体再次处于一种稳定的状态，并具有社会所赋予的一种明确规定的权利和义务，他们（她们）开始按照社会的要求执行约定俗成的规范和道德标准。

---

① 金泽. 宗教禁忌研究[M]. 北京：社会科学文献出版社，1996，154～159.

2. “成年礼”中的学校特征

在史前社会的许多部落中,“成年礼”仪式的举行标志着一个人青春期的结束,也意味着一个人作为成年人责任的开始。同时,“成年礼”仪式的举行也是一个过程。在这个过程中,准备步入成人社会的青少年要学习许多知识和技能,要经历许多磨难和考验。因此,史前社会中的“成年礼”制度初步呈现某些学校教育的特点,这对于认识史前社会教育的性质和特点具有重要的意义。

(1)“成年礼”活动的对象要符合一定要求

在史前社会,一些民族在举行“成年礼”活动时往往对受礼者提出某些条件。比如,南美洲火地岛的锡克兰部落规定,凡是参加成年礼的男孩都要事先经过挑选。挑选的条件主要包括合适的年龄(一些部落的儿童在 9 岁就开始领受成年礼,另外,成年礼的进行要持续 5 年或 5 年以上)、精神的成熟程度、对异性的威严态度、毅力以及保守秘密的能力等。在非洲,接受“成年礼”仪式的女孩主要是处于青春期的女孩。

(2)举办“成年礼”活动需要具有隔离作用的场所

在南美洲的一些部落,当准备参加“成年礼”的年轻男孩被选好以后,就要建立一个被称为“哈因”的茅屋,它是完全隐蔽的,与部落营地隔开,并且附近还放置一些食物。这个茅屋作为他们的家,成为他们新的生活开始的地方。在非洲的一些部落,女孩“成年礼”活动的举行也要选择一个“隐蔽所”,让这些女孩单独在一起过上一段与世隔绝的生活。这种“隔绝”生活的长短,主要取决于女孩掌握这些知识和本领的进度。在“隔绝”期内,女孩要禁忌与任何人接触,当然也包括其母亲在内,而且女孩子的秘密处所也不能被任何人发现。

(3)“成年礼”活动期间需要接受特殊的学习和教育

在南美洲举行“成年礼”的小屋里,每个男孩都要学习关于部落起源的传说以及自己过去未知的东西;在小屋里,每个人的位置都有严格的规定,禁止说话或开玩笑,眼睛要看着地上。每天只有少量的食物,而且几乎不允许睡觉。白天和夜晚要进行翻山越岭、长途行军的训练。在训练中,男孩要铭记“勤勉、可以信赖、尊敬老人、服从、利他主义、乐于助人、喜爱交际和忠实的丈夫”的信条。在非洲的部落里,女孩要学习如何做一个贤惠的妻子,掌握处世接物的经验及本民族的历史。简言之,成年礼教育的内容既有日常生产生活中的知识和技能,也包含本民族的历史、神话和禁忌等伦理和道德行为规范。

(4)“成年礼”活动中出现了一些专门负责对青少年进行教育和管理的教育者

在南美洲，当一群准备参加“成年礼”的男孩被选好以后，一般由其中年龄最大者的父亲担任导师。在导师的护送下，这些男孩进入被隔离的“小屋”，开始了一种新的生活。在非洲，女孩的“成年礼”也需要导师的指导。通常，准备接受“成年礼”的女孩子在部落年长妇女的陪同下来到一个“隐蔽所”过一段与世隔绝的生活。“隔绝”期满，陪同者将女孩带到河边洗澡，进行“净身”。“净身”以后，经过一番打扮和装饰，陪同者用一条毯子将女孩全身裹住带回村里。可见，成年礼活动中，“导师”或“保证人”充当了类似后来学校教师和管理者的角色。

(5)“成年礼”活动有一定的时间限制

史前社会的成年礼并不是一种短暂的仪式，而是一个漫长的过程。如印第安人部落的成年礼要求受礼者斋戒 30 日；而安达曼群岛史前居民的成年礼要长达 1～5 年，女孩的成年礼则更长。成年礼中的时间规定是与儿童的发育成熟密切联系的。美国教育史学家佛罗斯特指出，在某些史前社会里，“儿童发育成熟的时间是最重要的，他将准备承担一个成年人的职责。到此时，他要参加一系列的‘仪式’，其内容通常包括一段时间的严格训练和考验。这段时间可由几天到长达几年”①。

总之，史前社会阶段已经出现了一种特殊的与日常生活不同的“成年礼”教育，这种“成年礼”的教育可以称其为一种“专门的教育”，是专门对青少年进行考核，使他们步入成人社会的教育。美国教育史学家孟禄在《史前教育：一种非进取性的适应的教育》一文中指出，“成年礼”活动使得史前教育的教学得以进行。对于这些准备步入成年人社会的青年人来说，他们要被迫与部落中的其他人相隔离，学习一些成为部落正式成员所需要的许多神秘的东西。这种“加入仪式”(initiation)像复杂的现代教育一样，接纳个人进入社会生活方式是通过获得它的有组织的文化产物才得以实现

① ［美］S. F. 佛罗斯特. 西方教育的历史和科学基础[M]，吴元训等译，北京：华夏出版社，1987，11.

的。①“成年礼”教育活动的出现及其特征表明，史前人类的教育已经开始了初步的分化，一种专门对青少年进行教育的机构开始出现，这些都为以后学校教育的形成提供了重要的基础和条件。

二、国外成人仪式的类型

成人仪式教育活动作为一种带有显著民族特色的风俗习惯，有着相当悠久的历史，因此成人仪式因地域、民族文化的差异而呈现出多种形式和内容。概言之，主要有四种类型。

1. 标志型

这是最古老的成人仪式。主要是通过个体服饰、身体、头饰等外部特征的改变，直观地向族群表明自己的成年人身份。这种标志物构成一种成人资格，它代表着新生命的转换和开端。在不同的时代和不同民族中，标志物的形式和内容是不同的，在澳大利亚和东南亚的一些民族中，“文身”本身就是一种装饰。新西兰毛利人的女子到了成年就要在额部，特别是在嘴唇上文一条条的横线，认为这是美的标志。韩国的成人礼是加冠，非洲部分部落是“割礼”、“凿牙”或“拔牙”，刚果一些部落的成人仪式是“锉牙”，即由族长用锉刀将门牙锉成尖刀状。有些部落的成人礼形式则是染齿、耳饰、盘头、拔毛（汗毛或胡须）、点痣等。有了这些标志物，个体的成人身份得以辨识，就有享受与其他成年人一样的权利，也必须承担作为成年人共同的基本责任和资格。

2. 考验型

在原始部落里，考验型的成人礼几乎是任何男子从童年向成年过渡的必由之路。它通过各种身体素质、意志力和耐受力的考验，让受礼人从心理上走向成熟，自觉地意识到社会地位的变化，也意识到作为共同体成员所肩负的责任，从而成为氏族中真正的主人和英勇无畏的战士。跳崖、搏击、鞭打、拔牙、剁指、烧身、禁食、刺额、禁睡、拔指甲、毒虫蜇咬等，多属于考验型成人仪式，且多用于男子中如多哥塔姆贝尔马人的男子成年仪式长

① 瞿葆奎.教育学文集.教育与教育学[M].北京：人民教育出版社，1993，187～188.

达数月。在规定时间里，小伙子们用细树条相互厮打，用木棍和草编盾牌自卫，双方不停地跳跃、叫喊、相互威吓，以此锻炼和显示勇敢和技巧。博茨瓦纳人的成年仪式专选在冬季，为期一个月。营地设在灌木丛中，受礼男青年除了进行割礼外，还要接受鞭笞、忍受干渴、在河里长时间冷水浴等苛刻项目。秘鲁的成人仪式是让受礼者从8米高的悬崖上跳下去，胆怯者永远不能成为"大人"。每次仪式上都有一些少男被摔得鼻青脸肿，但这种古老的"跳崖礼"至今仍在秘鲁盛行。在墨西哥海滨地区，少男们接受"成人考验"的方式是身上系着一块大石头游过一条海峡。而加拿大罗基地区的印第安人在"成年仪式"上须生吞一条活蜥蜴，否则永远没资格成为"大人"。如在南非的"野蛮人"(kaffir)部族中，孩童被列为"成人候选人"之后，就开始由部落派服劳役，"白天整日做苦工，夜晚不许睡觉，直至精疲力竭倒地为止；更进一步使考验逼真，常常很残酷地鞭笞，使其痛苦如绞，直到鲜血流出体外为止"①。

考验型成人礼通常是几种形式并行的，有时是分几个阶段进行的。比如，澳大利亚土著民族阿兰达人的部落，为男青年举行的成人礼即分四个阶段进行，每个阶段的考验程度逐步加剧。第一阶段，在部落男女参与下接受"文身"；第二阶段，割生殖器包皮；第三阶段，由几个壮年男子轮流咬受礼青年的头皮；第四阶段，接受火的洗礼。即由妇女轮番用燃烧的木棍投掷受礼者，然后受礼者在燃烧着烈火的干柴上躺上几分钟，最后受礼者裸露双腿跪在炽红的木炭上。至此整个成人礼仪式宣告结束。第四阶段是整个仪式中最重要和最隆重的一个程序，称为"恩格乌拉典礼"。

3. 教导型

这种成人礼多出现于女子中，主要形式有隔离、洗浴等。训练内容和要求结合女子的生理特点和成年女子生活中所必须具备的各种知识进行。主要接受性知识教育、生育和抚养孩子、操持家务的指导以及学习歌舞等。如赞比亚的女子成人仪式一般在初次月经来潮时举行。女孩子在成人仪式开始后，就过着隔离生活。期间，女孩不能同任何人接触，要遵守各种清规戒律，如不得大声说话，不允许哭泣；白天不能出门，黄昏外出时须裹布或毯子，且低头而行等。女孩子在年长妇女指导下，学习各种家务劳动、歌

① [美]威尔·杜兰.世界文明史.东方的遗产[M].幼狮文化公司译.北京：东方出版社，1998，51.

舞和其他未来作为妻子应做的事情。这种隔离生活持续到庄家收获之后才结束。扎伊尔的女孩到了一定年龄，就要被带到一间男子不得入内的“圣屋”里斋戒三天，并由成年妇女指导，让她们为即将开始的成年生活做准备。位于非洲西部的多哥有 40 多个部族，世代居住在北部山区的卡布列族是第二大部族。每年 7 月下旬，卡布列人都要为族里的年满 18 岁的男女青年举行成人仪式，男性举行摔跤节，女性举行成熟节。女性的成熟节不允许部族男子和部族外人士观看，所以带有几分神秘色彩。在成熟节上，凡是闺阁待嫁的姑娘都要到山下参加坐“圣洁石”的仪式。

4. 象征型

功能主义人类学认为，人类所有文化的原初其实不过是一种生理需求，但是，人类的高明之处在于，他能够把生理的冲动赋予符号化和抽象化的诠释。人的生理本能一旦升华到抽象的具有意义的符号层面，本能就不再是一种无所羁绊的欲望释放和满足，而是受到抽象化符号的制约，这种符号化不再停留于个体层面，而是涉及共同体的所有成员，于是，作为符号化的表征的各种仪式，便作为一种集体庆典而出现，因此也有了共同的文化禁忌，进而衍生出人类社会一系列的制度。而人类社会制度存在的一个核心功能在于构建和区分人的角色，作为社会化的角色，实际上是关于人的一种身份的界定。自古至今，在不同的社会中，成人礼之所以生生不息、薪火相传，就在于它独具的抽象符号化的功能。通过符号化的仪式，个体才能获致为社会接纳的一种身份。美国学者默菲(Robert F. Murphy)认为，对个体来说，仪式的意义在于构造一种“过渡”，为该人进入到新的地位提供一种标志物。这种标志物构成与以前的区分和隔断，同时，也成为一种未来成人资格及一种新的生命转换和开端。

与传统及当代世界某些部落的“原始”成人仪式相比，文明世界的成人仪式的符号象征基本上脱离了它与身体间的联系，其更为本质的意蕴是社会身份，以象征性的替代物和仪式标志成人，从而赋予成人以某种资格，如法定公民资格的获得、允许结婚、选举、驾驶、饮酒等。在许多现代民族中，过去内容落后的、程序复杂的成人礼显然已不适合现代生活的要求。因此，被只具有象征意义的舞会和酒宴所代替。来宾在舞会和酒宴上向达到婚龄的青年男女祝贺一番，即完成了“成人礼”仪式。在另一些民族中，古老的带有体肤受折磨性质的所谓“考验型”的成人礼，同样被另一些形式代替。如，文身被“穿裙”或“穿裤”代替；凿齿、拔牙被“染齿”代替；油脂涂身被“洗浴”代替，等等。还有一些民族，将昔日的成人礼变成种种象征的节日。总之，象征性成人仪式不再具有一种源于自然的神秘力量的意味，而是作为社会化的结果或展示。

在日本，1948 年，政府规定每年的 1 月 15 日为成人节，2000 年起被调整为 1 月第二周的星期一，届时全国放假。这一天，凡满 20 岁的男女青年都要身穿节日盛装，参加各级政府为他们举办的成人仪式和庆祝活动。在仪式上，有长辈们殷切期望的话语，有青年代表发言感谢父母及学校、社会的养育之恩和培养之情以及未来如何报答的誓言。成人仪式气氛严肃而热烈，人人都为“长大成人”而兴奋不已。

在德国，成人仪式是一个由来已久的传统节日。在宗教和习俗里，年满 14 岁已是成人，要举行成人礼。如今，德国的成人仪式赋予了新的意义。每年的四五月份，全国年满 14 岁的少男少女穿戴一新，由家长、亲友陪同到当地的“文化之家”参加隆重的成人仪式。地方政府负责人或社会名流首先致辞，讲解成人对社会所担负的义务和享受的权利，勉励他们遵守社会公德，报效国家。之后，师长、亲友和低年级小朋友向他们表示祝贺，并赠送礼物和鲜花。最后，有关部门一般还组织一些活动，如与各界人士见面、旅游参观、参加音乐会等。

在当今的韩国，人们为了应对种种社会危机，发起寻根运动。作为其中一环，成年仪式开始复苏。由政府或社会团体规定“成年日”，每年由工作单位或学校举行成人仪式。成均馆则从象征与示范的角度选择成年日，再现传统冠礼仪式。

需要指出的是，并不是每个社会都有精心设计的青少年的成人仪式。没有特定仪式的社会则是通过其他方式来标识这个转折，所有从儿童到成人的转折都是由文化组织的。在美国不存在一种普遍的仪式，但特定的文化目标达成了许多特定程序，比如取得驾照的测验、加入女生联谊会或兄弟会，参加某项标准化考试（如 SAT）等，这些活动都具有类似于青少年成人仪式的某一方面特征。那些对成人仪式精心策划的社会，也在不断地修改他们的仪式，如在非洲社会中。庆祝成人的制度是动态可变的，它随着环境的改变不断作出调整。

三、国外成人仪式的教育功能

成人仪式作为民族文化的重要组成部分，它既是民族文化的外在表现形式和载体，也蕴含着多种教育功能，在对青少年进行公民教育、生命教育、生活教育、道德伦理教育以及宗教信仰教育等方面，都发挥着越来越重要的作用。

1. 公民教育

通过成人仪式进行公民教育或政治教育，是国外许多国家、部落开展成人仪式的重要意图之一。早在古希腊时期就有类似“成人礼”的仪式。斯巴达青年年满 18 岁，进入青年军事训练团，接受军事训练，20 岁后开赴边境驻扎，接受实战训练，到 30 岁才能通过成人的仪式，获得完全的公民身份。雅典 18～20 岁的青年，称为预备公民阶段，需进入青年军事训练团，手持一矛一盾到神庙宣誓：服从官吏，遵守法律，为国家利益而战。20 岁后，通过一定仪式，接受正式公民称号，获得完全的政治权利，并有资格步入正式的国家官吏行列。

法国著名社会学家迪尔凯姆在《教育与社会学》一书中指出：教育就是使一代青年有系统地实现社会化的过程。他认为，社会整合的根本出路就是要抑制自己过分的要求，个体要与社会群体目标一致，因为个体是群体中的一员，所以应充分恢复社会群体的稳定性，使其更有力地影响个体，使个体能感到自己与群体是密不可分的关系。他认为，应教育青年团体更加团结，因为集体在他之前，在他之后依然存在，并且在各方面包围着他。一旦知道这一点，他就不会在自身中寻找自己的活动目的，他就会懂得自身的意义，生活在他的眼中又获得了价值、意义和目的。①

成人仪式作为一种成人教育，作为对即将成人的未成年人所实施的教育活动，无论成人仪式采取何种形式，其基本宗旨就是使个体形成主体意识，权利和义务意识，民主、平等意识，遵纪守法意识和公德意识。从社会学角度讲，教育的一大功能就是促使个体进一步社会化。青年期社会化的目标是使青年获得社会的基本价值标准、社会规范，成为一个独立的社会

① 平章起. 成年仪式[M]. 天津：天津古籍出版社，2002，9～10.

成员，向社会期待的成年人角色过渡。成人仪式的举行，有助于青少年健康地步入成人社会，有利于强化个体的公民意识、法制意识、社会意识和国家意识，培养个体维权履责、服务奉献的公民精神。也必然有助于个体形成成人意识和社会责任感，加快他们的成人进程。美国公民教育之父贺拉斯·曼曾指出，建共和国易，造就共和公民难。这也许能揭示许多部落、民族和国家重视成人仪式的缘由。

2. 生命教育

教育要促进人的全面发展，就是要培育完满的生命，重视生命各方面品质的协调发展。国外成人仪式实质上透射出对个体生命的呵护与关爱。获得成人资格的前提首先是个体必然是一个充溢着生命活力的人，一个珍惜自己生命同时也尊重其他生命的人。个体基于对生命的珍爱和保护，他才自重、自爱、自强和自主，能够为自己的行为负责，为自己的理想奋斗，为自己的信仰献身，进而维护法律的尊严，体悟道德、伦理与习俗的意蕴和价值，自觉把自我的生命与共同体和国家的命运联系起来，并唤起内心深处的一种责任感、使命感和神圣感。所以，从某种意义上讲，成人仪式本身就是对个体精神和心灵的一次神圣洗礼，它不仅仅激发了即将成为社会公民的个体投身社会、报效国家的内在激情，同时也使其对生命的价值有了深层的理解。非洲成人仪式中的割礼、拔牙、凿牙、锯齿、木条穿鼻等形式，在残酷的背后包含着一条重要哲理：人生充满磨难，作为社会成员，将来要具备承受苦难的耐受力，善待生命。

3. 生活教育

著名人类学家冯·盖纳普认为，传统成人仪式过程的隔离、过渡、合并三部曲实质是锻炼个体生活能力并提高其生活适应性。宣誓时间大多依据季节气候等生活条件而定，活动场地则依据隔离、过渡、合并三部曲选择能体现生活考验的部落公共生活场所和“与世隔绝”的场所。①

生活知识的教育实质是指与日常生活密切相关的知识、技能以及品质的培养和锻炼，目的是使个体能够得到生活能力的锻炼、适应能力的提高等。其许多民族地区成人礼的内容大多是生活习俗、生活常识、生产经验和技能的传授，所以只有参加或举行过成人仪式的个体才会被生活视为具

---

① 钟年. 文化之道——文化人类学启示录[M]. 武汉：湖北人民出版社，1999，170～175.

有成人生活能力和地位的社会人。通过这种仪式,加强青少年自强自立意识,以提高他们处理各种事务的能力以及社会生活的本领。如前所述,国外成人仪式大多规定受礼者必须经受各种考验和严格的训练,旨在把男子培养成勇敢的战士、熟练的猎人、合格的部落成员;少女则接受相应的知识和技能培养,为未来生育和教养孩子、操持家务、从事成年妇女的职责做准备。整个过程是围绕着生活考验进行的。在非洲的许多地方,女孩子在成人仪式期间要学会如何做个贤惠的妻子,学会各种生活知识和礼节。基诺族男女在举行成人礼时,长老们需要为他们歌唱传统的生活习惯和“法规”,讲授生产过程和传授古老的生产经验,并告诉参加“成人礼”者如何谈恋爱等等。可见,成人仪式的过程就是围绕生活考验进行的,整个过程体现出生活教育的内容。

4. 道德伦理教育

各民族在长期的发展过程中,形成了各自独特的传统文化和生活方式,也形成了不同的道德传统、行为方式和准则。通过举办成人仪式使民族的道德传统得以展现和传承,青年人从本民族古老的文化中受到浸润与启迪,获得人生必需的道德规范和价值观念。比如,非洲各地的成人仪式大多强调老人在社会中的地位和作用,亦即强化着非洲黑人各社会的传统意识和传统道德规范:年龄是共同体区别分层的基础,尊重老人是社会生活的基本原则。通过成人仪式的年龄分组,强化了年长者在社会中的威望,从而形成一些社会习俗和规范,维系着部落的稳定。同时,隆重的成人仪式给走向成熟的人从心灵上烙上吃苦耐劳、乐观向上、友爱和共同努力的优良品质。

5. 宗教信仰教育

成人仪式作为一种社会习俗,与各民族的信仰之间存在着密切联系,它传承着部落或民族的宗教信仰或图腾崇拜。首先,成人仪式本身就是有信仰的生活。以割礼、鞭打、针刺、凿牙等方式证明成人的再生,这种仪式本身就是原始宗教的最初形式,是一种宗教伦理教育。所以,成人仪式必然会打上宗教文化的烙印。其次,在信奉宗教的民族中,成人仪式实际上是一种宗教性的仪式。届时请宗教中有威望的人择选吉日、主持及念经,以祭祀神灵和祖先。非洲各族都有自己的传统宗教,宗教活动与每个共同体的社会经济、文化息息相关,宗教活动成为维系传统社会的精神纽带。因此,成人仪式带有浓厚的宗教信仰的色彩,以期诸神、祖先的保佑,使年轻人平安、顺利的成长和生活。以色列的成人礼又称“受戒礼”，成人仪式在男孩子 13 岁、女孩 12 岁生日过后的第一个安息日（星期六）举行。那天起就算成人了，就要加入到成年教徒行列中，恪守犹太教义，对自己的行为负责。因此，在受戒礼上，受戒男孩会说：“今天我是一个男人”，而他的父亲则说：“感谢上帝，使我解脱了对这个孩子的罪应负的责任。”澳大利亚的阿拉巴纳部落举行成人仪式时，给男孩讲授图腾祖先的神圣传说和各种图腾信仰，并让他们观看神圣的图腾仪式。之后告诉男孩说，你现在不是男孩了，而是男子了。总之，传统宗教、宗教活动已经广泛渗透到社会生活以及每个人生活的各个方面，成人仪式成为传播宗教文化，对青少年进行宗教信仰教育的重要途径。

6. 历史和传统知识教育

成人礼与民族历史的教育是密切结合在一起的。通过成人礼，让受礼者获得传统文化知识，从而具有成年人的知识，顺利地告别童年而进入成年。许多民族的成人礼，在受礼期间，长者要向受礼者传授历史和传统知识，让受礼人了解自己部落的历史，诸如神话、传说，历史、习俗，等等。凡此种种的传授内容，都折射出作为民族文化形态之一的成人礼，具有浓厚的人生观、世界观的性质，起着一种文化传承的作用，成为青年接受民族传统文化、生产生活经验与知识的作用，同时也成为青年接受其教育的主要渠道。

7. 心理教育

青少年作为从儿童少年到成年的一个特殊过渡时期，在建立他们的成人身份以及在社会中的位置的过程中，面临着诸多心理的任务，能否成功而有效地处理青春面临的压力和挑战，将对今后的成年生活造成终身影响。成人礼的用意不仅是对个体生理发育期需要的认同，更是社会文化意义上的角色转换。成年礼实际上是把青年看做是文化适应的过程和成人社会伦理规范、价值内化的过程，是青年从完全依附的角色向社会承认的成人自律过渡的一种形式。成人礼为个体创设一定的氛围与条件，它不仅在个体的心理世界中加入了新的内容，同时也改变了个体心理的一些结构，使受礼人从一个新的角度来看待自己与群体的关系，唤起青少年实现个体的角色的重要转换。

此外，作为民族文化传承的一种载体，成人礼对民族文化特别是民族的共同心理素质产生极大影响。成人礼仪有助于树立民族意识，增强民族凝聚力,是影响社会凝聚力和民族认同感的重要因素。它通过规范社会,调适人与人的社会关系,使人们产生了巨大的民族认同感与凝聚力,使这一民族得以维系和生存发展。

当然,国外成人仪式的教育意义远非如上所述,它在诸如性教育等方面,同样发挥着积极作用。

四、日本"成人式"的现状及其评价①

笔者以日本三大报纸之一的《朝日新闻》的报道为中心,兼顾其他媒体和学术界的研究成果,对当今日本成人式的问题与现状做一粗浅的整理,并希望能借此引出对我国成人礼的一些启示。

1. 成人式、成人节、新成人

日本传统的成人式受中国的影响,在奈良、平安时代开始出现于宫廷之中并逐渐扩大到武士阶层。男子加冠,女子着裳、盘发,一般通称"元服",在 13~18 岁之间举行。在日本民间以男子具备一定体力、女子初潮或者被允许加入村内的青年组织等不同形式存在。而今天日本的成人节和普遍举行的成人式则起源于第二次世界大战之后,有着完全不同于传统成人式的寓意和形式。

1946 年 11 月 22 日,日本琦玉县蕨町(现"蕨市")②为了鼓励战败后复原归来但处于虚脱状态的年轻人,使他们看到希望和光明,以 1926 年到 1928 年出生的町内青年为对象,在当时蕨町青年团团长的提倡下,由蕨町政府和青年团共同举办了青年节活动。这个活动成为今天日本成人式的原型。

受蕨市青年节的影响,1948 年日本政府在颁布实施的节日法中规定了每年的小年——1 月 15 日为成人节,并对其做如下说明:"祝贺青年成为成年人并鼓励他们顽强生活下去的日子。"但当时,日本社会对成人节的关心

① 本部分由赴日本名古屋大学就读的教育学博士生武小燕根据对日本成人式的考察撰写.

② 在日本,"县"是相当于我国省级的行政单位,"市町村"规模不同,但同为最基层行政单位.

度很低。第一个成人节后的1949年1月16日，日本《读卖新闻》报道称："本来是为国民设立的节日，但从参加者到全体社会却对第一个成人节几乎毫不关心。人们不了解这个日子的意义及内容，只是把它当成一个能连休两天的日子而游玩欢乐。"直到1956年日本文部省(相当于我国教育部)发布通知，要求所有市町村都要在这一天举行祝福新成人的活动之后，成人节举办庆典、纪念活动的形式才逐渐在全国各市町村开展起来。①

1998年日本修改节日法，规定从2000年起每年1月的第二个星期一为成年节。因此，现在日本的成人式多在成人节当天或者头一天的周日举办。此外，为了方便在外求学、工作的年轻人参加家乡的成人式，也有少数地区在8月的盂兰盆节②或者1月1日到7日的新年期间等其他日子举办。

日本法定的成人年龄是20岁③。参加成人式的新成人，一般指从头一年1月16日到当年1月15日期间迎来20岁生日的人。但1998年修改之后，成人节成为一个不固定的日期，产生了头一年成人节时还是19岁，但第二年成人节已经21岁的现象。因此，近些年采取学龄方式的地方增多，并有取而代之的趋势。即把头一年4月2日到当年4月1日期间迎来20岁生日的人视作当年的新成人④。另外还有极少数地区采取把头一年1月1日到12月31日期间满20周岁的人视作新成人等其他标准。

2. 成人式的举办状况及新成人的参加状况

2001年日本文部科学省(日本文部省的现称)对2000年各地成人式的举行情况做了一次全国性调查。结果显示，2000年全国有新成人的市町村共3249个，其中举办了成人式的有3247个，只有2处由于新成人太少(一处4人、一处1人)而没有举办。举办日期、主办者及主要活动内容分别如表1、表2、表3所示⑤。

---

① 小针诚《"荒れる成人式"考》、《同志社女子大学学术研究年报》2005年，第56卷，119～127.

② 日本最重要的传统节日之一，人们会在这时回家乡扫墓、与家人团聚.

③ 日本法定婚龄为男满18岁周岁、女满16岁周岁。若20岁之前结婚，结婚时即被视为成人.

④ 日本的新学年始于每年4月1日.

⑤ 《平成12年度"成人式"实施状况调查结果》，引自日本文部科学省主页. http://www.mext.go.jp/b_menu/houdou/13/04/010420.htm(2008年7月10日阅览).

表 1

成人式举办日期	市町村数	比例
1月8日(成人节)	1402	43%
1月其他日期	1224	38%
8月	559	17%
其他月份	62	2%
合计	3247	100%

表 2

成人式主办者	市町村数	比例
A　市町村教育委员会单独举办	1015	31%
B　行政长官办公室单独举办	496	15%
C　A、B共同举办	1205	37%
D　行政部门和非行政团体共同举办	467	15%
E　其他(非行政团体)	64	2%
合计	3247	100%

注：D 中的非行政团体主要有：由新成人组成的执行委员会、青年团、妇女会、町会联合会、青少年健全培养委员会、公民馆联合会、自治会联合会等；E 中的非行政团体主要有：由新成人组成的执行委员会、青年团、小学校区自治振兴会等。

表 3

成人式主要活动内容	市町村数	比例
典礼	3081	95%
纪念照	2074	64%
文娱表演	1344	41%
与恩师聚会	474	15%
纪念演讲会	385	12%
纪念植树	173	5%

由此可见，在日本成人式已经成为政府主导、各地普遍举行的一种仪式，从表 2 中可以看出，政府参与主办的占到 98%；成人式多在 1 月份举行；其形式内容主要有典礼、纪念照、文娱表演等。

新成人的参加状况在此调查中没有提及。很遗憾笔者未能找到一个全国性的历年数据，但从以下数据中我们可以略见一斑。2005 年日本几个大城市的出席率为大阪 62.2%，横滨 66.0%，名古屋 74.2%，京都 54.5%，神户 62.2%，福冈 63.0%①；滋贺县 2003～2008 年分别为 70.0%、73.2%、72.1%、72.9%、74.1%②；仙台市 1998～2003 年依次为 52.4%、53.5%、52.1%、33.4%、45.9%、49.7%③。从中可以看出，日本各地新成人中参加成人式的比率存在一定差距，近些年基本在 5～7 成。

影响新成人参加率的因素很多，主要有经济状况、成人式的形式和内容以及青少年意识观念的转变等等。

3. 成人式的两大热点：选举与和服

日本成人式上有两大热点，同时也是两道风景。一个是会场四周炽热的选举宣传，一个是会场内女性新成人身上华美的和服。

在日本 20 岁成人起获得选举权，每年上百万新成人们手中的选票自然是政界争抢的一个焦点。每个党派都不惜余力的到成人式会场及四周做宣传。但获得选举权的新成人们并没有因此对政治表现出极大的热情。相反，年轻人的投票率低迷是日本政界长期以来比较头疼的一个问题。

华美的和服是成人式上另一道亮丽的风景。和服中最隆重的正装（日语称"振袖"）几乎成了每个女孩参加成人式的固定装束。一套"振袖"便宜的要二三十万日元，贵到要数百万日元（约折合人民币一两万到几十万），即使是租借也要数万日元不等。但由于成人式上穿和服已经成为一种风气，而且大多数家庭认为一辈子只有一次的庆典。如今，千篇一律的着装虽然时常被批评成是缺乏个性的象征，但不可否认，可以穿平时很少有机会穿的正装，以一副新面孔和同窗旧友见面，已经成为女性新成人们参加成人式的主要动机之一。

4. "模范成人式"的具体形式与内容④

下面，我们通过 2008 年大奖获得者石川县七尾市成人式的事例来了解一下当前日本"模范成人式"的具体形式与内容。2008 年七尾市的成人

---

① 大阪市市民局《青少年事业分析报告书》(2007 年 3 月)第 30 页，引自大阪市政府主页：http://www.city.osaka.jp/shimin/topics/pdf/070426_04.pdf.

② 引自滋贺县政府主页：http://www.pref.shiga.jp/hodo/e－shinbun/ma06/20071227.html.

③ 《仙台市成人式について》，引自仙台市教育委员会主页：http://www.city.sendai.jp/kyouiku/syougaku/seijin*sin*poi.html.

④ 本节参考新成人研究会网页.

式举行于 1 月 13 日，604 名新成人参加，参加率达到 95.2%。当天的具体内容如下表所示。

2008 年七尾市成人式的具体内容

第一部分：典礼	
新成人入场	在执行委员会安排的背景音乐中，新成人们在全体委员、来宾及家人的拍手中，由高中生志愿者举牌领队，按照学区依次进入会场。
执行委员会讲注意事项	典礼由执行委员会经过 6 个月的精心准备、多次协商调整而成，特此请会场的新成人们能协助典礼圆满进行。由 2 名执行委员担当典礼主持人。
宣布典礼开始	由 1 名执行委员宣布
齐唱国歌	全体新成人、来宾、家人等会场全员合唱
致词	七尾市长武元文平致词
祝辞・介绍来宾	市议会议长祝辞・县议会议长祝辞・介绍来宾
新成人发表决心宣言	由 2 名执行委员宣言"作为七尾市民，以家乡为自豪，与新成人们携手共建七尾、继承七尾的传统文化"。
合唱"市民之声"（七尾市市民宪章）	2 名执行委员祝愿"这是市町村合并后举行的第一个联合成人式。希望用我们成人们的团结努力创造出七尾富饶的未来，给更多的人带来幸福。"之后全场合唱。通过全场合唱，增强了会场的凝聚力并拉近了彼此的距离。
宣布典礼结束	由 1 名执行委员宣布
第二部分：纪念活动	
七尾曼达拉	七尾曼达拉保存协会、执行委员会全员表演七尾曼达拉（"七尾曼达拉"是一种远古以来被传唱的庆典歌，庄严而高雅。为了把七尾优秀的传统文化传达给会场的所有新成人，执行委员会全员在"七尾曼达拉保存协会"的指导下，经过 3 个月的努力练习后，向大家表演七尾曼达拉的歌曲和舞蹈。）
随机采访	舞台换场期间，采访会场的新成人，询问各自的想法和感受。
太鼓	由执行委员中的男士表演"二十岁的太鼓"（舞台背景上放映七尾传统节日的画面）

续前表

诵读来信	由2名执行委员诵读通过报纸、市政宣传募集来的民众来信。既有父母写给孩子的“祝贺之信”，也有孩子写给父母的“感激之信”，很好地表达出了新成人心中的“感恩之情”。
	（舞台背景上放映执行委员们儿童时期的照片）
神灯狂舞由	40名新成人扛起七尾市具有代表性的夏季传统活动“石崎神灯节”中的神灯，并同时狂舞。（再现七尾市3大传统活动之一的石崎町神灯节活动。新成人共同扛神灯可拉近彼此的距离、建立连带意识，再现活动表示了“传承”之意。）
执行委员长致词	向协助庆典的各方人士以及培育了新成人的父母们表示感谢。
三拍掌祝贺①	会场全员一起连拍三掌（会场里所有新成人成为一个团体，新成人之间的“连带感”得到加强。）
照相	按学区，各区新成人依次登台摄影留念。
庆典之外的风景	
各区公民馆祝贺会：典礼和纪念活动后提供给新成人们交流的场所。提供简单的饮料、食品等。	成人式参加者登记处：由七尾市各公民馆的工作人员负责成人式参加者的登记。充满“祝贺”、“谢谢”的声音，气氛非常融洽。
“新娘的门帘”展：在会场门口安排七尾传统的“新娘的门帘”展览，既装饰了会场又宣传了地方的传统文化。	纪念摄影处：用志愿者制作的插花作品和七尾地区传统嫁妆之一的“新娘的门帘”作为背景，开辟一处专供拍摄纪念照片的场所。
成人式除了本届执行委员会之外，还得到往年成人式执行委员会成员、各区公民馆工作人员、志愿者、和服穿着教室的老师、录像志愿者等100多人的支持。他们协助了成人式的策划、会场准备、登记、问询及仪式进展等工作，使庆典得以圆满结束。	

此仪式中蕴含了“连带”、“感谢”、“传承”三个主题。“连带”指珍惜和朋友、和当地人们的各种关系，仪式成为一个使所有到场的新成人都能感受到凝聚力的活动。“感谢”指向长期以来养育自己的父母、培养自己的老

① 在日本，庆典或聚会结束时，有全体参加人员一起连拍三次掌以祝贺圆满结束的习惯.

师、当地的人们以及故乡七尾表示感谢,今后作为一个成年人,自觉而努力为地方发展作出自己力所能及的贡献。“传承”指在七尾有很多值得自豪的民间庆典和工艺等传统文化,在成人仪式上让人们再次认识到传统文化的优秀和重要性,并使新成人们能怀着自豪感继承传统、开创未来,同时使庆典成为一个值得向其他地方提供经验的活动。另外,在此成人式策划和实施过程中还非常注重尊重青少年的主体性、培养他们的自立意识。

5. 评价与启示

成人式原本作为一种“过渡礼仪”(Rites of Passage)在不同社会、不同时期通过不同的形式赋予少年少女以成年人的资格,表示人生的一种转折。在日本,历史上通过“元服”或者民间的各种仪式,表示具备婚娶、参战、继承家产、参与成年人的社会活动等资格。而今天日本的成人式显然已经不具备这些意义。第二次世界大战后,日本一方面延续下“成人式”这个传统的仪式,一方面将它改造成一个政府主导、勉励青年克服苦难重振精神的庆典。而这种新的含义随着社会环境的变化也逐渐失去现实的意义,伴随而来的是成人式的形式化和内容的空洞化。新成人参加率的降低和成人式会场上秩序的混乱可以说是对这种状况的一种反抗。但是,成人式作为一种传统,作为当地社会和当地青年相互接触、传承历史寄托未来的一个最大的舞台,作为对和服界和美容界等产生商业影响从而具有一定经济价值的活动,它是很难被取消的。

今天,日本各方主要通过重视新成人的主体性来改善成人式,以一种更加平等的态度与新成人进行交流,并通过他们亲自参与成人式的策划主持及传统文化的亲和力使他们意识到自己应当肩负的责任。这里,我们要特别留意的是,日本的成年式上虽然能看到唱国歌的场面,但它更重视的是一种乡土教育而并非国家观念。重视培养对家乡传统文化、人物风情的热爱和建设家乡的使命感①。同时,和服虽被认为是日本人维护自己传统的象征,但成人式上的和服在日本并没有受到提倡,反而时常遭到批评。成人式上反映出的对传统文化的继承是以一种更加内敛的方式,通过新成

① 比如说下面这则事例也可以说明这一点。随着年轻人向大城市的流动,熊本县苍岳町为了吸引年轻人留下来,不惜在成年式上给留在町内工作的数名新成人赠送新加坡 5 日游的豪华纪念品。《成人式のお祝いはシンガポール旅行 熊本・倉岳町》,朝日新闻,1990 年 1 月 4 日.

人与参与成人式的当地各方人士共聚一堂从而获得广泛的来自于人的意识观念的交流以及对当地传统文化活动的关心与参与，从而获得一种更为内在的传承。

另一方面，随着传媒、市场的发展，成人的空间已经被日益地扩大到青少年的视野中，青少年与成人之间的界限越来越模糊。成人式不再具有表示某种人生转折的传统意义。在日本，成人的最大收获是获得选举权、可以吸烟喝酒等。但是前者对于对政治不感兴趣的人来说毫无意义，后者对于一些早已暗中尝试过的人来说也并没有新鲜感。因此，虽然不乏通过参加成人式获得更多责任感、使命感等成人意识的人，但人们对成人式的意义所在已经呈现出多元的看法，对“成人”本身也很难有一个确切的认识。

这两年，我国各地举办成人式的消息开始陆续见诸媒体报道，社会各界对此褒贬不一。笔者认为，最关键的问题在于对成人式的定位。即，成人式在我国的社会生活中应处于什么样的位置？是单纯的传统文化教育？还是激励青少年努力学习、工作以报效祖国的思想教育？亦或是一个集经济、教育、文化等各种因素为一体的载体？

从日本的现状来看，成人式更偏向于是一个综合因素的载体。在此，笔者认为日本成人式的现状可以为我们提供以下借鉴：第一，传统未必拘泥于照搬一身礼服、一个过场这种形式上的传统。更重要的是，在内容上注入当地的传统文化，比如皮影戏、地方戏、传统手工等，使青年人接近它们、熟悉它们进而喜爱它们、传承它们。也可以在新成人中举办各种民间艺术作品的征集活动，使传统文化真正地扎根于年青一代。第二，成人式可以和促进当地的经济发展有机地结合起来。成人式的参加方和举办方都会有所消费，这可以促进相关行业、相关市场的发展，从而保证一定的就职并使当地财政获得更多的税收。第三，成人式应注重新成人的主体性。提供一些能使新成人感受到成人意识的参与性或实践性活动，而不仅仅是被动地接受安排。第四，注重乡土观念的培养。这对于我国人才流动、经济发展的两极分化现象也许会起到一点抑制作用。

五、国外成人仪式教育对我国的启示

近年来,成人仪式教育活动在我国 16～18 岁青少年中陆续展开,已成为对在校中学生进行思想道德教育的一种有效形式,并被列入《爱国主义教育实施纲要》、《公民道德建设实施纲要》等文件中。在我国的一些城市中,组织 18 周岁的青年男女举行庄严的成人宣誓仪式,对他们进行内容丰富的"成人礼"教育,可以看做是对古时成人礼传统的创造性继承。它借用了古代成人仪式的形式,同时赋予新时代内容,是对广大青年进行爱国主义教育、普法教育、完善人格教育以及遵守社会公德教育的有效形式。通过严肃认真的仪式,使年轻人获得一种"成人"的意识,明确自己对社会的责任、义务;这种仪式增加人的成熟感,自律意识,并在庄重的气氛中,体味到人生的丰富内涵。因此,作为一种强化成人责任意识的手段,成人礼教育在促进青少年健康成长方面发挥着积极的作用。

然而,我国在实施成人礼教育过程中,暴露出不少问题,因此,有必要借鉴国外成人仪式的成功经验,改进和完善我国的成人仪式教育的内容、方式方法以及制度体系。

1. 在举行仪式中要发挥家庭的作用,增强亲和力

国外传统成人仪式主持和参与基本上是家庭、部落、教会等生活组织和亲人,如非洲一些地方的女子成人仪式,女子在隔离生活阶段结束后,由年长者陪同回归集体生活,父母为孩子"接风"祝贺。我国当下举行的成人仪式,除重视由共青团组织、学校主办,18 岁适龄青少年参加外,还要动员家长或亲人参加,这会使仪式具有亲和力,增强实效性。

2. 在内容上,成人仪式教育应兼顾政治教育与生活教育的均衡

我国目前开展的成人仪式教育主要包括公民意识教育、成人预备期志愿服务、成人预备期素质拓展训练,成人宣誓仪式几个环节。而在实施过程中,存在着公民教育片面化、泛政治化、理想化和绝对化等问题;宣誓仪式的宣誓词带有鲜明的政治教育特色,生活教育在仪式中被严重弱化。从国外成人仪式发展趋势看,成人仪式虽然正实现着由生活教育到政治教育的现代转变,但这种转变并非纯粹舍此取彼,而是促进两者之间的合理融合。因此,如何在日益政治化、法制化的现代社会和青少年日渐缺乏生活教育实践经验的情况下，寻找生活教育内容和提高政治教育的效果之间的平衡点，是今后我国成人仪式教育研究值得关注的课题。

3. 在类型上，成人仪式教育应多样化

国外成人仪式类型可以说五花八门，非洲国家成人仪式多属于标志型；发达国家的成人仪式多属于象征型，如日本、德国；有些属于考验型，如澳洲土著人和秘鲁。有些成人仪式男女有别，如多哥西部的一些部落。这些给我们的启示就是，成人仪式的设计和开展，既要充分考虑民族文化的传承、国家和地区政治经济发展的状况，也要重视青少年身心发展的规律和特点，采用形式多样的仪式类型和丰富多彩的内容，吸引青少年的注意力，做到统一性和灵活性的恰切结合。

4. 从效果上看，建议国家设立“成人节”

设定节日有助于引起社会对某一类群体或阶层的关注，从而达到所期待的效果，如改变群体生存状况、提升社会声誉、影响个体价值取向等等。设定节日还有助于促使青少年顺利“成人”，对个体本人的未来发展和社会的和谐稳定都至关重要。如前所及，日本、德国都设有成人的节日，英国政府也正在计划设立每年一度的成人节，为 18 岁青年纪念自己长大成人。这些国家的做法可供我们参考。

第 7 章　18 岁成人仪式教育中关注生命教育

根据生命教育理论，18 岁成人过程应被看做是青少年人生中一段重要的生命历程，是他们生命中有代表意义的构成部分。为此，在进行 18 岁成人仪式教育的整个活动中，应该关注并有机地进行生命教育，用以指导学生正确认识人的生命价值，以积极的人生态度面对生活，创造生命的意义和价值。从开展成人仪式教育的视角，主要做到以下五个方面。

一、学校应承担起生命教育的任务

从起源上讲，生命教育缘起于人们对自然生命的关注。但随着人们对生命教育的关注和研究，生命教育的内涵逐渐扩大。有的研究认为，人之生命有四重构建，即分为四个组成部分：自然生命、精神生命、价值生命、智慧生命。见下图：①

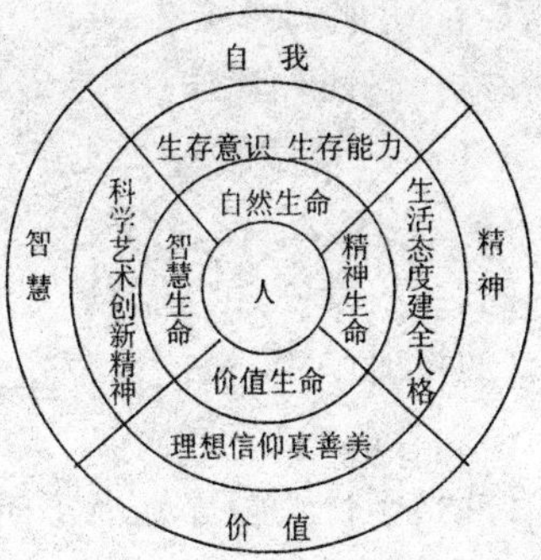

生命教育四重构建

① 王北生等. 生命的畅想：生命教育视阈拓展[M]. 北京：中国社会科学出版社，2004，6～7.

这四种生命体现出人的身体、心理、智慧、价值、道德的完整性和统一性，它们分别是生命系统的不同要素，随不同的人与时空组成不同的结构，发挥出有别的功能。这四种生命构成一个整体，人若离开任何一种，其生命就是不完整的，或是有缺憾的。

生命教育是唤醒生命意识、提高生存技能、提升生命质量的一种教育活动。从生命教育的视角看，18 岁成人仪式教育也是生命教育的重要组成部分。生命教育的任务可概括为：第一，生存意识与生存能力教育：开展身体与营养，健康与锻炼，安全与防范，认识自然与环境保护，抗挫折能力，忧患意识与苦难，体验等教育。第二，生活态度与健全人格培养：进行热爱生活，认识、尊重与关爱生命，与人沟通，自尊自信，健全人格，鲜明个性，敬业乐业的教育。第三，理想信仰与真善美培育：倡导崇高理想，坚定正确信仰，培育真之情感，善之人性，美之情操。第四，科学艺术与创新精神培养：具有科学与艺术素养的完美结合，学会用自然科学与社会科学“两个焦点”看事物，培养独立思考与批判精神，掌握科学与现代的方法论，具有较强的实践能力与创新精神。为此，在开展 18 岁成人仪式教育活动中，学校应该关注并进行生命教育。18 岁成人仪式教育的有关内容，如前所述“要着重抓好成人意识教育、生存技能教育和公民素质教育。成人意识教育要强调四种教育：独立意识教育、感恩教育、青春期性教育、文明礼仪教育。生存技能教育要注重四个学会，应着重关注学生的生活技能、劳动技能、服务技能和创造技能等方面的教育，使他们学会生存、学会合作、学会沟通、能够发展。公民素质教育要着力提高四种素质，公民素质教育主要侧重于心理素质、道德素质、法律素质和政治素质教育”，实际上也是生命教育强调的内容，只不过侧重点不一样。并且，学校通过生命教育的方式提高学生的素质，会有力地促成他们的“成人素质”的提高。

学校是实施生命教育的重要场所，学校教育是开展生命教育的主要方式。但是，现实中学校生命教育的内容、层次、形式等方面缺乏整体规划和系统构架，对学生身心发展的针对性、指导性尚不明确；对学生生存能力的培养，缺乏有效的操作性指导。因此，必须加强我国中小学生命教育的研究与实践，从而对学生进行全面、系统、科学的生命教育，引导其善待生命，帮助其完善人格、健康成长。

在这方面，上海市委市政府率先出台《关于加强和改进未成年人思想道德建设实施意见》，特别强调要加强未成年人的“生命教育”，并制定和出台《上海市中小学生命教育指导纲要》，对青少年进行生命起源、性别教育、青春期教育、心理健康教育和生存训练等方面的指导。开展“生命教育”的目的是让学生树立正确的生命观，培育对自己和对他人生命珍惜和尊重的态度，增强爱心和社会责任感，使学生在人格上获得健全发展。① 最近上海又出台了以科学性、实用性和参与性为特点的《上海大学生安全教育大纲》，将大学生安全教育计入学分，贯穿从入学到毕业整个培养过程，并相应配备师资、编写教材、完善考评。②

云南省2008年以生命教育、生存教育、生活教育为素质教育切入点，在全省实施“三生教育”，要求各地各校要按照文件要求，把“三生教育”列入必修课或限定选修课，开设“三生教育”课程，要保证学时，给予学分，真正使“三生教育”内容进教材、进课堂、进学生头脑，突出实践活动。③ 他们认为“三生教育”的内涵，就是通过教育的力量，使受教育者树立正确的生命观、生存观、生活观的主体认知和行为过程。生命教育是帮助学生认识生命、尊重生命、珍爱生命，促进学生主动、积极、健康地发展生命，提升生命质量，实现生命的意义和价值的教育。生存教育是帮助学生学习生存知识，掌握生存技能，保护生存环境，强化生存意志，把握生存规律，提高生存的适应能力和创造能力，树立正确生存观念的教育。生活教育是帮助学生了解生活常识，掌握生活技能，实践生活过程，获得生活体验，树立正确生活观念，确立正确的生活目标，养成良好生活习惯，追求个人、家庭、团体、民族和人类幸福生活的教育。④

这种以生命教育、生存教育、生活教育为素质教育切入点的做法值得肯定和提倡，是一种全面推进素质教育，真正以培养人为目标的做法。借鉴上海和云南的经验，我们可以在进行18岁成人仪式教育中加强生命教育的内容。

---

① http://learning.sohu.com/2004/05/31/74/article220327468.shtml.

② 沈祖芸.上海出台大学生安全教育大纲[N].中国教育报，2008－07－28.

③ 杨云慧.云南将在全省实施“三生教育”[N].中国教育报，2008－08－14.

④ 云南省教育厅:《生命教育、生存教育、生活教育论坛》资料汇编，第17～18页.

二、开展安全教育和健康教育

自然生命是人之生命的基本，是生命存在的物质载体和本能的存在方式，强健的体魄是生命的源泉，因此，自然生命的安全与防护，是学校生命教育的基本操守。在开展 18 岁成人仪式教育活动中，应该关注并进行以安全教育和健康教育为内容的教育。

第一，开展安全教育。近几年中小学安全事故频发的事实说明了开展安全教育的重要性。以 2006 年为例，全国各省、自治区、直辖市上报的各类安全事故中，事故灾难（溺水、交通、踩踏、一氧化碳中毒、房屋倒塌、意外事故）占 59%；社会安全事故（斗殴、校园伤害、自杀、住宅火灾）占 31%；自然灾害（洪水、龙卷风、地震、冰雹、暴雨、塌方）占 10%。其中，溺水占 31.25%，交通事故占 19.64%，斗殴占 10.71%，校园伤害占 14.29%，中毒占 2.68%，学生踩踏事故占 1.79%，自杀占 5.36%，房屋倒塌占 0.89%，自然灾害占 9.82%，其他意外事故占 3.57%。[①] 从这些数据可以看出，在安全事故中，事故灾难所占比例最多，其中又突出表现为溺水、交通事故等。据《大河报》最新提醒“一组令人痛心的数据”：暑假学生死亡的人数，70% 以上都是由溺水造成的。就在近几天，河南商丘、开封等地又发生了多起学生溺水事件，9 个鲜活的生命永远地去了。[②] 教育部也就近期在几个省发生的 6 起中小学溺水身亡事故发出通报，要求“各地教育行政部门和中小学校要切实提高学生的安全意识和家长的监护人责任意识，坚决避免中小学生因擅自下水游泳玩耍和盲目施救等原因导致的溺水身亡”[③]。这些事故多发生在无成人监管的上下学路上和江河水库、公路，由此可见，中小学生因安全意识较弱，缺乏安全防范意识，离开成人的监护就容易发生灾害性事故。为避免这些事故的发生，必须加强对学生进行生命教育，使他们尊重并珍爱自然生命。

---

① 2006 年全国中小学安全事故总体形势分析报告[N]. 中国教育报，2007－03－22.

② 本报记者. 让你的孩子远离“夏季杀手”[N]. 大河报，2011－06－13.

③ 本报记者. 提高安全意识，避免溺水事故[N]. 中国教育报，2011－06－14.

实际上，在日常生活中，随处都有不安全的因素或隐患，会危害、甚至夺去人的自然生命。现代社会是一个充满机遇的社会，也是一个充满风险的社会，我们教育学生既要树立安全意识，还要学会一些安全知识，学会一些自救技巧。在遭遇不测时，能够最大限度地降低危险和伤害。在灾难面前，生命是渺小的、脆弱的，对孩子来说尤其如此，成人的保护、监护显得非常重要，但是更重要的是教给孩子安全自救的技巧。学校担负着教会学生遇到危险事故如何保护生命、如何尽可能地避免灾难性事故的发生等责任。我们不仅告诉孩子不要到危险的地方去，而且更要告诉孩子如果遇到危险环境如何自救，告诉孩子如何应对危险情景比劝诫孩子远离危险更有价值。因此，教育理应选择更有价值的内容教给孩子，为孩子的生命创设安全的生存环境。“一种不懂得保护学生生命的教育，无论在其他方面怎么取得成功，也绝不是成功的教育。由此而生成的社会也必定是漠视人的生命的社会”①。

为此，学校应承担起呵护学生人身安全的重任。教育中必须关注学生的人身安全，防止每年出现的交通、溺水等事故夺去学生鲜活的生命；防止每年发生的危房倒塌、踩踏等事故造成一些学生的伤亡。

第二，开展健康教育。健康教育包括身体和心理健康，预防疾病和药品使用，意外事故的预防和安全，环境健康和家庭生活健康等。我国青少年中出现的如近视现象、肥胖儿童、体育不达标、学生身体素质的下降等，都是健康问题，都将影响学生的学习生活，甚至会危及学生的生命发展。因此，学校必须担负起学生健康教育的责任，给学生一个强健的体魄。尤其是目前学生在升学压力下出现一些心理问题，如恐慌、考试焦虑等现象严重影响着学生的心理健康，导致部分中小学生出现了大量的心理疾病，这提醒我们必须重视学生的心理健康教育。学校教育必须担负起疏导学生心理的任务，引导学生学会合理宣泄压力，及时调整心情，拥有一种明朗、健康、积极、和谐的心态，从而培养学生良好的心理品质，即健康向上的情绪，坚定顽强的意志，良好的性格，和谐的人际关系，鲜明的个性特征。

在这一问题上，我们可借鉴国外如美国的经验，开展以健康教育为内容的教育。美国对健康教育极为重视，他们以开设选修课的方式加强健康

① 刘德华．让教育焕发生命的价值[M]．桂林：广西师范大学出版社，2003，9.

教育，他们的做法对我们有重要的启发意义，见下表①。

美国中学健康教育内容

中学健康教育的 9 个方面	具体的健康教育内容
身体健康	身体健康和终生体育活动、心血管健康、睡眠、休息、消遣、娱乐、成长与发展、营养、口腔卫生、视力与听力、疾病的预防与控制、安全、身体生理系统及其功能、衰老、面对死亡与临终
心理和感情健康	积极的自我概念、个性、感情的稳定性、责任感、动机、自立、心理失调、处理压力、心理健康服务
预防和控制疾病	早期科学家的贡献、疾病的原因、预防措施、慢性病、退化性疾病免疫、身体健康策略、社区的努力
营养	食物的选择、食物中的营养成分、影响选择的因素、个人必需的营养、对营养的质疑、食品的供应与保护制度、消费者的保护制度
药品的使用和滥用	药品使用的私人目的、个人的责任、药物对人类的益处、对药物作用的归类、习惯是怎样形成的、习惯怎样影响健康、对烟酒和毒品的使用和滥用、治疗与恢复计划、尊重自我与他人
意外事故的预防和安全	对安全的态度、意外事故的发生原因、家庭和学校安全、交通安全(汽车、自行车和校车)、火灾预防、生存教育、环境危险、意外事故预防、潜在的危险、急救和紧急事件的健康护理、安全工作人员及其资源和机构、个人安全预防、娱乐安全、工作安全、安全规章、法律和法令

① 王定功. 青少年生命教育国际观察[M]. 上海：上海交通大学出版社，2011，20.

续前表

社区健康	个人的责任感、健康的学校、家庭的社区环境、社区的健康资源和设施、官方和非官方的健康机构、健康服务职业、人口控制、自然灾害、共建社区的健康计划
环境健康	环境污染、环境对健康的作用(辐射、污染)、环保机构、人口密度、世界健康
家庭生活健康	家庭的组成与角色、生命的周期(成长与发展)、生殖过程、遗传婚姻、选择一个和谐的生活伴侣、家庭关系、为人父母

借鉴美国健康教育的经验,我们的学校教育也应该制定相应的规章制度,开设相关的课程或讲座,并与家庭、社会资源相结合,对学生进行包括安全教育在内的健康教育,使学生掌握有关的知识,并养成良好的习惯。

三、引导学生全面发展并关注生命个体

教育的根本任务在于引导学生全面发展,做到全面发展打基础,发展特长育人才,在学生知识的增加和智力的提升过程中培育学生生命的个性化舒展和生命的健康成长。胡锦涛总书记 2011 年 4 月 24 日在庆祝清华大学 100 周年大会上发表的重要讲话中对青年学生提出三点希望,其中第三点提出了"希望青年学生保持个性、彰显本色"。他指出:要把全面发展和个性发展紧密结合起来,要坚持德才兼备、全面发展的基本要求,在发展个人兴趣专长和开发优势潜能的过程中,在正确处理个人、集体、社会关系的基础上保持个性、彰显本色,实现思想成长、学业进步、身心健康有机结合,在德智体美相互促进、有机融合中实现全面发展,努力成为可堪大用、能负重任的栋梁之才。胡锦涛总书记在这个特殊的场合提出"青年学生保持个性、彰显本色"的希望,为我们教育改革提出了明确的要求。

然而,长期以来,我们的教育制度实行的是"大一统"的工业化生产线,标准化培养模式,同样的教学目的、同样的教学内容、同样的教学方法、同样的教学过程,注重整齐划一、一刀切、齐步走,结果造成千校一面、千人一

面,造就了同一模式培养同样规格的学生。这种教育模式忽视了每个学生的不同需要,扼杀了不同学生的个性、特长,压制了学生对某些领域的兴趣,禁锢了学生对某些学科的探索。多姿多态、五光十色的个人最终被"加工"成"清一色"的人。统一的课程、教法、作业、制度淹没了丰富多彩的个性,使人没有了生机和活力。

所谓个性,是指一个人在思想、性格、品质、意志、情感、态度等方面不同于其他人的特质。每个人原本都应具有鲜明的个性和特点。教育理应在强调全面发展的基础上鼓励学生保持个性,并创造条件激发学生的个性,如此才能培养出杰出人才、拔尖人才、优秀人才。而我们教育的现实却是压抑学生的个性现象普遍存在。正如巴西教育家保罗·弗莱雷曾对传统的课堂教学的基本面貌进行的生动描绘:教师教,学生被教;教师无所不知,学生一无所知;教师思考,学生被考虑;教师讲,学生温顺地听;教师制定纪律,学生遵守纪律;教师作出选择并将选择强加于学生,学生唯命是从;教师作出行动,学生则幻想通过教师的行动而行动;教师选择学习内容,学生(没人征求意见)适应学习内容;教师把自己作为学生自由的对立面而建立起来的专业权威与知识权威混为一谈;教师是学习过程的主体,而学生只纯粹是客体。

下面这个案例需要反思我们的教育培养方法,如何做到引导学生全面发展,同时重视每一个生命个体,变控制压抑个性为保持个性、发挥特长的教育。

"水泥脑袋"出国成动画天才①

8年前,王楠子还是上海某初中的初二学生,他所在的班级当时集中了华师大教工的子女。而同样是教工子女的王楠子却由于上课爱讲话,对读书渐失兴趣,成为老师心中标准的差生。出于无奈,王恩重在儿子14岁时把他送到了美国。"那时候只是盼着他能不再惹麻烦,把书读下去就行。"王恩重说。

昨天,在华师大校园里,回国探亲的王楠子提起在上海的学生时光,还是感慨颇多。王楠子回忆说,自己当初在上海某所初中的初二提高班就

① 俞立严.差生出国变身动画天才,其父质疑教育体制[N].东方早报,2006-09-25.

读。起初,成绩还是全年级前20名,但是,由于他调皮叛逆的性格,逐渐成为老师最头疼的学生,屡教不改的他甚至被班主任老师安排一个人坐在教室里的最后一排。"当时总觉得班级是分等级的,我始终是差生。"王楠子说。

王楠子曾经的同学、现在NEC上海工作的邬成泽证实了上述说法。他介绍,王楠子当年的确属于差生,虽然同学都觉得他很聪明,人缘也很好,但是却"经常闯祸","被老师重点关照"。主要表现为,上课爱接小茬,爱开玩笑,课外爱踢足球。一个极端的例子是,一次老师把体育活动课改成正课上,王楠子带头当堂起哄,当时连老师也没法控制气氛。

王楠子的成绩每况愈下,最后每门课都只有七八十分,班干部被撤销,成了真正的差生。"我最后已经干脆放弃学习了。"王楠子说。而王恩重回忆说,自己那时心急如焚,但训斥也无济于事。最后,无奈的父亲不得已把孩子送到美国继续求学。

如今的王楠子今非昔比,身高一米八的他,如今是费城艺术学院的大四学生并屡获奖学金,通过在动画领域的开拓,他已在美国贷款买好了一幢三层小楼,最近,他还在SAYTEK全美动画比赛中获得个人组冠军的荣誉。

"他在学习上有很明显的主次之分。他把主要的时间都放在三维动画专业课上,我认为这是他成功的关键,我们也开始效仿他这么做。"费城艺术学院的美国学生KevinHill说,如今王楠子已经成为该校动画专业最出色的学生,每天都为学习和工作忙碌。

对于这样的转变,王楠子表示,除了基础还可以外,学校氛围和老师对学生态度的截然不同是很重要的原因。他说,接茬、开玩笑、迷恋运动等等是王楠子过去的致命缺点,根本不属于美国老师批评学生的原因,相反是受到鼓励的。在美国,他从未受到过老师的批评。最突出的例子是,一次他像过去在国内一样插嘴,当堂纠正了美国中学老师的一个错误,没想到,老师当场就说:你真是个天才。"太受鼓励了。"王楠子感叹,正是那些记忆犹新的鼓励促使他真正开始自觉地学习和奋斗,使他开始彻底摆脱了原来差生的自卑心理。

与此同时,拉小提琴、踢足球等技能使王楠子在学校立刻就受到重视。"原来这里的音乐老师都不理会我会拉小提琴,但在美国,一得知我会拉琴老师就立刻让加入了管弦乐团。"王楠子说。

从上述案例分析不难看出，被作为上海某中学一个标准的“差生”的王楠子，因性格叛逆，上课爱接小茬，爱开玩笑，课外爱踢足球，而被老师“重点关照”，无奈之下赴美读书；8 年后，大四学生王楠子成了全美动画比赛个人组冠军，被老师表扬是个天才。两种截然不同的结果，促使他的父亲向国内教育现状发难：是我们教育中的问题把许多本应成材的孩子弄成了水泥脑袋。没想到中国的“标准的差生”到美国居然成为“天才”。当然，王楠子个体的成功并不能说明美国的教育相对于我们的教育都是成功的。但我们应该反思：孩子的可塑性很大，关键在学校和老师如何培养。由于美国老师给他提供了适合其发展特点和需要的教育形式和机会，并夸奖王楠子是天才，这种教育的赏识和激励使他积极努力，发挥出自身的主动性和潜质，成为真正的天才。然而，我们的教育恰恰缺少这种以天才的观念和心态看待与鼓励孩子的教育理念。一些与众不同、性格叛逆的孩子，在整齐划一的教育模式下，其不务正业以及与众不同的处世方式，常常遭到包括教师在内的成人的曲解，认为他们比一般孩子咄咄逼人或不讲道理，往往成为不受欢迎的另类。对比之下，我们那种典型的修草坪式的教育，不知道修没了多少孩子的棱角、天分及个性；我们那种以成绩论英雄的激励机制，往往使得少数学生得到重视；我们那种“填鸭式”的应试教育，用铺天盖地的试卷训练学生，这种“应试教育”的培养模式该改革了。

从教育学的观点看，每个学生都有优点和缺点，都有消极面和积极面，只是在某种适合的条件下，积极因素和优点才发挥了出来。如有人操作电脑时键指如飞，有人能用纯正标准的英语朗读课文，有人可在联欢会上一展歌喉，有人可在运动场上“大出风头”，有人能在报刊上“侃侃而谈”等。但学生优势的发挥，需要教育者为其提供适宜的条件和激励。“每个人之间有所不同，即都有其自我独特性，具有不可重复和不可取代的唯一性，这种自我独特性或唯一性是每个人得以存在的根据和理由，因而每个人有其个人价值的理由和根据”①。我们应鼓励每一个学生都充分发展自己的特色，在全面发展的基础上，做到发展特长培育人才。

“世界上没有完全相同的两片叶子”。教育是直面人的生命，就是要承认和尊重生命的独特性，为生命独特性的实现创造条件。一个人不同于另

① 韩庆祥，邹诗鹏.人学——人的问题的当代阐释[M].昆明：云南人民出版社，2001,290.

一个人，一个学生不同于另一个学生，每个学生都是一个独特的生命体。这里所说的个性显然不是心理学意义上的概念，而是指学生的生命独特性。每个人都有各自独到的潜力和价值，只要得到充分发挥和施展，都可以获得辉煌和成功。教育就是要在每一个个体独特生命的基础上促进他们的成长、发展和完善，而不是去遏制、压抑和扼杀这种生命的独特性。可见正视生命差异，彰显生命个性，应该是我们应思考和坚持的教育原则。

四、教育学生直面人生做生活的强者

人生不如意事十之八九，人生肯定要经历坎坷与磨难甚至是生与死的考验与历练，这是人生的常态。因此，在进行 18 岁成人仪式教育时教育学生正确面对人生的磨难，树立积极、达观的人生态度，做生活的强者是我们必须坚守的信念。

首先，教育学生学会直面人生，能够承受挫折，进行“挫折教育”。挫折是人生中经常遇到的事情，与我们每个人的生活关系密切。综观人的一生，人们会经常遇到各种各样的烦恼和大大小小的困难与挫折，会有生活上的、事业上的、学业上的、家庭方面、婚姻爱情方面、亲情、友情等诸方面的困扰，人生就是在不断艰难的抉择中，在与困难、挫折、磨难、痛苦做斗争的过程中走向成熟，体味人生的幸福与快乐，体验人生的意义与价值的。中小学生出现的离家出走、自杀等问题，有许多是缺乏挫折承受能力造成的。那么，怎样看待挫折、客观分析造成挫折的原因，怎样通过乐观向上的人生态度、顽强的意志、高度的自信心、自我宽容、调整目标等提高承受挫折的能力，做到百折不挠、挫而不折就成了中小学生命教育的重要任务。因此，教育学生树立积极达观的人生态度，培养良好的心理素质，树立做生活的强者的坚定信念，只有这样，才能战胜人生经历的各种困难，承受人生的挫折，取得一个个胜利。

其次，教育学生学会接纳自我。人无完人，人的有限性和局限性决定了人是有缺点的存在，不可能是完美无瑕、没有缺点的人；人有缺点正如人人有优点一样，都是正常的。有些学生总认为自己有缺点，从而产生自卑心理，不善于接纳自己。其实，有缺点并不可怕，关键是改正缺点，人正是在不断克服缺点的过程中不断走向成熟与完善，人正是在不断与自我做斗争的过程中走完人生的历程，实现人生的意义与价值。可见，有缺点是一件很正常的事情，关键是要树立正确对待自己缺点的态度。为此，教育学生做到：对缺点不恐惧，不逃避，正确面对，认真克服，化劣势为优势，学会接纳自我。

最后，教育学生学会超越自我。人是一个有限的存在，是一个能够清醒地意识到自己的存在，同时又不甘于在自己局限面前不作为的存在，这就决定着人要坚定人生的信仰，追求精神的意义与价值，学会超越自我：即超越小我的存在，在关爱他人、关心社会、呵护自然的生命实践中实现大我的人生价值；超越挫折与苦难，在与人生的种种不幸做抗争的过程中体味、拓展、提升人生的意义与价值；超越时空的限制，通过追求思想之深刻、人格之高尚、精神之高贵、境界之高远等途径，通过“立功，立德，立言”等方式使生命得以延续，使价值得以拓展，使人生意义得以更好地实现。

五、加强社会的规范与引导

在信息化时代，开放的社会形态会使各种社会因素穿透学校的围墙，尤其是各种大众传播媒介对学生在获取信息、知识和形成核心价值观的过程中，产生越来越广泛而深刻的影响。为此，我们应将大众传播媒介建设成为开展生命教育的重要阵地。如充分利用报纸、杂志、书籍、广播、电视、电影以及互联网等，向学生传递各种不同的生命教育的正面的教育信息，形成一种社会重视生命教育的舆论氛围，以此来更好地保障生命教育的开展。

为此要做到规范网吧管理，整治低俗网站，开放社会资源三个方面。

第一，净化互联网，规范网吧管理。这对青少年全面健康发展有很积极的意义。网络的触角已经伸向社会的方方面面、角角落落，其普及化与日常化使其成为影响学生思想和生活的重要社会传媒。虽然网络给人们的生活带来了便捷，开阔了学生的视野，但因为缺乏识别力，学生也会受到网络的迷惑和引诱，有的沉迷于网络游戏不能自拔，有的轻信网络上当受骗，还有的甚至走上网络犯罪的歧途。面对这种现状，教育必须引导学生，提高他们的识别能力，尽可能地规避网络中的不安全因素，使学生能正确地使用网络，在网络中健康自由地遨游。为此，我们应当强化《互联网上网服务营业场所管理条例》的落实，严格执行未成年人不得进入营业性网吧，中小学校周围按规定内不得设置网吧的规定。青少年上网吧进入不健康网站，一个很重要的原因是因为没有喜闻乐见的网站内容可以吸引他们，因此建议启用更多的绿色网站过滤那些不健康的内容，并在教育资源的软件开发上下工夫，将一些精彩的青少年电视节目搬到网上。在内容上留住青少年，比单纯的“堵”、“禁”更为治本。利用网络学习知识是一件好事，学校也应该提供更健康、更便利的网络环境，为青少年创建更多健康的绿色网吧。

第二，整治低俗网站，消除青少年生命成长中的绊脚石。网上低俗之风泛滥，严重危害广大青少年的身心健康，直接危害人民群众的切身利益；网上低俗信息不仅有悖于社会公德，而且违背了《中华人民共和国未成年人保护法》、《中华人民共和国妇女权益保障法》、《全国人民代表大会常务委员会关于维护互联网安全的决定》、《互联网新闻信息服务管理办法》等法律法规和行业规范。为此，国务院新闻办、工业和信息化部、公安部、文化部、工商总局、广电总局、新闻出版总署等部门多次部署在全国开展整治互联网低俗之风专项行动。专项行动以遏制网上低俗之风蔓延，进一步净化网络文化环境。

国内的互联网市场应该为青少年开辟出一片健康、纯净、积极向上的空间，满足他们学习、娱乐、成长、社交的多方位需求。如有儿童专家认为，儿童网络产品设计最关键的就在于要从儿童心智出发，符合儿童的智力、心理、生活需求：一是，满足孩子爱玩的天性，给孩子带来快乐；二是，承担一定的教育功能，弥补传统教育单向传导填鸭式的不足，重视通过互动和参与的方式实现对儿童习惯、价值观的养成和想象力与创造力的开发，在玩中学，真正寓教于乐；三是，以各项技术手段保障儿童的上网安全。

第三，开放社会资源，开展生命教育。社会拥有丰富的教育资源，生命教育应该积极开发社会教育资源。重视和加强图书馆、博物馆、科技馆、文化馆、影剧院等群众性文化事业的建设。各级各类博物馆、爱国主义教育基地、科技园等社会教育场所应该为青少年学生开放。整合开发、利用社会特有的地域资源、人文资源、科技资源和新闻媒体资源，能够丰富未成年人思想道德教育和生命教育。采取加大社会物力、财力投入等一系列措施来强化生命教育，力争使全社会都积极参与到开展生命教育的活动中，以此来促进我国生命教育的发展。

第 8 章　教育改革应加强 18 岁成人仪式教育的研究与实践

18 岁成人仪式教育作为一种新的教育方式，不仅仅是一种外在形式的表达，而且负载着丰富的文化内涵和深远的教育意义，其在实践中的深入开展不仅对促进青少年的健康发展、激发青少年的成人意识起着不可忽视的重要作用，而且对深化教育改革、促进和谐社会建设有着非常重要的意义。而当前的教育改革在 18 岁成人仪式教育方面的研究和实践却很薄弱，截至 2006 年，在“中国期刊全文数据库”上搜索“18 岁成人仪式教育”为题目的论文仅有 3 篇①，当然涉及成人仪式或成人礼的论文还有一些，18 岁成人仪式教育的普及程度和开展效果也不甚理想。鉴于教育改革的巨大影响和 18 岁成人仪式教育在学生成长过程中的重要作用，笔者认为当前正在进行的教育改革应加强 18 岁成人仪式教育的研究与实践。

一、学校教育应把 18 岁成人仪式教育纳入其中

由于在校学生是 18 岁成人仪式教育的主要对象，所以学校是开展 18 岁成人仪式教育和实施的主阵地。18 岁成人仪式教育的开展与普及要求学校教育把 18 岁成人仪式教育纳入其中，使学校成为 18 岁成人仪式教育理论研究和实践开展的主阵地，使 18 岁成人仪式教育成为学校教育的一个重要组成部分，使即将走向成年的这一群体都能受到系统、优质、高效的成人仪式教育，使 18 岁成人仪式教育不仅在他们的脑海中留下美好的回

① 3 篇论文是：高昕：为未来着笔——如何开展十八岁成人仪式教育活动，《考试周刊》2007，(4). 张云：教育首先要培养“健康人”——论 18 岁成人仪式教育活动的意义，《上海青年管理干部学院学报》2006，(1). 王松山：深化 18 岁成人仪式教育活动的思考，《中国青年研究》2003，(4).

忆，而且为他们顺利步入成人社会、迈出人生关键的一步奠定坚实的基础。

1. 提升对 18 岁成人仪式教育重要性的认识，使学校成为研究和探索的主阵地

18 岁成人仪式教育以“树立成人意识，明确社会责任，增强爱国情感，争做‘四有’新人”为主题，有针对性、有步骤地进行教育，一般包括四个环节。18 岁成人仪式教育对于学生成人意识的确立、道德品质的提高乃至一生的发展有着非常重要的意义和作用。实践证明：一些 18 岁成人仪式教育做得好的学校对青少年的影响非常大，超乎学校、家长、老师和孩子本人的想象。因此，笔者认为：鉴于 18 岁成人仪式教育的重要性和其普及性、受重视程度的欠缺，学校作为教育系统中一个重要的组织和实施机构，要从促进学生长远发展和深化素质教育改革的角度提高对 18 岁成人仪式教育重要性的认识，积极开展相关理论方面的研究，自觉开展 18 岁成人仪式教育，扎实做好 18 岁成人仪式教育的普及和实施工作，使 18 岁成人仪式教育成为学生受益面大、受欢迎程度高的重要的教育活动，使学校成为 18 岁成人仪式教育研究和实践探索的主阵地，促进理论研究和实践探索的不断拓展。

2. 坚持形式与内容相结合，使 18 岁成人仪式教育成为学校工作的一项重要内容

18 岁成人仪式教育在学校中能否得到有序开展和有效实施，除了认识方面的原因之外，还取决于学校是否真正能够把 18 岁成人仪式教育作为学校的一项重要工作，是否选择合理的内容、采用恰当的形式来呈现和实施 18 岁成人仪式教育。从国际上看，许多国家都很看重中学生成人这个环节，不少国家、民族专门设有成人节。从我国历史上看，对成人这一环节也是很看重的，古时候就有“加冠礼”，可以说，这也是我们传统文化的一个重要组成部分。但很长一段时间以来，我们忽视了对做人、成人的教育，而孤立地抓思想政治教育，单纯地抓成才教育，导致了学生成人意识不强、社会化程度不高、社会责任感低下等问题。这在一定程度上可以归结为 18 岁成人仪式教育内容在学校教育的缺失或乏力，因此，18 岁成人仪式教育在内容的选择上不仅应体现出丰富的文化内涵而且还应秉承现代教育理念，在继承传统文化成人仪式教育的精华的基础上吸纳现代教育元素，不断创新，不断丰富和充实其内容，加快 18 岁成人教育的系统化、规范化进程。在方法上应根据学生的心理发展特点、遵循教育规律，既要有原则性又要有一定的灵活性,体现青年人的特点。

3. 在统一规定下采取灵活多样的形式,确保18岁成人仪式教育的有效实施

18岁成人仪式教育要在学校教育中得以有效实施,必须得到广大学生内心的认同和支持,这就要求在进行18岁成人仪式教育的时候应符合学生的生理、心理和思想认识发展的特点,符合当地的实际,充分考虑当地的风俗民情,吸取和借鉴传统成人礼、成人仪式教育等优秀文化传统,同时汲取国内外18岁成人仪式教育的宝贵经验,充分考虑到学生时间、空间、精力等方面的因素,采用灵活多样的形式确保18岁成人仪式教育的有效实施,确保18岁成人仪式教育不仅仅是一个“仪式”、一个形式,更应负载着丰富的文化内涵、深刻的教育意义;使其真正触动学生的灵魂深处,促进其精神成长,对学生产生更持久的教育影响;使其成为历史与现代、继承与创新、国内与国际、个体与社会联系与发展的一个纽带,从而使18岁成人仪式教育在学生的认同和积极参与下更有效地开展,使18岁成人仪式教育成为学校的一项重要工作,并与学校教育其他工作相互配合、相互渗透、相互促进,真正把18岁成人仪式教育落到实处,真正让18岁成人仪式教育广泛开展、深入人心、取得实效。

二、教育改革中应加快18岁成人仪式教育相关政策的制定

由于受应试教育的影响和消费文化、功利主义思潮的侵袭,社会、学校、家长、学生对18岁成人仪式教育的重要性的认识程度还需要进一步提升。“一些人把这项活动仅仅看成是一个单纯的宣誓仪式,没有把它上升到是对中学生进行思想道德与公民素质教育的高度,没有上升到是中学生参与道德实践有效方式的高度,从而对活动的重要性认识不到位,支持力度不大”①。尽管一些学校比较重视18岁成人仪式教育,但大多数学校还没有也不打算把18岁成人仪式教育提上议事日程,由于受应试教育、功利化思潮、工具理性、狭隘的政绩观的影响,他们担心18岁成人仪式教育活

① 王松山,郭舒,刘岩.深化18岁成人仪式教育活动的思考[N].中国青年研究,2003,(4).

动会影响教育质量，尤其会影响他们学校的升学率，因为进行 18 岁成人仪式教育毕竟需要进行时间、精力、人力、物力等方面的前期酝酿和投入，他们担心这样会扰乱学校正常的教育教学秩序，会影响教师的教学和学生的学习。作为家长和学生本人来说，在应试文化的冲击下，他们最看重的往往是考试的分数、考试的名次，将来能否考上一个好的大学、找一个理想的工作对他们来说才是最重要的，至于在 18 岁时能否树立成人意识、能否更全面地发展那是考上大学以后的事情。这种狭隘的观念还相当普遍，而要彻底改变这种观念是很难的。因此 18 岁成人仪式教育仅仅依靠民间的力量、仅仅依靠媒体的宣传、仅仅依靠教育主体的自觉等方式开展、普及是很缓慢的，也是不深入的，对学生的影响也是很有限的。因此，18 岁成人仪式教育的开展、普及、有效实施必须借助政府的力量，依靠政策和法制的力量强力推进、高效实施。

1. 把 18 岁成人仪式教育纳入到法制化的建设轨道

教育改革应填补 18 岁成人仪式教育在政策制定方面的空白，改变 18 岁成人仪式教育实施的各地自发的状态，切实制定实施 18 岁成人仪式教育的相关政策，使 18 岁成人仪式教育的实施正常化、规范化、制度化。因此，建议把实施、推进、普及 18 岁成人仪式教育明确列入《教育法》，全社会应当从提升中华民族的整体素质、推动学生全面发展的高度认识和重视 18 岁成人仪式教育。任何学校不能以任何理由拒绝对 16～18 岁学生进行 18 岁成人仪式教育；把进行 18 岁成人仪式教育作为各级政府的一项重要工作，明确归入其责任和义务范围；还应成立专门负责实施 18 岁成人仪式教育的组织和机构，并划拨专项教育经费，定期对其实施情况和效果进行检查、督促、指导；家长应如同支持孩子接受义务教育那样支持 18 岁成年仪式教育的开展、实施，凡进入 18 岁年龄的学生或青少年不得以任何理由拒绝参加 18 岁成年仪式，真正使 18 岁成人仪式教育步入法制化、正常化的发展轨道。

2. 加强 18 岁成人仪式教育的政策研究，建立其实施的长效机制

18 岁成人仪式教育的有效实施离不开相关理论研究的开展和深化，离不开相关政策法规的制定和执行，这是有效开展 18 岁成人仪式教育的前提和保障。因此，建议教育主管部门和教育改革政策的研究、制定部门应当考虑制定 18 岁成人仪式教育的相关政策，建立 18 岁成人仪式教育的长效机制、常设机构、研究机构、活动场所，加强政策扶持，加大经费投入，充分挖掘、汲取传统文化中的仪式教育资源，结合本地区的实际状况，深入、全面、系统地开展 18 岁成人仪式教育方面的理论研究，在理论研究的基础上，富有成效地开展 18 岁成人仪式教育实践。

3. 应考虑把 18 岁成人仪式节确定为法定节日

“节日是人们从一年中确定的对它抱有特定期待的日子，流淌着的源远流长的历史和文化，它反映着一定时代人们的生活方式、精神风貌、审美情趣和价值观念。”①重视传统文化资源的挖掘的同时，我们还应当重视当代文化的创新与发展，在继承中创新，在创新中发扬传统。在社会各界的共同努力下，我们的七夕节、清明节、重阳节、端午节等传统节日已经通过立法的形式固定了下来，这些传统节日不仅让我们留住了文化的“根”，同时“寄托着人们对美好生活的热切向往，它可以平衡、调节心理，促进社会和谐的构建”②。这一方面是对我国传统文化的保护，另一方面也加强了我们对传统文化的认同，从而促进传统文化的发展，实现传统文化和现代文化的交流与融合。

18 岁成人仪式教育实际上也是汲取了我国传统文化中成人礼等成人仪式的精华，然后融入了现代文化的元素，从而实现继承弘扬传统文化和创新发展现代文化的双赢。可见，18 岁成人仪式教育不仅是一种教育形式的表达，而且承载着丰富的传统文化和现代文化内涵；不仅使传统文化得以有效继承，还促进了现代文化的创新与发展；不仅能够加快学生个体成人意识的树立、社会责任感的养成，而且对青少年一代的健康、全面、和谐发展，对促进当前社会的和谐发展、可持续发展有着重要而深远的意义和作用。鉴于以上原因，为加强 18 岁成人仪式教育的文化内涵和社会认可、重视、普及程度，我们可确立 18 岁成人仪式节作为实施 18 岁成人仪式教育的法定节日，把这个节日和其他传统节日一样对待，真正为青少年营造一个成人仪式教育的氛围，让他们感受到社会的关心、关爱，让他们体会到社会的希冀与期盼，他们的健康成长不仅是自己的事情更是社会的责任，不仅关涉到个人的幸福还关系到社会的美好未来和希望。

关于设立 18 岁成人仪式节的时间见前章所述建议。

---

① 秦永洲. 让节日留住文化的根[N]. 博览群书，2007，(12).

② 秦永洲. 让节日留住文化的根[N]. 博览群书，2007，(12).

三、应建立立体式的 18 岁成人仪式教育网络

1. 营造全民重视、关心 18 岁成人仪式教育的舆论氛围

我国当前已经产生了重要影响的教育改革和新课程改革应该把 18 岁成人仪式教育纳入到关注的视野；教改和课程专家应深入研究，如何把 18 岁的成人仪式教育的内容、形式、意义等适时、恰当、合理地渗透到课程中；教育行政主管部门应制定相关政策，在适当时候、适当场合采用适当形式每年定期进行成人仪式教育；教师、家长应统一思想，提高对 18 岁成人仪式教育重要性的认识，积极配合学校进行 18 岁成人仪式教育；学校、媒体和相关社会组织机构应积极有效地对 16～18 岁的人群进行成人仪式教育方面的动员、宣传，多渠道地采取多种形式营造氛围，让他们深刻地认识到 18 岁成人教育仪式对自身发展的重要性，并积极主动地参加学校举办的 18 岁成人仪式教育活动，从而形成政府、学校、老师、家长、学生全社会重视、关心、支持、参与 18 岁成人仪式教育的浓厚氛围，为立体式的成人仪式教育网络的形成，为促进 18 岁成人仪式教育实践的深入开展奠定坚实的基础。

2. 建立家庭、学校、社会立体高效的 18 岁成人仪式教育网络

18 岁成人仪式教育的有效实施是一个系统工程，需要学生个人、学校、家长认识的提高，需要新闻媒体营造一个全社会关心、重视 18 岁成人仪式教育开展的舆论氛围，需要相关部门精心组织、统筹安排，调动一切社会力量和积极因素确保 18 岁成人仪式教育的有效实施，防止 18 岁成人仪式教育成为走过场、走形式的“面子工程”。因此，需要建立家庭、学校、社会、学生于一体的立体式的教育网络，从而确保把 18 岁成人仪式教育这样一个有利于促进学生发展、有利于推动素质教育改革、有利于和谐社会建设的重要内容落到实处，这是 18 岁成人仪式有效实施的组织保障。

总之，只有充分调动社会各方面的力量，形成 18 岁成人仪式教育的教育网络和合力，形成一个齐抓共管、生动活泼、务实高效的系统，才能促进青少年学生的成长与发展，实现 18 岁成人仪式教育的目的：“强化学生的成人意识、培养他们的社会责任感、促进他们提升综合素质等方面起到积极的作用。引导中学生学会关心——关心自己、关心他人、关心社会；学会

负责——学会主动积极地履行公民义务，为自己、为他人、为国家、为全球和生态利益承担社会责任；学会参与——主动热情地关心、关注及了解社会生活各方面，积极参加各种公益活动，并以自己的行为参与、投入社会生活的实践活动中进行自我教育、自我磨炼，把自己培养成为爱国家、爱人民、富有道德责任感和社会责任感，具有开拓精神、优秀智能结构的合格公民。"①

① 高昕. 为未来着笔——如何开展十八岁成人仪式教育活动[N]. 考试周刊，2007，(4).

附录一　父母写给子女 18 岁成人礼的信

1. 父母写给儿子十八岁过成人冠礼仪式的信①

硕儿：

是学校即将学行的成人冠礼仪式，使我们猛然意识到：孩子，你已长大了！

十八岁，孩童时代的结束；十八岁，男子汉角色的开始！

祝贺你，已拥有了结实的臂膀；相信你，定能够顶天立地！

做父母的，也真是……小时候，我们盼着你快快长大，因为你是我们的全部寄托，你是我们未来的希望；稍大些，我们居然又平添一丝忧虑，真怕你长得太快。你一旦成人，便要融入社会——这一庞大而又复杂的适应系统，你将有你自己的事业，再也不能经常依偎在我们的身边。

十八年了，回忆起来，那一幕幕的往事仍是历历在目。

妈妈把你带到这个世界，尽管是顺利的，可与千万个妈妈一样，也必须经历阵痛并承载风险。为了不给妈妈增加压力，爸爸嘴上说着“男女都一样”心里却暗思量。当听到护士那清脆的声音“98 床男孩，母子平安!”爸爸还生怕再变，扪心自问：这回能定下来了吧？爹妈获得了“男孩可干大事”的全部满足，却失去了“女孩能体贴入微”的另外一半。

为了实现一代超过一代的梦想，给你取名时否决了一个个方案，对硕士的硕、丰硕的硕情有独钟，一锤定音！现在看来，太保守了。

紧接着，就是如何使你茁壮地成长？

一岁时，为了让你多观察外界，妈妈抱着你坐上公共汽车几乎跑遍全城！两岁时，爸爸保护着你沿电杆（锻炼平衡能力）；三岁时给你念以你的感受写成的作文；四岁时陪你练书法；五岁时学溜旱冰；六岁时学游泳；七

① 编者注：该封信是北京师范大学附属实验中学的王新房老师和河南大学的李华老师（也是家长）为当年儿子参加学校举行的成人冠礼仪式的信.

岁时学说相声;八岁开始学英语;九岁曾学乒乓球……

尽管不能说所涉领域都很成功,但你从汲取的营养加上你个人的天赋,还是取得了令我们神采飞扬的成绩。

你在冰场上的翩翩起舞曾使多少游人驻足而立;你在泳池内的上下翻飞赢得过许许多多赞誉的目光。小学生朗诵比赛你获得区奖,少儿英语比赛你获得的是市奖。你的相声曾在电视台的"七色风铃"栏目中播出,你小学毕业时以全校第二名的成绩被保送入你妈所在大学的附中。爸爸的同事认识你是因为看过你的相声,妈妈的领导夸奖你是因为看了你的小品。在北师大实验中学的艺术节上,你征服了观众和评委,首屈一指,荣获最佳表演奖;在班上组织的辩论赛上,你又被评为最佳辩手,把奖品——NBA 明星拿回家中。学习上你克服了转学带来的困难,硬是把没听的部分给补了回来。尽管对你目前的成绩我们三人都不认为理想,但你的拼搏、你的自信我们都看在眼里,记在心里。

我们觉得:只要抓得紧,利用好,完全来得及,完全有可能在你身上再创一次小学升初中的奇迹!

第一,脑子不笨,对所学知识及高考的能力要求完全可以理解,甚至驾驭!

第二,高一、高二只是没人家刻苦而已,但没有大窟窿,高三复习是天赐良机;

第三,身体状况良好,没有心理波动、大脑疲惫等影响刻苦攻读的因素。

为了不愧对自己十二年的艰辛,为了实现自身在现阶段的价值,我们谈几点想法供你参考:

目标要明确,敢想才会拼,敢拼才能赢;

高考究竟要求哪些知识、能力、素质,要瞄准靶子;

抓紧而不急躁,心平而不懈怠;

重理解但要防遗忘,捕信息一切为我用;

时间要以分秒计算,闲言碎语全不理会;

每天确保完成作业,腾出时间保强补弱;

千万注意英语语文,其他学科齐头并进。

爸妈于学校举行成人冠礼仪式前夕

2. 父亲写给儿子过生日和成人礼的信①

亲爱的儿子，

爸爸很久没有给你写过信。今天我决定给你写这封信。我知道，再过一天，就是你的二十岁生日了。二十岁，这是人生的一个重要的里程碑。

在中国古代，这一年的生日会很隆重，“二十而冠”，意味着，你成人了！

正因为这一天如此的重要，所以爸爸决定给你写这封信。爸爸远在相隔万里的香港，不能亲自参加庆祝你的“成年”生日。能够做的，就是用这封信，来和你谈谈“成年”的看法。这封信也算作爸爸给你二十岁的生日礼物吧。

“成年了”，在许多年轻人看来，是一件很开心的事情，因为可以做很多的事情，可以享受许多法律上的自由和独立了。比如说，可以喝酒了，可以进酒吧了，可以出入成人场所了。年轻人在进入成年的时候，往往只记得自己会拥有的自由和权利，而忘记了进入成年之后还要承担的社会责任与义务。这是很不应该的。虽然进入了成年人的行列，有许多人年近三十却没有真正地“成人”！

那么“成人”意味着什么呢？成年意味着懂事，明白事理，能够控制自己（最简单的例子，比如说，知道什么时候可以喝酒，可以喝多少，在别人劝诱的情形下，还能控制自己不喝）；成年意味着已经走向独立，独立思考、独立生活、独立自主。就像一只小鸟，羽毛丰满之后可以自由翱翔、独自觅食。成年还意味着要开始承担社会的责任和家庭的责任。因为已经成人，所以要对自己、对家人、对社会负责，做一个有生活意义、对社会有用的人；成人之后，就要成家立业。因为自己成人了，就要制订自己未来的职业计划，寻找自己最喜欢的工作，并为之奋斗；还要去追求自己最喜欢的对象、去寻找自己人生道路中的伴侣，组成一个美好的家庭，为自己的小家庭和社会大家庭尽自己的一份责任和义务。

这些天我和妈妈一直在回忆你的成长过程。你留在我们脑中最生动的记忆，就是出生后回到家的第一个晚上。大约是清晨两点半，我们抱起又哭又闹的你，这已经是那晚第三次了。你妈妈和我看着你，是那么的无奈，妈妈的眼里满是泪水，我们使出浑身解数还是不能让你安静下来。看

① 编者注：该信作者为香港教育学院李树英博士给在加拿大的儿子过二十岁生日的成人礼信。由于国情不同，他们给儿子在二十岁生日举办成人礼仪式.

着幼小的奇迹般的你，我们感到自己比你还渺小，还无助，在随后的岁月里，我们不敢偷懒，读完了所有能读到的育儿书籍。我们满怀信心地养育你，结果做得比我们自己想象的还要好。我们还记得，你小时候喜欢骑自行车。有一次，你在我们家附近的一个斜坡上骑自行车冲下去，忽然看到前面有人在路上，你为了不让路人撞伤，将车转向路边冲过去，结果把自己的头给撞破了。爸爸焦急地将你抱到医务室，医生给缝针，你咬着牙，不叫痛，表现得非常勇敢。你还是六岁的时候，就会帮妈妈去牛奶房拿酸奶做早餐。你八岁来到加拿大，学习一直很用功、很努力；你练习羽毛球，很快就超越了其他的小孩，成为羽毛球冠军。二十年来，我们在为生活艰苦奋斗的同时，将你抚育成人，真不容易。相比之下，你妈妈为你做得比我更多。我们为你过去每一次的长高长大、每一次的进步成功感到骄傲和自豪。还记得你在南京生活的日子吗？还记得家的那个“身高柱”吗？你妈妈用你过去的照片精心为你编辑了一个配乐的小影片，一起回想过去爸爸妈妈是怎么辛苦地把你养大、带你成长，希望你能从中学到一些长大成人的道理。

爸爸妈妈很高兴看到你长大成人，加入了成年人的行列；希望你健康成长，成为一个有责任感的成年人。

爸爸同时感到很惭愧，自从我来香港工作以后，已有五年没有在你和妈妈身边一起庆祝你的生日了。这是一个令我十分遗憾的事。人生总会有许多的遗憾和不美满，但最主要的是不断地从别人身上学习，不断地提高自己，让自己更加成熟。当初，我来香港工作，本是考虑能够更多地孝敬自己的父母（也就是你的爷爷和奶奶），但却少了许多时间在你身边帮助你成长。在你为恋爱问题最痛苦和最需要爸爸妈妈在身边支持你的时候，我却不在你的身边，不能帮你减轻你的痛苦和压力，爸爸觉得很对不起你。这一方面，你要感谢你妈妈，因为有她一直在你身边，帮助你、支持你，你才能挺过感情的难关。从小到大，我们，还有爷爷奶奶一大家人对你的爱护和信任一直没有改变。你是爸爸妈妈唯一的儿子，是爷爷奶奶唯一的孙子，爷爷奶奶在临终的时候嘱托将戒指和项链交给你。长大成人了，你应该意识到，你的生活不再是你一个人的事，你有责任和义务珍惜自己的生命，幸福快乐地生活。还有你是一个加拿大人，但同时也是一个中国人，中国人的优秀传统你以后要慢慢地学习和继承。

爸爸妈妈过去、现在和将来永远都会支持你、关心你，对你的信任永远都不会变。我希望你明白，你的生活幸福快乐是我们最大的愿望和满足。我们对你的爱是无条件的，不需要任何的回报。爸爸衷心祝福你今年二十岁的生日过得有意义，衷心祝愿你大学的学习顺利完成，找到一份自己满意的工作，并生活愉快。

你的爸爸于香港。

二零一零年四月十八日

3. 不管妈妈愿不愿意，你就要自己飞了①

儿子：

经过了炼狱般的高考，今天你18岁了。两个月后，你将步入大学的校门，开始梦寐以求的大学生活。儿子，妈妈想提醒你，即将到来的大学生活也许并不像你想象的那般美好。

也许你会发现，大学的课堂并非那么充满智慧，老师的水平也不会让你100%满意。照本宣科、人云亦云的人也能在大学占有一席之地，有些课程简直就是浪费时间，食堂的伙食肯定比不上家里……儿子，你得习惯。生活中很难有十全十美的事，缺憾才是生活的真相。很多人进了大学会迷茫、失望很长时间，其实，儿子，你得明白，大学既不是天堂，也绝不是地狱。大学里学到的东西未必有用，可是如果你没学，要用的时候就晚了。你在学业上付出的努力如果有十分，如果其中的三四分将来能起到作用，你的大学就没有白上。妈妈希望你记得我们曾经感慨过的一句话：向着月亮奔跑，即使够不着月亮，至少，你也能成为繁星之一。

和舍友像亲兄弟一样相处。从上幼儿园开始，你就一个人睡了。偶尔，家里来了客人，妈妈想让客人和你一起住，你会委屈得眼泪汪汪，你宁愿一个人在书房打地铺。你的房间再乱，也不许妈妈替你整理。如果一直在家里生活，这都不算什么。可是，儿子，你就要开始住宿生活了。现在大学住宿的条件都还不错，可是，儿子，它还是没法和家里相比。你遇到的舍友，可能有人打呼噜，让你难以入眠，你得习惯；可能有人不拘小节，随手用了你的东西就像用他自己的一样，你得习惯；可能有人很懒，出一身臭汗也不洗澡，让那股令人窒息的味道在宿舍飘来荡去，你得习惯……你要明白，你的一些习惯或许别人也难以忍受。集体生活不能斤斤计较，你是独生

① 编者注：该信摘自《中国青年报》(2011年07月12日 第11版).

子，大学让你有了好兄弟，儿子，珍惜吧。

遇到喜欢的女孩，就谈一场恋爱吧。中学时，妈妈视早恋为洪水猛兽，怕影响了你的学习。现在，你 18 岁了，成人了。如果碰到了自己喜欢的女孩，你就向她勇敢地表白吧，男人得主动。如果女孩拒绝了你，也不要伤心，更不要轻言放弃。也许女孩只是出于矜持，也许她以为自己可以摘到更大的麦穗，但你得坚持，爱情也会青睐锲而不舍的人。万一，妈妈是说万一，你的坚持还是没有收到预期的效果，那就果断地放手，相信“天涯何处无芳草”的古老格言。大学时代的爱情大多会无疾而终，但因为它纯洁，较少功利性，很多人会觉得错失了很遗憾。但是，儿子，你得知道，恋爱不是想谈就能谈的，不来电也毫无办法。如果丘比特睡着了，忘了向你射出属于你的那根箭，那你就耐心等待吧。

坚持锻炼。你爱运动，篮球打得不错。好的身体会让你受用终身。妈妈希望你不要变得懒散，希望你能天天坚持锻炼，跑步啊，打球啊，随便哪项运动，关键是坚持。这个习惯最终让你收获的绝对不只是一个强健的体魄。

……

儿子，18 年来，你像一只风筝，飞在天空，妈妈手里紧紧扯着那根线，可是现在，不管妈妈愿不愿意，你就要自己飞了。妈妈心里空落落的，但更多的是一种期待。

儿子，大学也就是人生的一个驿站，妈妈希望你能保持一颗平常心，希望你能很快度过适应期，真正享受属于自己的四年大学生活。

爱你的妈妈

4. 感谢我们今生有缘成为母子①

儿子：

今天是你 18 岁的生日，你已经是个真正的成年人了。社会赋予你更多的权利，而你也将担负起更多的责任，走向自立自强。在此妈妈首先祝你生日快乐！

时间飞逝，小小的你出生时的情景仿佛就像是在昨天。由于妈妈身体的原因，在你还没完全足月的时候，医生不得不强行把你提前剖了出来，为此，妈妈一直对你心存内疚和不安，担心着你。还好你在家人的精心呵护

① 编者注：该信摘自《中国青年报》（2011 年 07 月 12 日 第 11 版）。

下茁壮、快乐地成长，而今你已是个健康向上、高大帅气的在校大学生了。

儿子，感谢我们今生有缘成为母子。你是个孝顺、懂事的孩子，虽然你有时也调皮也淘气，妈妈也感到带你的辛苦和教你的无奈，但是你给我们带来的快乐却是无与伦比的。我和你爸爸为拥有你而高兴、自豪。儿子，我和你爸爸都是工薪阶层，我们给不了你这一辈子享用不尽的财富，同样的也无法给你豪宅、名车，我们唯一能给你的只有我们爱你的心。

儿子，做一个敢担当的男子汉，在这个世界上你能依靠的只有你自己。一切困难和挫折你都要学会独立勇敢地面对。我们不指望你将来如何出人头地，但我们希望你能掌握一门生存的技能，以便将来能够好好地养活自己，自强，自立。我们不奢求你的荣华富贵，但希望你这一生都能平安、幸福！

拥有真性情，拥有一颗诚实的心，对待家人，即可至亲至孝、至情至深；对待朋友，即可淡无心机，坦荡心怀；对待他人，即可宽厚待人、少思计较；对待事物，即可驱除眼碍，寻得本性。这样你才能自得其乐，快乐生活。

儿子，你选择了医学，也就选择了一副比常人更重的担子。救死扶伤，做一名医生不但要有精湛的医术，更要有一颗博爱的心，有一分高度的责任感。人命关天呀，孩子。每每妈妈看到一些由于医生的不经意而给病人造成伤害的报道，都非常痛心，如果每一位医生都能做到尽心尽责，把病人当亲人，这样的悲剧就很可能避免。你是未来的医生，妈妈希望你能成为令病人信赖、尊敬的白衣天使，一丝不苟，勤奋踏实，利用自己过硬的医术为人类解除疾患，报效社会，成为真正的顶天立地的男子汉。

儿子，加油，爸爸、妈妈永远爱你。

妈妈

5. 愿你珍惜这来之不易的一切①

亲爱的孩子：

当你收到这封信的时候，你已经 18 岁了。在这个特殊的日子里，我想给你讲一个故事，因为我知道你不喜欢无聊的说教，而是喜欢有情节的东西。

有一个 18 岁的孩子刚考上大学。不过，对于来自农村的他来说，这并不是一个什么好消息，因为他的家庭无力承担这么一大笔费用。走投无路

① 编者注：该信摘自《中国青年报》（2011 年 07 月 12 日 第 11 版）。

的他只好寻求助学贷款。

考上大学的那个夏天他异常忙碌，只是为了那该死的贷款。这里太偏僻了，县里没有办过这种无息贷款，更不知道国家还有这样的政策。所以，他只好拿着录取通知书，一次又一次地去银行找负责人解释、理论。

他的父母是地地道道的农民，他们这辈子都还没有贷过款，对这更是一窍不通，当然帮不上什么忙了。所以，他每天只好一个人骑着自行车去15公里外的县城，奔走于银行、民政局与教育局之间。大热天不吃饭是常事，有时候一天下来，连口水都喝不到。没有贷款经验的他一次次来回补手续，从乡里到镇里，再到县里，然后折返回来，重复了一次又一次。一个月下来，他人瘦了一圈，脚也磨出了血泡，身上没有来得及换洗的衣服竟然结出一层白色的汗渍。

最后，他终于办成了他们县第一份助学贷款，其他人沿着他蹚出来的路，也都顺利地办成了贷款。他当时给县银行的人留下了深刻的印象，以至于在上大学的路上碰见县银行行长后，行长亲自开车送他到车站。

他一个人去了千里之外的大学，没有人陪他，因为家里的牲畜不能没有人看管。他自己扛着蛇皮袋穿梭于人群间，走进车站，离开了故乡。火车在深夜到了他的学校所在的城市，他托着行李，啃着烧饼和出租车司机砍价，没有自卑，没有羞愧。他和所有人一样疲惫地走进大学，办手续，搬东西，只是别人有父母帮着，他只有自己。

办好手续后躺在床上的他一脸幸福，因为他终于来到了大学。忽然，他想到今天是自己的生日。不过他还是很高兴，因为在生日这天，他送给自己一份珍贵的礼物——上大学。躺下准备睡觉的时候，他还是不知不觉地流下了眼泪，因为这年他刚好18岁。

孩子，这故事并不惊心动魄，只是平常而现实的生活。不过这故事的主人公你很熟悉——就是我，你的父亲。

孩子，在你18岁时，请允许我将最真挚的祝福送给你。但我也希望你学会感恩，懂得知足，多理解一点儿生活。因为你即将走向独立，但还是不太理解生活，不理解生活中的艰辛与苦涩。现在的你比我们当年幸福，愿你珍惜这来之不易的一切。

祝我亲爱的孩子18岁生日快乐！

爱你的老爸

附录二　给教育部设立“18 岁成人节”加强 18 岁成人仪式教育的建议及采用证明

教育部有关司局负责同志：

18 岁是“成人”的标志和生活的新起点，是一个人一生的关键年：意味着孩童时代的结束，告别幼稚走向成熟，成人的意识与独立将从此开始；标志着已经成人，将成为对国家有贡献的一个公民，成为家庭中负有责任的一个成员，成为用自身的智慧和力量去创造光明前程的独立的社会一员。我国每年要跨入 18 岁成年人行列的人数在 2000 万名左右。设立“18 岁成人节”、加强 18 岁成人仪式教育是一种赋予特定教育内容与意义的教育方式，它不仅帮助青少年认识到成人的必然性，成人成才的意义，帮助他们建立自觉的成人意识，做好成人的思想准备，而且对于培养学生对家庭与社会的责任意识和参与意识，锻炼学生的自强、自立的人格有着积极的作用。

一般来讲，设定节日有助于引起社会对某一类群体或阶层的关注，从而达到所期待的效果，如改变群体生存状况、提升社会声誉、影响个体价值取向等等。我国已有许多节日，诸如儿童节、青年节、妇女节、重阳节、教师节等等。未成年人是一个庞大的社会群体，他们能否顺利“成人”，对个体本人的未来发展和社会的和谐稳定都至关重要。为此，我们应制定实施 18 岁成人仪式教育的相关政策，使 18 岁成人仪式教育的实施正常化、规范化、制度化。建议把实施、推进、普及 18 岁成人仪式教育明确列入《教育法》，全社会应当从提升中华民族的整体素质、推动青少年全面发展的高度认识来重视 18 岁成人仪式教育。任何学校不能以任何理由拒绝 18 岁成人仪式教育活动；要把进行 18 岁成人仪式教育作为各级政府的一项重要工作，明确归入其责任和义务范围；还应成立专门负责实施 18 岁成人仪式教育的组织和机构，并划拨专项教育经费，定期对其实施情况和效果进行检查、督促、指导；家长应支持 18 岁成人仪式教育的开展、实施，凡进入 18 岁年龄的学生或青少年不得以任何理由拒绝参加 18 岁成人仪式。

应该说，近年来随着我国 18 岁成人仪式教育的开展，设立全国性的成人节基本成熟，一些全国人大代表和政协委员分别提交相关提案，做出了“成人节应设定为法定节日”的呼吁。借鉴国外如日本等国都设有成人节的经验，结合我国的成人仪式教育的实施主要在学校，主要是高中和中等职业学校的学生尤其是应届毕业生，考虑到学年结束在 6 月份的实际情况，最好在他们毕业前举行，这样可保证成人仪式教育过程的完整性和有效性，为此，我们建议：我国统一的“成人节”定在每年的 4 月 18 日，其寓意在于：4 月是春天，风和日丽气候宜人，最能体现青少年蓬勃向上的精神风貌，具有象征意义；4 月 18 日寓意 18 岁，纪念意义明显；过完“成人节”，接着可度过“五四”青年节；还可对 6 月份毕业后无论是升入大学还是走向社会参加工作都产生重要的影响。凡是进入 18 岁的青年，主要是应届毕业生，都要参加宣誓仪式过好自己的节日。当然，各地在组织方式和具体安排上要根据地域、民族等实际情况，允许各地有一定的灵活性。设立法定的节日旨在让大家了解青少年的健康成长是全社会的责任，要真正为青少年营造一个“成人”的氛围，让他们感受到社会的关心、关爱，让他们体会到社会的希冀与期盼。

成人节是许多国家和民族对青少年进行成人教育的有效载体。我国设立 18 岁成人节意蕴深厚，条件基本成熟。通过成人仪式教育的有效开展，必将有利于加快青少年个体社会化的进程，帮助建立自觉的成人意识，增强其公民意识、责任意识、奉献精神、爱国情怀，从而不断深化素质教育，促进青少年更加全面、健康地成长。

作为承担国家级课题的负责人和一名教育工作者，我们特向主管青少年学生教育的最高主管部门领导提出此建议。请予参考。论证报告附后。

致礼！

建议人：王北生，李中亮

2010 年 8 月 15 日

(此文主要观点已发表在《教育研究》2010 年第 5 期，《新华文摘》2010 年第 17 期全文转载)

采用证明

王北生教授主持的国家社会科学基金“十一五”规划国家一般课题《18岁成人仪式教育研究》(BKA060051)所提交的成果及给教育部的建议书《关于设立“18岁成人节”加强18岁成人仪式教育的建议》，所提出的我国应设立统一的“成人节”，把18岁成人仪式教育纳入到法制化轨道以及具体日期等建议，具有重要意义，我们已在工作中充分参考，并用该课题研究成果回答了全国人大代表关于我国应设立“成人节”的建议。

各地在组织开展18岁成人仪式教育活动中，可吸收该项目研究成果，构建我国学校、家庭、社会共同参与的18岁成人仪式教育立体式网络，使我国的18岁成人仪式教育真正取得实效。

特此证明。

教育部基础教育一司

2010年11月22日

附录三　团中央关于 18 岁成人仪式教育活动的重要文件[①]

共青团中央关于规范 18 岁成人仪式教育活动的暂行意见

（一九九六年四月八日）

18 岁成人仪式教育活动是共青团组织根据党中央印发的《爱国主义教育实施纲要》，在全国范围内开展的一项青年思想道德文化教育活动。两年来的实践证明，18 岁成人仪式教育活动是适应改革开放和发展社会主义市场经济的要求，进行青少年公民素质教育，培育“四有”公民，推动社会主义精神文明建设的一个重要载体。要把这项活动作为跨世纪青年人才工程的一项重要内容，广泛深入地开展下去。今年要在地级以上城市普遍开展。为了保证这项活动健康深入地开展，逐步形成制度，对规范十八岁成人仪式教育活动提出以下意见。

一、关于活动的主体

18 岁成人仪式教育活动的参加者是 16～18 岁处在成人预备期内的青年，重点是普通中学、中等专业技术学校和各类职业学校的适龄学生。要广泛组织适龄青年参加 18 岁成人仪式教育活动，力争两三年内在全国城乡普及这项活动。

二、关于活动的内容

18 岁成人仪式教育活动是一个系统的教育过程，包括成人预备期教育、成人预备期志愿服务、成人宣誓仪式三个环节。要扎扎实实地抓好每

① 共青团中央下发的关于 18 岁成人仪式教育活动的几个文件对指导、规范、促进 18 岁成人仪式教育活动的开展具有重要意义，也是 18 岁成人仪式教育活动开展的基本政策依据.

个环节,使18岁成人仪式教育活动在青年成长、成才的过程中留下深刻的痕迹。

成人预备期教育的主要内容是公民意识教育。要通过教育,使青年掌握宪法和法律的有关知识,懂得宪法和法律所赋予的公民权利和义务,增强对国家、对社会、对家庭的责任感。要争取有关部门的支持,把成人预备期教育与颁发居民身份证工作结合起来。还要通过生活、劳动、创造等方面技能的训练,使青年提高为社会、为他人服务的技能。成人预备期志愿服务的内容主要是组织16～18岁青年参加社会公益劳动,开展"一助一"长期结对服务。参加成人预备期志愿服务的时间要求在48小时以上。服务的内容和形式要根据16～18岁青年的特点和实际能力来确定,要符合社会需求。要把在成人预备期内是否参与了一定时间的志愿服务,作为参加成人宣誓仪式的必要条件。要努力形成成人预备期志愿服务的机制和制度,为16～18岁青年参加志愿服务提供更多的机会、渠道和制度保障。

18周岁成人宣誓仪式的基本程序包括:升国旗、唱国歌、面对国旗宣誓、领导勉励、前辈祝愿、成人心声、颁发成人纪念物等。举行成人宣誓仪式的地点可以是当地举行重要政治性活动的场馆、烈士陵园、具有纪念意义的历史遗迹、遗址等。成人宣誓仪式必须按照规定的程序进行,使用统一的誓词、标志和主题歌曲。举行宣誓仪式的时间各地可根据实际情况,安排在每年的5月或10月。

三、关于活动的组织领导

18岁成人仪式教育活动以中学团组织为主实施。街道、企业、农村团组织要积极参与成人预备期志愿服务的组织实施。团的宣传、学校等部门要加强协调,密切配合。要积极争取党政领导、党委宣传部门、教育行政部门和学校领导的支持、指导。有条件的地方,可建立"18岁成人教育活动协调委员会",以加强协调和指导。

开展18岁成人仪式教育活动中的情况和上述意见在贯彻中遇到的问题,各地请及时通报团中央宣传部。

成人誓词

(领誓人:请宣誓人举起右手)

我是中华人民共和国公民,在18岁成年之际,面对国旗、庄严宣誓:

我立志成为有理想、有道德、有文化、有纪律的社会主义公民。遵守宪法和法律,热爱社会主义祖国,拥护中国共产党的领导。正确行使公民权利，积极履行公民义务，自觉遵守社会公德。服务他人，奉献社会；崇尚科学，追求真知；完善人格，强健体魄，为中华民族的富强、民主和文明，艰苦创业，奋斗终生！

成人仪式教育活动标志

标志含义：标志造型由阿拉伯数字“18”组成了一只鸟在奋飞的形象。“18”代表成人的年龄界限，飞鸟象征青年“羽翼长成”，成为成年公民，应当担负起宪法赋予的全部责任。两翼的四羽代表争做“四有”公民。标志为红色，象征热情、成熟。

使用要求：举行 18 岁成人宣誓仪式，宣誓人应佩戴成人标志徽章。成人标志作为 18 岁成人仪式教育活动统一标志，可以在成人仪式教育的各项活动中使用。

成人仪式教育活动歌曲推荐曲目

推荐曲目：

1. 我们已长大	词：王持久	曲：魏　群
2. 我们已经长大	词：金　波	曲：付　林
3. 圣洁的时刻	词：张俊以	曲：孟庆云
4. 这一刻	词：陈　虹	曲：肖　白
5. 阳光下的誓言	词：王　健	曲：瞿希贤
6. 十八岁的节日	词：晓　光	曲：艾立群
7. 我们听见时光的声音	词：虞文琴	曲：孙　川
8. 青春的宣言	词：黎　琦	曲：李焕之
9. 长大成人	词：石顺义	曲：张卓娅
10. 今年我十八岁	词：段　林	曲：晓　里
11. 今天我们已成年	词：于名珊	曲：羊　鸣
12. 放心吧，祖国	词：张　藜	曲：冯世全
13. 今天的阳光灿烂	词：虞文琴	曲：王祖皆

使用要求：18 岁成人宣誓仪式，必须选用推荐的主题歌曲。推荐歌曲广泛用于整个 18 岁成人仪式教育活动过程。

（注：成人仪式教育活动歌曲将由中国青少年音像出版社于 1996 年 4 月下旬出版发行。）

关于1999年深入开展中学生18岁成人仪式教育活动的通知

（中青发[1999]4号）

共青团各省、自治区、直辖市委，全国铁道团委，全国民航团委：

近年来，各地团组织广泛开展了18岁成人仪式教育活动，受到中学生的欢迎和社会各方面的好评。今年是我们党和国家历史上具有特殊意义的一年，将迎来新中国成立50周年、五四运动80周年、澳门回归祖国，还有世纪之交等几件大事，这为在中学生（含普通中学、职业中学、中等专业学校、技工学校学生）中深化18岁成人仪式教育活动、进行爱国主义教育提供了良好的契机。为落实《共青团工作跨世纪发展纲要》，实施中学生“素质拓展”，使这项活动在中学生成长成才过程中发挥更大的作用，引导中学生主动面向新世纪，增强公民意识和社会责任感，树立成才报国的理想，实现全面发展，共青团中央要求，各地团组织要抓住1999年的有利时机，继续广泛深入地开展中学生18岁成人仪式教育活动。现将有关事宜通知如下。

一、进一步规范和普及18岁成人仪式教育活动

在《共青团中央关于规范18岁成人仪式教育活动的暂行意见》（中青发〔1996〕9号）的基础上，总结近年来各地创造的成功做法和经验，这项活动要按照16岁公民意识教育、成人预备期志愿服务、18岁成人宣誓仪式三个环节进行，形成完整的教育过程。要利用年满16岁领取居民身份证的契机，联合有关部门，加大对中学生进行公民意识教育的力度，使中学生掌握宪法和法律的有关知识，懂得公民应有的权利和义务。要组织16～18岁处于成人预备期的中学生开展志愿服务活动，引导中学生在为社会服务的过程中培养履行公民义务的意识和能力，增强社会责任感。要按照升国旗、唱国歌、面对国旗宣誓、领导勉励、前辈祝愿、成人心声、颁发成人纪念物等基本程序，为年满18岁的中学生举行成人宣誓仪式。要推行把接受过公民意识教育、完成了48小时以上志愿服务作为参加成人宣誓仪式必要条件的制度，以激励更多的中学生主动参与成人仪式教育活动。要本着突出重点、全面部署的原则，在中小城市进一步推广普及18岁成人仪式教育活动，使这项活动逐步成为中学团组织在中学生中广泛开展的经常性活

动。

二、集中举行中学生18岁成人宣誓仪式

为纪念五四运动80周年、新中国成立50周年，在今年5月4日和10月1日前后，由团中央学校部协调，组织两次全国统一的大规模的成人宣誓仪式。除当地已明确"成人节"、"成人宣誓日"的外，原则上集中组织一定规模的中学生18岁成人宣誓仪式，形成统一的声势。成人宣誓仪式可在本地具有纪念意义的场所举行。要引导中学生面向新世纪，明确肩负的历史责任，树立成才报国的理想。可以配合成人宣誓仪式开展多种形式的纪念活动。

三、实行"16～18岁学生成长纪念册"制度

为推动18岁成人仪式教育活动的深入开展，使活动形成有形的载体，引导更多的中学生自觉参与这项活动，更好地进行自我教育，团中央今年将制订并推行《16～18岁学生成长纪念册》。纪念册可以使中学生便于记载从16到18岁个人成长进步的足迹，保存值得纪念的经历，了解法律、科技、国情等方面的知识，提高中学生的综合素质，更好地为成人做准备。

四、加快18岁成人仪式教育法制化步伐

普及和深化成人仪式教育活动，并使之最终成为一种全民族的习俗，必须逐步形成制度，依靠法制的保障。近年来，成人仪式教育活动的地方立法工作取得了突破性进展，上海、广州、南京等地相继确定了本市的"成人宣誓日"，石家庄、汕头、厦门等市人大常委会相继确定了本市的"成人节"，北京市、湖南省等也以不同形式确立了成人仪式教育活动的法律地位。今年，各地要加大这项工作的力度，加强对活动的宣传，扩大活动的影响，积极争取党政和人大的重视、支持，推动更多的城市确定地方的"成人节"、"成人宣誓日"。团中央今年将以适当形式推广一些地方的成功经验。

五、以团的学校部门为主加强对活动的领导和协调

开展中学生18岁成人仪式教育活动，是全团实施中学生"素质拓展"，开展青少年公民素质教育的重点项目，各地务必给予高度重视，切实加强对活动的领导和协调。从今年起，中学生18岁成人仪式教育活动以团的学校部门为主进行部署安排，同时，联合团的宣传等部门及社会有关方面共同组织开展这项活动。各级团组织的有关部门要做好相关工作的衔接，进一步增强对这项工作的责任感，加强对基层活动的指导。各地要结合实际，认真研究深化成人仪式教育活动的具体措施，在巩固已有工作成果的

基础上,不断探索活动的新形式、新途径。要及时了解学校开展活动的有关情况,注意总结经验,推动这项活动不断取得新发展。

各地开展中学生18岁成人仪式教育活动的有关情况,请上报团中央学校部。

共青团中央

一九九九年二月二十四日

关于继续大力推进18岁成人仪式教育活动的通知

(中青办发[2000]4号)

共青团各省、自治区、直辖市委,全国铁道团委,全国民航团委:

18岁成人仪式教育活动是中学共青团组织参与中学素质教育,实施中学生"素质拓展"的重点项目。活动开展几年来有了很大的发展,为进一步普及和深化奠定了基础。2000年是世纪之交的一年,各级团组织要根据1999年召开的全国18岁成人仪式教育活动现场推进会的规划和部署,按照公民意识教育、成人预备期志愿服务、18岁成人宣誓仪式三个环节的各项要求,继续大力推进这一活动,使这项工作迈上新的台阶。今年,要重点做好以下几个方面的工作。

一、广泛普及18岁成人宣誓仪式,探索仪式教育的有效方式

各地要在五四、十一期间或当地确定的"成人节"、"成人宣誓日"等时间,组织接受过系统公民意识教育,完成了48小时以上志愿服务的18岁中学生集中举行成人宣誓仪式,地点既可以是爱国主义教育基地,也可以是志愿服务基地、国防教育基地、社会实践基地等有教育意义的地方。要把普及仪式的重点从大城市进一步向中小城市、城镇推进。要积极探索具有时代特征,符合当代中学生特点的仪式教育的有效方式,如利用青少年宫、青少年活动中心等团属青少年活动阵地,按照社会化、项目化的运作方式,尝试在中学生18岁生日前后举行小规模的甚至是个人的宣誓仪式,在保证教育效果的同时,为18岁青年接受仪式熏陶和激励,保留步入成人的印记提供服务。无论何种方式,要保证仪式的严肃性、规范性,场地要庄重严肃,程序要完整规范。

二、结合“倡导文明新风共建美好家园”主题活动，立足社区开展成人预备期志愿服务

上半年在全国中学生中重点开展“我为创建文明社区，美化家园作贡献”主题志愿服务活动，在社区广泛开展植绿护绿、清扫垃圾、美化环境等活动。

暑期重点开展各种形式的社区社会实践活动，建立假日志愿服务队，开展帮老助残、建设社区文化等志愿服务。

下半年重点开展中学生“敬老尊师”志愿服务活动，集中组织中学生深入社区，看望慰问老人、教师，帮助他们解决生活中的实际困难。

几项活动内容要贯穿全年，不同时期可各有侧重。

三、以品德教育、纪律教育、法制教育为重点，加强公民意识教育

公民意识教育是成人仪式教育活动的基础环节，要结合学校德育课教学，充分利用中学生团校、中学生业余党校、公民学校、校内外德育教育基地、军训基地、青少年宫、公安派出所、法庭等阵地，开展以品德教育、纪律教育、法制教育为重点的主题教育活动和知识传播活动。公民意识教育活动要贯穿整个 16～18 岁阶段，每一阶段要有具体目标和任务。

四、重视对学生活动的认定和记载，促进活动的系统化、规范化

要把组织开展活动与对学生参加活动的情况进行认定和记载结合起来进行，发挥《16～18 岁学生成长纪念册》的作用，促进活动进一步普及和向系统化、规范化方向深化。

五、加大对活动的宣传力度，推进立法工作

要积极争取党委、政府及有关部门对活动的重视和支持，向社会广泛宣传这一活动，扩大活动的社会影响，提高全社会的认同度。一些有条件、有基础而尚未实现立法的地方，要力争把活动的立法问题纳入人大的议事日程，尽早实现地方立法。

请各地将开展 18 岁成人仪式教育活动的有关情况及时报团中央学校部，团中央将在今年年底集中表彰一批工作先进单位。

共青团中央办公厅

二〇〇〇年三月二十九日

关于深入开展中学生18岁成人仪式教育活动的通知

（中青办发[2002]8号）

共青团各省、自治区、直辖市委，全国铁道团委，全国民航团委：

近年来，各地团组织结合本地实际，采取有力措施，广泛开展中学生18岁成人仪式教育活动，取得了一定成效，受到了中学生的欢迎和社会各方面的好评。为使这项活动实现新的突破和发展，在中学生思想道德教育中发挥更大作用，共青团中央决定，今年继续深入开展中学生18岁成人仪式教育活动。现将有关事项通知如下：

一、活动目标

认真贯彻《公民道德建设实施纲要》，适应新形势对进一步加强和改进中学德育工作的要求，普及与深化并重，以志愿服务为手段，以素质训练营为抓手，推进活动继续向系统化、规范化和法制化方向发展，帮助和引导中学生健康成长，勤奋学习，努力成为社会主义现代化事业的合格建设者和接班人。

二、活动主体

14至18周岁的全日制中学（含中等职业学校）在校学生。

三、活动内容

1. 强化公民意识教育

公民意识教育是中学生成人预备期思想道德教育活动的基础性环节，旨在培养他们的思想道德意识、法制观念和社会责任感。要把《公民道德建设实施纲要》的内容引入公民教育课、法制课、思想政治课等课堂中去，在中学生中大力倡导“爱国守法、明理诚信、团结友善、勤俭自强、敬业奉献”的基本道德规范。组织中学生参观爱国主义教育基地，开展主题团日活动，并参加其他各种具有教育意义的实践活动，使公民意识教育更加具体有形，便于操作。

2. 加大志愿服务组织力度

成人预备期志愿服务是中学生18岁成人仪式教育活动的关键环节，也是组织中学生参与道德实践的重要途径。各地要组织成人预备期中学生志愿者参加以生活服务、精神慰藉、文化娱乐等为内容的敬老活动，以环保宣传、捡拾白色垃圾、回收废旧电池、植树种草、资源保护、环境监测等为内容的环保活动，以普及和宣传科学知识、反对邪教、举办科技竞赛、各种科技场馆志愿讲解等为内容的科普活动，以帮助残疾人料理基本生活、精神慰藉等为内容的助残活动，还可结合当地实际开展其他内容的志愿服务活动，形成具有本地特色的志愿服务重点项目。要加强中学生成人预备期志愿服务基地建设。要创造条件，确保每一名中学生志愿者在 14 至 18 周岁成人预备期的服务总时数不少于 96 小时。

今年重点以敬老为内容，按照共青团中央、全国老龄工作委员会办公室关于实施“志愿者为老服务金晖行动”的意见要求，推出“青春辉映夕阳红”主题志愿服务。要组织中学生志愿者到老年社会福利院、老年公寓、护老院、护养院、敬老院、托老所、老年服务中心等社会养老服务机构，开展生活服务、文化娱乐、康复训练、医疗保健、精神慰藉等志愿服务活动。采取一校包一院、一队助一人等“一助一”服务方式，力争将所有有服务需求、志愿者能够有所作为的社会养老服务机构确定为中学生成人预备期志愿服务基地，使这些老人们都能享受到志愿者的优质服务。各省份要确定 1 至 2 个城市重点实施。学校团组织要积极争取学校党政领导的支持，成立敬老志愿服务队，与社会养老服务机构签订协议，认真组织学生开展服务，建立长期、稳定的关系。地方各级团组织尤其是重点城市团组织要对当地社会养老服务机构的数量、分布和对志愿服务的需求等基本情况认真调研，帮助他们与学校签订协议，指导工作，加强宣传，扎实推进。

3. 丰富素质拓展训练内容

基本生活和学习技能的培训是中学生综合素质培养的重要内容。要充分利用假期，通过组织磨砺训练、环境保护与宣传、科学普及、农村生活体验等各种素质训练营，开展丰富多彩的活动，帮助中学生提高文化科学素质、身体素质、心理素质和基本生活技能，使他们能够学会生存、学会劳动、学会学习、学会合作，具备一定程度的独立生活能力和自护能力。素质训练活动可重点在暑期开展。

4. 倡导成人宣誓仪式多样性

宣誓仪式是整个活动的标志性环节，具有重要的导向和教育意义。各地团组织要充分利用具有代表性的节日和纪念日，按照活动规范化要求，集中举行宣誓仪式，突出活动规模和社会影响。倡导各地结合实际，开展个性化的成人仪式，突出仪式神圣、庄严的特点，给他们的一生留下深刻的印象。

四、活动要求

中学生18岁成人仪式教育活动是共青团组织对青少年进行爱国主义教育的有效形式，也是加强中学德育工作的重要载体。各地团组织要高度重视，突出重点，加强宣传，务求实效。有关情况，请及时报共青团中央学校部。

共青团中央办公厅

二〇〇二年四月十九日

附录四　成人仪式教育活动案例精选

郑州市第三届成人节宣誓仪式[①]

参加人员:郑州市适龄青年学生代表 1400 人
时间:2006 年 10 月 22 日
地点:郑州市青少年宫
主办单位:郑州市委宣传部　共青团郑州市委　郑州市公安局
郑州市教育局　郑州市财政局　郑州市学生联合会

《传承长征精神,践行青春誓言——郑州市第三届成人节宣誓仪式》
活动议程

一、升国旗,奏唱国歌
二、成人宣誓
三、退旗
四、诗朗诵:以十八岁的名义
五、学生代表表达成人心声
六、师长与家长代表发言
七、老战士代表发言
八、领导讲话
九、颁发宪法和成人纪念册

① 根据 2006 年 10 月 22 日在郑州市青少年宫收集、采访的资料整理,出席领导及发言人名字隐去.

主持人主持词

尊敬的各位领导、各位来宾、亲爱的老师、青年朋友们:

大家好!

今天是盼望已久的日子。此时此刻,我们心中无比高兴,我要自豪地告诉大家:我们成年了,我们长大成人了。

今天,我们的肩上增添了一份责任,胸中更增添了一份浩气。十八岁,它意味着我们将不再淘气。我们已经告别了稚嫩的童年和少年,我们正走进人生更加辉煌的季节。

十八岁是人生中一个崭新的起点,是走向成熟的标志。在青少年的健康成长过程中,这是一个重要的里程碑。

为了增强青少年的公民意识、法律观念和社会责任感,2004 年 8 月 13 日,市人大以立法的形式确定每年 10 月 22 日即郑州市解放纪念日为郑州市十八岁成人节。

今天在这个意义非凡的日子里,我们的市领导和有关部门的负责人也在百忙之中来到了活动现场。他们是(参加的领导有):郑州市人大副主任、共青团河南省委学校部部长、中共郑州市委宣传部长、郑州市人大教科文卫主任、郑州市市人大信访室主任、团郑州市委书记、郑州市教育局副局长、团郑州市委副书记。让我们以热烈的掌声欢迎他们的到来。

郑州市第三届成人节宣誓仪式现在开始!

仪式进行第一项:升国旗,请全体起立。

仪式进行第二项:奏唱国歌。

仪式进行第三项:让我们面对国旗庄严宣誓。

十八岁有火一样的青春激情,十八岁有水一样的浪漫情怀,十八岁有花一样的灿烂笑脸。

仪式进行第四项:请听郑州市外国语学校的学生代表朗诵的成人诗:以十八岁的名义。

绚丽多彩的十八岁是我们航行的新起点。让我们以十八岁的名义学会做人,学会求知,让自己执著的追求去完善,去争取,去表达,去感受。

仪式进行第五项:请郑州市十九中学生代表代表全市适龄青年表达心声。

十八年,我们每一年的成长都浸润着亲爱的父母和老师无限的爱心、不悔的付出和殷殷的期盼,无论一帆风顺,还是坎坷艰难,一直都在背后默默地奉献。

仪式进行第六项:请师长家长代表代表所有关心爱护我们的师长家长为我们祝福。

今年是纪念中国工农红军长征胜利 70 周年和解放郑州胜利 58 周年,今天的我们在学习现代知识、享受现代生活的同时,不能忘记那段血与火的历史。弘扬民族精神、传承长征精神是我们义不容辞的责任。

今天,我们特意邀请了已经 80 岁高龄、参加过抗日战争的八路军老战士、全军一等功臣爷爷为我们致辞。让我们用热烈的掌声欢迎他。

牢记历史、创造未来。青年人的成长离不开各级领导的关心和支持。

今天,市人大副主任为我们带来了衷心的祝愿。大家欢迎他为我们讲话。

人大常委会主任为我们提出了殷切的期望。十八岁的我们带着祝福前进,用青春梦想去铸就成功。接下来,请市领导为全市适龄青年代表颁发《中华人民共和国宪法》和《成人纪念册》。有请。

十八岁是青春艳亮的初燃点,十八岁是人生征途的起跑线,十八岁是摸爬滚打的前奏曲。十八岁挥别迷茫,十八岁没有感伤,十八岁扬帆起航,十八岁放飞梦想。

郑州市第三届成人节宣誓仪式到此结束。

成人宣誓

(请全体起立,请宣誓人举起右拳)

我是中华人民共和国公民,在十八岁成年之际,面对国旗,庄严宣誓:

我立志成为有理想、有道德、有文化、有纪律的社会主义公民。遵守宪法和法律,热爱社会主义祖国,拥护中国共产党的领导。正确行使公民权利,积极履行公民义务,自觉遵守社会公德。服务他人,奉献社会;崇尚科学,追求真知;完善人格,强健体魄,为中华民族的富强、民主和文明艰苦创业、奋斗终生!

宣誓人:×××

(宣誓完毕,请放下右拳)

诗朗诵:以十八岁的名义

我是一个男孩,我今年十八岁了。整一整我的双肩,我自豪,我和父亲的肩膀一样宽阔,一样结实,一样在风雨中无法动摇。

我是一个女孩,我今年十八岁了。拢一拢我的头发,我骄傲,我和母亲的秀发一样美丽,一样动人,一样用光彩把世界照耀。

这就是十八岁——

十八岁的风采和风貌。

这就是十八岁——

十八岁的妖娆和逍遥。

这就是十八岁——

十八岁的风姿和风骚。

这就是十八岁——

十八岁的美妙和美好。

十八岁,十八岁是一个壮怀激烈的呜呜的春潮。岳飞的十八岁在历史的长河里正写下那红色的波涛。

十八岁是一个热血沸腾的暮暮朝朝。毛泽东的十八岁,理想在灿烂的枫叶上写出一首一首热烈粗犷。

海燕在暴风雨中由于黑色的闪电划过海天之礁。那才是真正的碑。

十八岁正生长着碑的细胞。到实践中去吧,让生命的翅膀在暴风雨中高高飞高,再飞高。

十八岁,十八岁,让我们把理想之帆飘扬起来,在大海上飞啸。

十八岁,十八岁,让我们撑起道德之槁,划过巨浪狂涛。

世界这样广大,人间这样风骚。一个有道德的人,世界和人类都在自己的怀抱。

十八岁,十八岁,让我们用文化去征战自己的大脑。

历史这样悠远,未来这样浩渺。一个有文化的人,历史和未来自己才能够肩挑。

十八岁,十八岁了,让我们用意志去规范自己的手脚。

云里这样风云,雾里这样缭绕。一个有意志的人,云里和雾里,才能够永不下道。

十八岁了,再过二十年。十八岁了,再过五十年。

那时候，中国现代化大树之林渐渐成形，总领世界风骚。身上赋满富强、脸上涂满荣耀的，是我们亲爱的同胞。

正是为了二十年后我们可爱的中国那一个明朗的春早。

正是为了那五十年后我们亲爱的郑州那一个明媚的春宵。

十八岁的我们，带着活泼的节拍，在炙热的叫。

十八岁的我们，将国旗的颜色写在脸上。

让我们紧握右拳，以十八岁的名义，向国旗宣誓，向祖国报到！

我是中华人民共和国公民，我的行为立志使国旗永远鲜红！

我是中华人民共和国公民，我是崇高的一个民族，前进，前进，前进！

与祖国并肩前进，与日月同辉同耀！

学生代表表达成人心声

尊敬的各位领导，各位老师，亲爱的朋友们：

十月是收获的季节，在这金秋收获的季节里，我们迎来了郑州市第三届十八岁成人节。今天，稚嫩的脸庞不再迷茫，如诗如花的世界在向我们招手。20 世纪 80 年代以来，我们在祖国的怀抱中健康成长，没有忍受丧权辱国的耻辱，没有感受帝国侵略的阴影，但我们怎能忘记民族的复兴？时代的重任，我们将铭记心间。我们怎能忘记 70 年前红军长征的步伐和 58 年前郑州解放时的场景？以史为鉴，使我们明智。中华民族悠久的历史呈现出优秀的英雄和品格。成熟的我们应以无数革命先烈的精神为动力，以不断吸纳丰富知识为航标，为祖国新明天而拼搏，牢记时代重任而学习、工作和奉献。我们带着 70 年前红军长征时的建功立业的壮志一路走来，祝愿中华民族富强文明；我们带着 58 年前郑州解放的呐喊与激情一路走来，祝愿人民幸福安康；我们带着亿万儿女为中华民族繁荣昌盛的希望一路走来，祝愿中华民族复兴强盛。这一切注定我们今后的步伐会迈得更加坚定、辉煌。作为新世纪的青年一代，我们被历史长河悠远浑厚的黄钟大吕深深震撼，灼热的血脉里奔腾着开拓美好未来，续写璀璨人生长卷的真诚渴望。

古人云："一屋不扫，何以扫天下。"我们在充分享受成人的权利和自由的同时，我们也必须履行自己的义务和职责。中国的繁荣富强和民族的幸福安康需要我们去创造。作为一名青年，我们要牢记"八荣八耻"，勤奋学习，善于创造，甘于奉献；作为家庭的一员，我们要孝顺长辈，听从教导，学会感恩，承担责任；作为郑州的一员，我们要热爱家园，志愿服务，投身实践，立志成才；作为祖国的一员，我们要牢记历史，弘扬文化，盛我国威，壮我中华。十八岁，风华正茂，让我们珍惜今天，从小事做起，用实际行动去写实我们许下的青春誓言。朋友们，今天属于我们，因为我们正承担历史重任，明天更属于我们，因为今天已经吹响春风号角了。祖国未来属于我们，而我们的未来更属于祖国！

师长与家长代表发言

同学们，年轻的朋友们：

今天是你们共同的生日，你们已经成年了，等你们走出这个会场，走到大门口的时候，你们就会发现今天所有的花朵在为你们而绽放，所有的小鸟在为你们而歌唱，今天的阳光因为你们而显得格外的明媚。就连万里长风，都把祝愿送给你们，祝愿你们能够幸福，能够快乐，能够健康。

成年人，成年人意味着什么呢？我的回答只有五个字，这就是权利和选择。是呀，我们已经有了选择的权利。我们可以选择我们的爱好，可以选择我们的行为方式，可以选择我们的生活态度，甚至我们也可以选择我们的人生道路。但是正像任何一个钱币都有两个方面一样，我们有了选择的权利，自然也就为选择而担负一切后果的义务。在座的各位同学、朋友们，你们当中可能有人选择为所欲为、专横跋扈、不负责任的行为。我要告诉你们的是，你们选择了这样的权利，将来就不得不咽下这杯由于选择而造成的生活的苦酒。当然，我希望更多的人选择一条向上走的道路。这条路可能会有着艰难、充满着坎坷，也可能有时候我们会感到力不从心。但是，坚持下去，坚持下去，你们就会领略到无限的风光，你们就会领悟到人生的真谛。

没有比心更宽的海洋，没有比责任更高的山峰。社会就是一个继续的过程，传承文明，开拓未来，每一代人有每一代人的长征。在座的各位，现在该你们踏上征途了。向前走吧，同学们，在长征的路上，你们不会寂寞，你们不会孤独的，有师长的关注，有家长的期望。放飞你们的理想，张扬你们这代人的个性，开发你们这一代人的潜能。国家在你们的手里会变得更加美好，民族复兴的大业历史要由你们来完成。我代表所有的家长向你们祝福！谢谢各位！

老战士代表发言

尊敬的同志们、同学们、十八岁的青年朋友们，各新闻媒体的记者们：

大家好！

今年是红军长征胜利 70 周年，今天是郑州市第三届成人节，同时也是郑州市解放 58 周年纪念日。为了让大家铭记历史，永远记住这一天，2004 年郑州市人大通过立法决议，把每年 10 月 22 日即解放郑州纪念日定为郑州市十八岁成人节。

同学们，青年朋友们，你们生长在和平年代，没有听见过震耳欲聋的枪炮声，没有经历过残酷的流血战争，你们是很幸福的。这幸福来之不易，大家要好好地珍惜。为庆祝郑州市十八岁成人节，我衷心希望你们铭记历史，不忘过去，牢记信仰，好好学习。希望你们继承革命先烈遗志，传承红军长征精神，实践你们的青春誓言，用热血和青春来铸就中华民族的美好明天。我的话完了。谢谢大家。

市人大领导讲话

青年朋友们，同志们：

在这孕育着收获、孕育着成熟的季节里，又有一批年轻的朋友们步入公民、步入建设者的队列里，成为成年公民，成为建设祖国的主力军。在这激动人心而又有纪念意义的时刻，我代表社会各界领导向你们表示热烈的祝贺，向关心、支持你们健康成长的家长、老师以及社会各界表示诚挚的敬意。青年是祖国的未来，是中华民族实现伟大复兴的希望所在。从今天起，你们将拥有宪法和法律赋予公民的一切权利，同时也将承担起公民拥有的一切责任和义务。作为在我市改革开放进程中成长起来的年青一代，你们肩负着时代所赋予的伟大的历史使命。当前我市处在改革开放、加快发展的重要时期，迫切需要包括广大青年在内的广大人民的共同努力与共同奉献。利用今天的机会，向青年朋友们提出几点希望。

第一，希望你们坚定信念，树立远大理想。自觉以马列主义、毛泽东思想、邓小平理论和“三个代表”重要思想武装头脑，牢固树立为全面建设小康社会而努力奋斗的坚定信念，饯行“八荣八耻”的社会主义荣辱观，矢志投身于建设祖国、建设家乡的伟大进程中，在改革开放的伟大征程中谱写新的青春篇章。

第二，希望你们刻苦学习，加强修养。青年时期是学习的黄金时期，刻苦学习是青年成材的必要素质。大家要珍惜光阴，刻苦学习，努力掌握现代科学文化知识，要学有专长，不断提高自己的基本技能。同时还要注重思想修养，陶冶情操，树立正确的世界观、价值观和人生观。

第三，希望你们勇于实践，磨炼意志。青年的成长需要不断的磨砺。健康成长不仅需要不断地学习书本知识，还要向社会实践去学习。社会实践是知识更新发展的重要源泉。实践是检阅真理的试金石，也是青年锻炼成长的有效组织。作为新时期的青年要立志到祖国最需要的地方去，到条件艰苦的地方去，磨炼意志，激励成长。

第四，希望你们勇于创新，开拓奋进。要认清在改革开放中承担的重大责任，切实增强创新精神和创业意识。青年时代最具创新优势，立志创新，勇于创造，自觉投身于社会主义现代化建设的伟大进程中。在创造业绩的过程中展现自己的人生价值，让青春绽放出新的光彩。

青年朋友们，我们已经进入了全面建设小康社会的新的历史阶段。你们在拥有着创造梦想、敢说敢干、实现理想的广阔舞台。相信你们一定不会辜负党和人民对你们的信任与期望，为建设祖国、实现郑州的跨越发展作出无愧于党、无愧于人民、无愧于青春的奉献。谢谢大家。

北京师范大学附属实验中学成人冠礼仪式①

成人冠礼仪式程序

时间：2006 年 12 月 8 日　　地点：教育部礼堂　　主持人：杨老师

一、全体起立，唱国歌（总台：国歌）

二、领导致辞（李副校长）

三、全体起立、宣誓（领誓人：团委孙老师）（背景：成人誓词）

① 根据笔者于 2007 年 3 月在北京师范大学附属实验中学团委孙明杰老师办公室处收集、采访的资料整理，出席领导、老师及家长的名字隐去。

四、教师代表讲话(林老师)

五、家长代表讲话(高三 3 班:安南薰的父亲,高三 6 班:王睿峰的母亲)(总台音乐:神秘园)(反复放)

六、回顾成长历程(电脑:成长历程)

七、学生代表发言(高三 13 班于浚哲　12 班刘思思)(音乐先起,学生发言)(总台音乐:)(乐 1)

班级合唱:《感恩的心》(总台音乐:感恩的心)(伴奏版)

学生继续发言 2:(乐 2)

八、向家长代表献花(总台音乐:感恩的心)(演唱版)

九、发放成人冠礼手册(班主任领取手册下台,走进学生会场,音乐起)(电脑音乐:献给天下的父母 2～3 遍)

十、歌唱祖国(指挥:高三 12 班高雅)(总台音乐:只唱一段,等宣布大会结束后,继续放此歌曲)(背景:歌唱祖国歌词)

领导致辞

同学们:大家下午好!

首先让我代表全校的老师向你们致以成人的祝福,祝你们已 18 岁长大成人、祝你们成为中华人民共和国的公民。

成人冠礼是你们的特权、是你们的幸福、是你们的骄傲,18 岁,如旭日东升,是个洋溢着青春热血的年龄,你们将学会用成人的眼光来观察世界、看待一切,你们开始有了成人的智慧、学会用自己的双肩来承担责任,18 岁,是人生开始独立的旗帜,18 岁的梦是对现实与未来的思量。在这么庄重的仪式上,讲些什么呢?18 岁了 ,讲一个成人的话题吧:

前几天,全校的党员老师都去看了纪念中国工农红军长征胜利 70 周年展览。展览给人的震撼、对人的教育、使人的感动,不是一两句话能说清楚的。

有人误将长征精神简单理解为吃苦耐劳的精神。其实不然,长征精神首先是对共产主义目标信仰的一种执著的追求。

长征已经远远超出了简单的历史概念,它已经成为整个民族精神动力的重要来源。长征精神是在当时历史背景下产生的以爱国主义为核心的伟大民族精神的最高体现。长征精神是坚定信念、追求理想、锲而不舍的奋发图强的精神；是生死相依、患难与共、团结互助的集体主义精神；是不怕艰苦、勇往直前、奋力拼搏的艰苦奋斗精神。

现在的青年人，往往缺少了些坚忍不拔的毅力，稍逊了些顾全大局的作风。其实，我们现在遇到的困难和问题与长征面临的生死存亡是无法相比的。看着展览中的那把锈迹斑斑的破枪、有谁能相信它能打仗、还能打胜仗，还有那么落后的发报机、破刀片、那雪山、那草地……

我想说长征留给我们的，不仅仅是思索和学习，更要变成一种践行，要把这种精神转化为信念坚定、刻苦学习的行为，转化为学会协作、不惧困难的品质，转化为乐观豁达、勇敢创新的品格。我相信，将长征精神熔铸在你们的青春热血中，长征精神会让你们受益一生。

有这样一个故事，也讲出来与同学们分享：1952 年 7 月 4 日凌晨，大雾，一个 34 岁的美国妇女横渡加州以西 21 英里的一段海峡。要是成功了，她就是第一个渡过这个海峡的妇女。她曾经是游过英吉利海峡的第一位妇女。在经过 15 小时 55 分钟后，她放弃了这次冲击。其实，当人们拉她上船时距加州海岸仅有半英里远。事后她说，令她半途而废的不是疲劳、不是寒冷，而是在浓雾中看不到目标。

以事名义，理想、信念、目标是人一生的精神支柱和力量源泉。

成人冠礼仪式是一个加油站，因为人生的长征才刚刚开始。18 岁的你将体会，每个人目标的选择对个人发展之重要，每一个生命在无尽的时间链条中都有着不可推卸的责任，是人生的责任也是历史的责任。每一个人不懈的努力和追求正是我们民族、国家乃至整个人类得以延续和进步的根本。

同学们，你们在实验中学与老师朝夕相处了三年，有的甚至六年，有人说要感谢师恩，我说要感谢你们，是你们让我们生活在一个朝气蓬勃、奋发向上、充满活力的集体中，你们体谅了老师的辛苦、友善地包容了老师的不足，师生团结奋战，使我们的班级、我们的年级蒸蒸日上、使实验中学的文化得以生生不息的加以传递。套用台湾学者龙应台的一段精辟的论述："人本是散落的珠子，随地乱滚，文化就是那根柔弱又强韧的细丝，将珠子串起来成为社会。"实验中学、实验文化、实验之魂就是那根柔弱又强韧的细丝，把我们一个个都串了起来，我们热切期待着你们成人、成材、成为国家的栋梁，期待着你们永远的追求卓越、期待着实验以你们为荣的那一天。

再一次的祝贺同学们！谢谢！

成人誓词

（领誓人：请宣誓人举起右拳）

值此十八岁成人之际，我以一个中华人民共和国公民的名义，面对中华人民共和国国旗庄严宣誓：

祖国高于一切，人民利益为先。捍卫神圣宪法，维护法律尊严。履行公民义务，承担社会责任。崇尚集体主义，发扬奉献精神。尊重科学民主，追求进取拓新。实现人生理想，振兴中华民族。

宣誓人：×××

教师代表讲话

亲爱的同学们：

今天，对你们来讲是一个特殊的日子，一个值得纪念的日子。我代表高三全体老师向你们表示最热烈的祝贺。

祝贺你们 18 岁了，祝贺你们步入成人的行列，成为共和国最年轻的公民。

转眼间，你们已游历了 18 度的春夏与秋冬。18 年的岁月，伴随着父母的呕心沥血与细心呵护，老师们的殷殷教诲与无私关怀，同学们的互相帮助与真挚友爱，你们告别了天真烂漫的童年时光，跨过了充满无限遐想的少年花季，迈进了浪漫与激情、朝气与活力、自信与美丽共舞的青春时代。

18 岁，青春的象征。青春是最值得人们珍惜的，也是最值得人们追忆的。人们历来把青春视为鲜花一样美丽、黄金一般珍贵。因为它蕴含着勃勃的生机，包含着崇高的追求，凝聚着不竭的活力；它是热血和激情浇铸的丰碑，是理想、信念、奋发向上的精神和无穷创造力所谱写的最美妙的交响乐章。

不甘平庸，是青春的宣言；有棱有角，是青春的风貌。今天的你，应该奔放，应该果敢，应该从容，应该有梦想与追求。

18 岁，意味着你可以享有《宪法》赋予你所有公民的权利！你会发现世界舞台的广阔，社会生活的精彩；你会体会到一种“海阔凭鱼跃，天高任鸟飞”的自由。

但是，请不要忘了世界上从来就没有绝对的权利与自由。在你享受权利与自由的时候，你更需要义不容辞地承担起沉甸甸的责任。

将来——

或许你会成为一名科学家，面对真理与谬误，追求、探索、捍卫真理是你的责任！

或许你会成为一名医生，面对病人，救死扶伤是你的责任。

或许你会成为一名法官或律师，面对正义与邪恶，惩恶扬善、伸张正义是你的责任。

或许你会像我一样成为一名教育工作者，面对学生，教书育人是你的责任。

或许你会成为一名人民的公仆，面对百姓，为人民服务是你的责任！

……

现在——

你还是学生，学习知识、学习人生之道是你的责任。

你需要面对高考。努力学习，奋力拼搏，以优异的成绩跨入你理想的大学，这不仅仅是家长的期待，老师的期待，学校的期待，也是你的责任！

18 岁，人生的一个转折点，在这个时刻你应该享受所有的美好祝福和祝愿。作为老师我希望你：

具有一颗爱心：爱自己、爱父母以及一切值得我们去爱的人。当你用爱心去关爱周围的世界，你也会被爱包围。

善待他人：理解他人，宽容别人的缺点与错误。

学会感恩：感谢赋予你生命的父母，给你知识教你做人的师长，与你共同成长的同伴；感谢曾经经历过的困难、挫折与失败，这是你成长过程不可或缺的风雨。“感谢天，感谢地，感谢阳光照耀着大地”！学会感恩的人才会是一个幸福的人。

同学们，从今以后，你就是成年人了。但你的人生之路才刚开始，未来把握在自己的手里，你以后会成为一个什么样的人，别人左右不了，取决于自己的努力。

你可以没有很多的物质财富，但希望你是精神上的富有者；

你可以平凡，但希望你不平庸；

你可以平淡，但希望你充实；

你不必一定成为社会的精英，但希望你能让人感受到你存在的价值，希望你是一个健康快乐和对社会有用的人。

同学们,你们的未来之路,会有鲜花和掌声,也会有重重困难和层层迷雾,但只要你们有着高远的志向,“千里始足下”的准备,“锲而不舍”的恒心,永不言败的斗志,相信你一定能创造辉煌灿烂的明天。

多少事,从来急,天地转,光阴迫。一万年太久,只争朝夕!

家长代表讲话

男:老师们、同学们、家长们、朋友们,

女:今天,我们欢聚一堂,为同学们隆重庆贺和纪念一个特殊的日子——

合:十——八——岁。

男:这是一个值得同学们骄傲的日子,

女:一个值得你们一辈子记住的日子。

男:跨入高三,临近高考,没有什么比这“两高”的到来更能提醒父母,孩子大了,快成年了……

女:领了身份证,发了选举证,没有什么比拿到这“两证”更能告诉我们,你们长大了,已成年了……

男:作为父亲,我很自豪,因为我的女儿就在你们中间,

女:作为母亲,我很骄傲,因为我的儿子就在你们身边。

男:为刚刚跨入十八岁的男孩女孩祝福,

女:为刚刚成为共和国公民的儿女们喝彩。

男:在这庄严的时刻,请允许我们代表在座的家长们献上一位父亲的寄语,

女:倾诉一位母亲的心声。

(音乐声起)

男:十八岁,十八年!6500 多个日日夜夜!

女:你来到这个世界的第一声啼哭,仿佛今天还萦绕在妈妈耳边……

男:从医院产房回到咱们自己的家,洗尿布、喂奶、吃药……爸妈幸福地忙碌着,那辉映着满屋的暖暖的灯光,似乎今天还亮在爸妈眼前……

女:婴幼儿时代,你是快乐的天使,无拘无束地幸福成长。你的每一声啼哭都揪着我们的心,你的每一个微笑都牵着我们的情。

男:上小学了,你戴上了红领巾,那一天的情景依然浮现在我的眼前,

女:你参加演出,我在台下看着你神采飞扬,心里满是幸福。

男:三年前,你跨入实验中学的校门,这是你拼搏的结果,全家人都为你高兴,

合:十八岁,十八年!

女:春风知道,夏雨知道,把一个襁褓中的婴儿养育成风华正茂的青年,父母们付出了怎样的艰辛;

男:秋霜知道,冬雪知道,让一个无知孩童长成一个知识青年,老师们又付出了何等心血。

女:面对长大的你,我感动于你的懂事。有一天,你突然对我说,“妈妈,我今后一定上个好专业,等我挣到钱,我一定让你幸福无忧地生活”。

男:面对长大的你,我感动于你的成熟。你会悄悄对我说,明晚早些回家,我们都为你担心呢。

女:孩子,我们感动于你的毅力,半夜醒来,见你的房间灯光依然亮着,我相信你一定不会辜负父母的希望。

男:有时,真的很想对你说些心里话,但更多时候,只是默默给你削个苹果放在桌旁,只怕给你太多压力,打乱你的学习计划。

女:面对高考,应该是对人生的一种品味,体验了其中的酸甜苦辣,今后你无论遇到什么都可以从容面对。

男:面对高考,也应该视作人生的一种历练。经历过高考,你会对人生有进一步的认识和理解。

男:十八岁,十八年!梦一般的美好年华,里程碑式的青春驿站。

女:爸妈还未老,你们却已经长大成人。

男:也许你们还眷恋巢穴,但你们必定会搏击长空,因为你们是矫健的雄鹰!

女:也许你们还习惯于温室,但你们一定要经历风雨,因为你们注定要长成参天大树!

男:爸爸还将原谅你的过失,但你可能会更无法原谅自己;

女:妈妈还将继续爱你,但可能爱得将更深沉;

男:我们将不再把你们看做孩子,因为今天你们已经成人;

女:你是小船,总要驶离港湾,驶向大海,妈妈给你解缆放船;

男:爸爸给你扬起青春的风帆,再送你一张航海图,助你绕过暗礁险滩。

女:启程吧,孩子！无论阳光还是风雨,生命最重要的是经历,需要坚忍不拔。但孩子,你要记住,无论你走到哪里,不要忘记回家的路,爸爸妈妈永远期待着你的归来。

男:孩子,要记住,家是你永远的港湾,我们希望你飞得更高更远,期望着你带来更多喜讯,更多胜利的消息。

女:在今天这个庄严的典礼上,作为母亲,我为你们骄傲！十八年的岁月,将浓缩为一段记忆,让我们永远珍藏!

男:在今天这个难忘的时刻,作为父亲,我为你们自豪！十八年的光阴,将升华为一份真情,让我们永远心潮激荡!

女:父母从没想过你们的回报,你们平安、健康,幸福一生,这是我们唯一的希望。

男:父母也不想成为你们的牵挂,振翅飞翔吧,愿你们能谱写自己的壮丽篇章。

合:从今天起,追寻你的理想!

合:从今天起,开始人生的辉煌!

学生代表发言(上):十八岁的感恩

男:翻过十七岁稚嫩的最后一页,我们踏上了十八岁多姿多彩的历程。十八年前,我们带着父母无限的热望来到这个世界。

女:十八年后的今天,我们身心健康,满怀憧憬地站在了这里。

男:带着一颗虔诚的心我们要感谢:

女:感谢上苍的赐予,

男:感谢大地的馈赠,

女:感谢生命的存在,

男:感谢阳光的照耀。

女:清晨,当欢快的小鸟把我们从睡梦中唤醒,推开窗户,放眼湛蓝的天空,碧绿的小草,晶莹的露珠,清新的空气,感谢上天又开启了我们美好的一天。

男:入夜,夜幕中繁星点点,月光展露着温柔的笑容,四周笼罩着夜的温馨,感谢大地赋予我们生命的安宁。

女:感谢太阳,给我们无限的光明,让我们拥有面对人生、攻无不克的力量；

男：感谢星辰，陪伴我们送走每一个黄昏，迎接每一个黎明，让我们在喧嚣疲惫过后有静夜可以依傍。

合：我们感谢上天的无私给予，感谢大地的宽容浩博，感谢大自然的美妙和谐。

男：十八年的生活，十八载的岁月，我们要感谢：

女：感谢父母给予了我生命，让我终身享有天底下最无私的至爱；

男：感谢老师教给了我知识和做人的道理，让我拥有了一双明辨善恶美丑的慧眼；

女：感谢同桌的你，帮我抄写的工整的课堂笔记和借给我那半块橡皮；

男：感谢邻家的小弟、小妹绽放给我的纯真、如花般的笑靥；

女：感谢所有的人为我的成长不求回报的付出与忘我默默的劳动。

男：感谢所有爱我的人和我爱的人，有你们与我同行，我的生命从此不再孤单。

合：每天，我们都会以一颗感恩的心去承接生命中的一切：

女：感谢快乐，让我们洋溢幸福的笑脸，享用生活的点点滴滴；

男：感谢伤痛，让我学会了坚忍，练就了释怀生命起落的才能；

女：感谢生活，让我在漫长的岁月里也能拈起生命的美丽；

男：感谢关爱，有了你，生命的寒冬，也如阳春三月般和煦。

女：感谢曾经的欺骗，因为它增长了我的见识；

男：感谢曾经的苦难，因为它磨炼了我的心志；

女：感谢曾经的蔑视，因为它觉醒了我的自尊；

男：感谢曾经的跌倒，因为它锻炼了我的毅力。

女：感谢生命中所有的挫折与痛苦，是你们教我学会宽容，勇敢承受；

男：是你们教我学会分享，善于感动；又是你们教我学会付出，少求回报。

合：感谢生活所给予我们的一切，

女：不管它是美满幸福，

男：还是艰辛痛苦。

（请全体起立，向后转，向我们深爱的父母鞠躬。（停顿片刻）全体请坐，让我们在成人之际，重新思考生命和生活，以感恩的心）

学生代表发言(下):十八岁的责任

男:十八岁的梦,是青春的花朵,带着无限的朝气和蓬勃的生机,披着灿烂的朝霞,沐着和煦的春风,竞相绽放。

女:十八岁的梦,是一幅妙笔的图画,用多彩的画笔和青春的色彩,把个人的追求、生命的希望、新世纪的蓝图描画。

男:十八岁的梦,是一首荡气回肠的诗,满怀对美好理想、未来人生的憧憬,在华夏大地上,吟诵着属于我们的奇迹。

女:十八岁的梦,是一首绵长悠扬的颂歌,感谢父母的恩情,期盼祖国的富强,呼唤世界的和平,唱出人世间的欢乐与祥和。

男:十八岁的青春啊,就像一只风铃,会奏出动人的乐章;

女:十八岁的青春啊,又像是天空冉冉升起的太阳,给予我们阳光、活力和希望。

男:十八岁的青春啊,恰似一幅油画,浓墨重彩;

女:十八岁的青春啊,将永远珍藏在我们心灵最圣洁的地方。

男:事业之于老年人,宛若一部长篇已经定稿;事业之于壮年,犹如一幅摄影正在显形;事业之于少年,好像一幕喜剧,还在准备;而事业之于青年,恰似一篇长文刚要开篇。

女:十八岁,对于我们来说,不仅仅是生命中最华美的乐章的序曲,也是生命中最艰辛的故事的序言。

男:十八岁,新的课题,新的答卷,新的人生坐标;

女:十八岁,新的思考,新的探求,新的里程碑。

男:告别少年的莽撞、青涩、轻狂,我们将在坎坷、磨难、风雨中迎来一个崭新的时代。责任,这不可丢弃的使命,已落在了我们还并不成熟的肩上。

女:忠诚守信,是我们的责任。

男:匡扶正义,是我们的责任。

女:严于律己,是我们的责任。

男:扶危济困,是我们的责任。

女:尊老爱幼,是我们的责任。

男:保卫家园,是我们的责任。

女:对自己负责,责任是进步的摇篮;

男：对别人负责，责任是成功的基石；

女：对家庭负责，责任是成熟的标志。

男：对国家负责，责任是社会进步的动力。

男：从今天起，我们走进了人生的新阶段。

女：在新生活中，我们将真正体会人生道路上的付出与收获、成功与失败、幸福与艰辛。

男：我们长大了。我们拥有了明确的人生态度和价值取向，我们拥有了自己独立思考问题的方式和方法。

合：明天的我们将肩负着历史的重任，时代的使命，不断走向成熟，走向辉煌。别了，我们的纯真少年！来吧，我们激情飞扬的青春！

汕头市历届成人节①

1. 汕头市首届成人节庆祝活动

1995 年 10 月 8 日是汕头特区在全国首个创立的“成人节”。由中共汕头市委书记倡导设立汕头“成人节”。由汕头市委宣传部、共青团汕头市委和《汕头特区晚报》社联合举办的“首届汕头‘成人节’”征文活动奏响了庆祝活动的序曲。征文活动从 8 月份开始，历时 2 个月，共收到来自汕头市区、澄海、潮阳、潮州、广州、上海等地的来稿 105 篇。这些来稿，从不同的侧面阐述了步入成年的新一代应当怎样正确对待学习、工作和生活。

10 月 1 日上午，风景秀丽的中山公园。来自市内各区和市直中学的 1000 名 18 周岁的成人代表将与市领导及各界人士共同栽下 1818 棵树苗，以纪念他们成为共和国成人公民这一人生的重要时刻。

10 月 3 日，汕头市的少年儿童把一场精彩的鼓号仪仗表演作为节日的礼物献给他们的哥哥姐姐们。来自汕头市区及潮阳市、澄海市的 10 支少先队鼓号仪仗队汇集于潮汕体育馆，进行了一场别开生面的竞赛式鼓号仪

---

① 根据多个有关网站下载的资料整理，个别地方有所删除；出席领导及发言人名字隐去。汕头市历届“成人节”举办较好：领导重视，设计合理，组织周密，规模较大，每年主题突出，具有连续性；不但满 18 岁的青年学生参加，而且让 16～17 岁即将步入青年的学生列席。该市做法具有启发借鉴意义，故选此案例.

仗表演。雄壮的队伍、激越的鼓点，仿佛预示着不久的将来，当他们欢度“成人节”的时候，将毫无愧色地从哥哥姐姐的手中接过熊熊的火炬。

10月8日晚上8时30分，在雄壮的国歌声中，首届汕头市“成人节”庆祝大会暨“青春之歌”文艺晚会开幕了。大会首先由汕头市教育局局长宣读了团中央第一书记的祝词，团市委书记代表组委会向光荣加入共和国成人行列的全市18岁青年表示热烈祝贺，并号召广大青年铭记誓言，在建设祖国的伟大实践中创造辉煌业绩。2000多名年满18周岁的青年，代表着全市5.4万名18岁成人公民，在鲜红的五星红旗下，由团市委副书记带领，庄严地许下了对祖国母亲的永恒承诺——履行宪法义务，珍惜宪法权利，为汕头崛起，为祖国富强，贡献青春和智慧……宣誓仪式后，团中央书记处书记、市委副书记还分别作了重要讲话，要求广大青年充分珍惜共和国公民的荣誉感和自豪感，把18岁当成服务社会、报效祖国的开端。谆谆的教诲，殷切的期望，在青年们的心海中，激起了层层涟漪。

随着一曲热情奔放的“成人节”节歌——《十八岁的誓言》的响起，“青春之歌”文艺晚会拉开了序幕，它把“成人节”庆祝活动推向了高潮。歌舞节目《十八岁的誓言》以其恢宏的阵容、精巧的舞姿设计、巨大的艺术感染力创造了“青春之歌”文艺晚会的“良好开端”，“我们站立在地平线，以年轻的心跳拍出新世纪的鼓点……”随着歌手深情的吟唱，一群蓝精灵般的儿童手执花环，扭动玲珑的身躯，与身着粉红色霓裳、手执桃花扇的伴舞姑娘一道，共同构筑出一个个色彩斑斓的立体图案，演绎了一首首流动的诗，来自驻汕部队的200名战士在《一二三四歌》的配合下表演了艺术化的队列操，当队列变幻出“十八”的造型时，全场掌声雷动，喝彩声四起。随着歌曲《今天是你的生日，中国》的响起，全场凝神静听，继而又掌声四起……

2. 汕头市第二届成人节

本届“成人节”的内容是：

1. 十八岁的责任；
2. 十八岁成人宣誓仪式；
3. 我与树木同成长——植树活动；
4. 十八岁的故事、十八岁的足迹、十八岁的梦——征文活动；
5. 十八岁的歌——合唱大赛；
6. 十八岁的奉献——志愿服务活动。

3. 汕头市第三届成人节

节日期间，庆祝活动组委会开展了以“在阳光下成长”为主题的一系列教育庆祝活动。10月5日上午的“万人宣誓仪式”便是这系列活动的重头戏。海滨体育场内彩旗飘扬，气球高悬。体育场内的主席台以半圆形布幕为背景，象征着一轮新太阳喷薄而出，紧扣“在阳光下成长”的主题。半圆外圈饰以七彩霓虹，象征着青年一代七彩的梦幻和美好的前程。来自全市八个区县(市)、汕头大学、市直单位的一万名青年代表早已汇集在这里，等待庄严时刻的到来，汕头市有关领导及老同志也兴致勃勃前往祝贺。

上午9时宣誓仪式在雄壮的国歌声中拉开帷幕，18串气球腾空而起。一万名青年代表，在汕头市教育局副局长的领誓下，面向国旗，许下了发自心底的铿锵誓言：履行宪法义务，珍惜宪法权利，为汕头的崛起，为祖国的富强，贡献青春和智慧！虔诚的誓言在回响，青春的热血在沸腾！

据了解，此次汕头商校共有400名学生参加上午的宣誓仪式，他们在凌晨4点多就起床准备，5点列队出发，用了两个半小时步行到达宣誓会场。该校的一位同学被推举在宣誓仪式上代表全市5万名年满18周岁青年发言。在宣誓仪式上，他的发言声情并茂，博得了热烈的掌声。

宣誓仪式上，汕头市委常委、常务副市长代表市委市政府发表讲话。他希望大家要牢记誓言，忠于祖国，建设家乡，用成人的勇气和智慧、恒心和毅力，勇敢地承担起21世纪新汕头的建设重任。团汕头市委书记在致词中号召全市18岁青年，要时刻明确肩负的历史重任，铭记党和政府的关怀和期望。履行承诺，刻苦钻研，开拓进取。

宣誓仪式结束后，1000名成人青年还跟市领导一起前往海滨华侨公园参加义务劳动。

4. 汕头市第四届成人节庆祝活动

围绕“做新世纪主人”的主题，第四届汕头市成人节庆祝活动组委会开展了接旗仪式、创建“十八绿色文明园”活动、“做新世纪主人”演讲比赛、成人宣誓仪式、“我与树木同成长”植树活动、成人节电影周等一系列教育实践活动。

10月1日，共和国迎来了自己49岁生日。几十名成人代表和老同志代表来到潮汕人民英烈纪念碑前，举行“接旗仪式”。上午9时，成人代表怀着无限的敬仰，向英烈纪念碑敬献花篮，花篮上写着：革命先烈永垂不朽！

10月8日，汕头市成人节。海军码头气球高悬，彩旗飞舞，威武的汕头舰悬挂着一条巨幅标语：树立成人意识，明确社会责任，培养爱国情感，造就“四有”新人。到处是欢声笑语，整个码头成了一片欢乐的海洋。来自市各地、各学校和驻汕海军的2000名18岁成人代表汇聚在这里，举行成人宣誓仪式。市领导和部队首长出席了宣誓仪式。上午9时，宣誓仪式在雄壮的国歌声中开始。在市领导的监督下，2000名成人代表面对国旗庄严宣誓：“履行宪法义务，珍惜宪法权利……为汕头的崛起，为祖国的富强贡献我的青春和智慧！”

10月8日，华侨公园披上了节日的盛装。当市领导和成人代表在宣誓仪式结束后前来参加植树活动时，美丽的公园顿时沸腾了。“我与树木同成长”植树活动是市成人节庆祝活动的传统项目。成人代表们迎着旭日，挥动着铁锹，满怀深情地用自己的双手种植起一棵棵象征着他们长大成人的“大王椰”。众多领导的直接参与，更激发了他们的豪情。成人代表纷纷表示，他们将与这片椰林共历风雨，迈好人生的每一步。这片成人林，将成为他们人生的见证。

“做新世纪主人”演讲比赛吸引了众多青年学生的积极参与。在各地选拔的基础上，40名18岁学生参加了全市的角逐，其中10名选手进入决赛。选手们紧紧围绕“做新世纪主人”这一主题，结合党的十五大和市第七次党代会精神，抒发了自己作为跨世纪一代的远大抱负，对祖国、对家乡的真挚热爱，对新世纪的美好憧憬；表达了18岁青年勇于担当国家、社会重任的决心和信念；充分展示了当代青年朝气蓬勃的青春风采。

通过电影这一形象直观的艺术形式进行爱国主义教育，更容易为广大青少年所接受。成人节期间开展了“电影周”活动，组织18岁青年学生看电影、写观后感，并开展“十八爱心行动”。《燃烧的港湾》、《一样的天空》等具有巨大艺术感染力的影片，深深地打动了正处于花季雨季的青少年。青年朋友们还纷纷伸出自己友爱的双手，拿出自己的零花钱，捐献给灾区的同龄人，与他们同舟共济。

5. 汕头市第五届成人节

本届成人节紧扣新中国成立50周年、澳门即将回归和迎接新世纪的时代背景，围绕加强青少年爱国主义教育和提高18岁成人青年公民素质的目标，把活动主题确定为“迎着新世纪的曙光”，赋予活动更加鲜明的时代色彩，使整个活动更加充满生机活力。

经多次讨论酝酿，确定把成人宣誓、红帽子行动、“祖国风采、青春风采”摄影、美术、书法作品（比赛）展览、“十八绿色文明园接力”、“踏着先烈的足迹前进”、“青少年学习创新”、历届成人代表座谈会、种植“成人林”等8个项目作为庆祝本次成人节的活动。内容涉及爱国主义、革命传统、奉献意识、学习创新、特区意识等多个方面，拓展了成人节的教育内涵。同时，把活动开展与教育青少年投身创建“国家环境保护模范城市”、“中国旅游城市”、“国家园林城市”、“文明城市”和汕头经济特区率先基本实现现代化的实践相结合，促使成人节活动内容更加突出重点，更能服务中心。

本届成人节一方面是在活动中注重点面结合、统筹兼顾，既有全市性、大规模活动，又有各地区、学校联系实际开展的活动，形成全面铺开、整体推进的局面。另一方面是在活动项目的设计上做到动静结合，既有成人宣誓仪式、成人代表座谈会等静态活动项目，又有红帽子行动、绿色文明园接力等动态活动项目，使活动搭配更合理，更好满足青少年多层次、多元化的教育需求。与此同时，还通过邀请澳门青年代表现场观摩、赠送国旗、放飞和平鸽、无偿献血等活动，使形式更加新颖、场面更加活跃。

6. 汕头市第六届成人宣誓仪式

从2000年8月份开始，团市委就着手筹备成人节庆祝活动，召集市委宣传部、市人大办公室、市政府办公室、市教育局、市青联、市绿委等单位组成庆祝活动组委会，多次开会研究、筹划活动工作方案。经讨论酝酿，确定活动以“隆重、热烈、简朴、实效”为原则，内容包括举办成人宣誓仪式、种植成人纪念林、开展成人志愿服务行动、设立汕头市成人节专门网页（www.chaonet.net/st108）、举办“沟通从心开始——十八岁，我想对父母说”征文大赛、组织成人预备期志愿服务卡暨公民身份证颁发活动、现场科技观摩等主题鲜明、内涵丰富的项目，以寓教于乐的形式来教育青少年。活动内容包括爱国主义教育、革命传统教育、成人责任教育、学习创新教育、特区意识教育等多个方面，扩充了成人节的思想内涵。同时在活动项目搭配上注意做到动静结合、点面结合、思想教育和实践教育结合，以满足青少年多层次，多样化的文化需求。

本届成人节有四个方面的新特点。第一是引导青少年提高自身素质，如在宣誓仪式上颁发青少年新世纪读书卡，组织青少年开展学习创新；第二是拓展成人节青少年教育新载体，如针对青少年“网民”的增多，设立了汕头市成人节专门网页，扩大青少年教育工作的涵盖面；第三是着眼于青少年的成人意识养成，组织成人预备期志愿服务卡暨公民身份证颁发活动和“沟通从心开始——十八岁，我想对父母说”征文大赛等活动，着重提高青少年的公民素质；第四是吸引青少年及其家庭主动参与，如由青少年及其家庭认养认植成人林、在有条件的地方成立由十八岁青年组成的活动执委会等，充分发挥成人青年和社会各界参与活动的主动性和积极性。新活动、新特点、新方式，为面向新世纪的成人节青少年教育带来更新、更好的教育效果。各有关单位成立活动工作小组，制订活动方案，采取有效措施，确保活动顺利开展，努力为青少年健康成长营造良好氛围。按照市的统一部署，各地庆祝活动还把立足点放在基层，放在各中等学校，以形成全市活动整体协调、多方配合的工作局面。

7. 汕头市第七届成人宣誓仪式

2001 年 10 月 8 日上午，汕头港务局第三港区码头彩旗飘扬，鼓乐喧天，洋溢着欢庆浓烈的节日气氛。由市委宣传部、市人大常委会办公室、市人民政府办公室、团市委、市教育局、市青联、市绿委市区办公室主办，广东省宜华木业股份有限公司协办的第七届汕头市成人节宣誓仪式在这里隆重举行。共有 2000 名成人代表参加了本次宣誓仪式。

8:30 分整，成人宣誓仪式在雄壮昂扬的国歌中开始。面对神圣的五星红旗，成人代表们紧握右拳，立下了报效祖国，建设家乡的铿锵誓言。18 岁成人代表还在这里向全市成人青年发出：“坚定信念、重德守法、崇尚科学、艰苦奋斗、敢为人先、胸怀宽广”的倡议，树立新世纪新汕头新青年的时代风貌。仪式上，一批青年文明号集体还与职业中专班级结对，通过共建活动，充分发挥青年文明号这一先进群体的教育辐射作用，引导广大青年树立正确的择业观，培养诚实守信、爱岗敬业的观念，做 21 世纪汕头特区的合格建设者。

仪式上，团市委书记、市青联主席发表了热情洋溢的讲话。他号召，全市的 18 岁成人青年，面对困难和挑战，必须“先天下之忧而忧”，把个人成长与祖国的繁荣、汕头的振兴结合起来，躬身实践，迎难而上，在服务社会和奉献人生中实践今天的铮铮誓言，在新世纪汕头的全面发展中实现自己人生的价值。市委副书记代表市委市政府对成人青年代表们提出殷切期望。他希望成人青年在今后人生旅途中实践铿锵有力的誓言，成为树立正确世界观、人生观的上进青年；成为勤奋学习、博采众长的有为青年；成为开拓进取、与时俱进的创新青年；成为冲锋陷阵、勇往直前的热血青年；成为艰苦奋斗、脚踏实地的求实青年。成人宣誓仪式后，市领导还与成人代表们到星湖公园、时代广场开展植绿护绿志愿服务活动。

成人节教育活动是青少年教育的一个名牌，与前几届成人节相比，本届成人节教育内涵更加深远丰富。除了传统的成人意识教育外，还结合汕头经济发展实际和汕头青年思想发展现状，增加时代特征鲜明的教育活动。本届成人节围绕诚实守信、工业强市等党政工作中心，紧扣"重建信用、重塑形象"这一汕头新世纪生命工程的主题，深入开展各种主题鲜明、内涵丰富、形式多样、新颖独特的教育活动。据悉，本届成人节教育系列活动还包括：开展 18 岁成人志愿服务活动；组织青少年教育工作者在成人节专题网站与成人青年进行互动交流活动；组织部分成人代表参观企业，同企业家代表进行座谈交流，对 18 岁成人青年进行市情教育；组织 18 岁青年拜访慰问部分劳模，让他们接受艰苦创业教育；举办"新世纪、新汕头——志愿奉献九运会"活动；举行"新世纪、新汕头、新青年"征文活动等。

8. 汕头市第八届成人节

2002 年 10 月 8 日，全市 5 万名成人青年分别在各地、各校及各青少年教育服务基地举行成人宣誓活动，用铿锵誓言做出 18 岁的承诺——诚信人生。市领导及老同志代表等出席了在石炮台公园中心会场举行的成人节成人宣誓仪式。市委副书记代表市委市政府向成人青年们表示热烈祝贺，希望他们以新的姿态、新的步伐、新的气概跨入新时代，拥抱新未来。还讲到：18 岁是一个美丽而又神圣的字眼，它意味着青年们将承担更大的使命，从今之后更多地将理想转化为现实，将豪言壮语转化为实际行动，变依赖为自立自强。青年的人生观、世界观和价值观将进一步确立，思维方式和情感表现将进一步得到陶冶，意志毅力将进一步磨炼。同时向全市成人青年提出正确处理好几种关系的要求：一是将树立远大理想、豪情壮志与脚踏实地、诚信做人结合起来；二是将富有朝气，开拓创新精神与严谨作风、科学精神结合起来；三是把追求自我、表现自我与国家民族集体利益为重结合起来，这样实现自我才更有意义。

10 月 12 日上午，星湖公园彩旗飘扬，洋溢着欢庆的气氛。200 多名 18 岁青年学生及家长代表在这里参加了第八届汕头市成人节我与树木同成长植树活动。市领导参加了本次活动并讲话，他以老团干的身份向全市 18 岁成人青年提出了殷切期望。种植成人林是成人节的名牌项目。今年的成人林认植认养分三种形式：成人代表集体认植认养、成人代表认植认养、家长及成人代表认植认养。认植认养树木的青年将在每年青年节和成人节等时间定期到公园参与树木的管理和养护。园林工作人员在现场为大家介绍植树的基本知识，成人代表与家长纷纷为认植认养的荫香树浇水培土。迎着和风，挥动铁锹，大家满怀深情地栽下 18 岁青年的成长树。

9. 汕头市第九届成人节

2003 年 10 月 8 日上午，由市委宣传部、市人大常委办公室、市政府办公室、团市委、市教育局、市城市管理局、市青联联合主办，汕头金山中学承办的第九届汕头市成人节成人宣誓仪式在汕头金山中学隆重举行。1600 名成人青年和学生代表参加了中心会场的宣誓活动。上午 9:00，宣誓仪式在雄壮的国歌声中开始。在市教育局副局长的带领下，成人代表紧握右拳，面向国旗，庄严宣誓：继承民族美德，造就现代精神、为汕头的崛起，为祖国的富强贡献青春和智慧。表达出成人青年铭记责任，建设祖国和家乡的坚定决心。

团市委书记、市青联主席在仪式上讲话。他号召全市 18 岁青年实践誓言，勤奋学习，善于创造，甘于奉献，成就自我，将个人的成长和祖国的命运、汕头的振兴结合起来，服务他人，奉献社会，在奉献中升华人生的意义。市领导及老同志向成人代表赠送了团市委、市教育局、市文联编辑的《诚信故事读本》，引导青少年培育诚信意识，弘扬诚信美德，为建设文明进步社会作贡献。

市委常委、组织部长代表市委市政府作讲话。他要求全市 18 岁青年必须紧跟时代，准确把握时代脉搏，提升自我，刻苦学习，博采众长，不断提高自身的思想道德素质和科学文化素质，善于把所学的知识运用到实践中去，在实践中磨炼意志，砥砺品格，增长才干，努力夯实为人民服务的思想基础和知识基础；必须明确责任，勇挑重担，树立远大的理想和坚定的信念，把个人的前途同党和国家的命运紧紧联系在一起，把个人的成长发展和养育我们的家园联系到一起，把个人的理想和追求融汇到全面建设小康社会的伟大事业中去，在各自不同的人生历程上谱写动人的青春乐章；必须脚踏实地，锐意创新，站在时代的前列，养成学科学、爱科学、用科学的良好习惯，争做新思维、新观念、新知识、新技术的倡导者和实践者，当好推动改革开放和技术进步的生力军和突击队，向祖国、向社会、向师长交上一份满意的答卷，实现自己有价值的人生追求。

本届成人节还举行做自强自信的汕头人主题演讲比赛、18 岁的眼睛绘画摄影比赛、成人纪念林种植、青春辉映夕阳红敬老志愿服务、成人预备期志愿服务等活动。

10. 汕头市第十届成人节

2004 年 10 月 8 日上午，由市委宣传部、市人大常委会办公室、市政府办公室、团市委、市教育局、市城市管理局、市青联等单位联合主办，中国建设银行汕头市分行协办的第十届汕头市成人节宣誓仪式在林百欣科技中专隆重举行。

作为全市 18 岁青年宣誓仪式的主会场，汕头市林百欣科技中专显得格外朝气蓬勃，喜气洋洋。市委市政府等单位领导出席了宣誓仪式。上午 9 点，庄严神圣的宣誓仪式在雄壮的国歌声中拉开帷幕，1000 多名风华正茂的年满 18 周岁的青年面对高高飘扬的国旗，用铮铮誓言庄严宣誓："履行宪法义务，珍惜宪法权利……"表达自己塑造自我，奋发有为，忠于祖国，建设家乡的良好心愿。

学生代表在宣誓仪式上向全市 18 岁青年发出倡议。他倡议 18 岁青年要主动参与家务劳动；要写一封感谢信给一位最令他们尊重的长辈；要多读书，读好书，形成良好的读书习惯；要参加志愿服务活动；要写一篇步入成人行列的体验文章。

团市委书记在仪式上讲话。他要求 18 岁青年时刻牢记自己的成人誓言，时刻不忘父母的养育之恩，时刻铭记党和政府的关怀和期望，时刻明确肩负的历史责任，在今后的人生路上，履行承诺，实践誓言，自强自立，奋发有为，用自己的双手创造属于自己的幸福，为把汕头建设成为经济强市和区域性中心城市，为中华民族的伟大复兴勇挑重担，开拓进取。

市委副书记代表市委、市政府向 18 岁成人青年带来良好的祝愿和节日的祝贺。他指出要奋发有为必须树立坚定的理想信念，必须拥有扎实的知识积累，必须积极参与社会实践。希望成人青年要践履誓言，积极进取，奋发有为，为汕头的美好明天积极创造，自觉奉献。

在雄壮的国歌声中，在鲜艳的国旗下，在铿锵的誓言里，全市 5 万多名 18 岁青年踏着奋进的青春脚步，以新世纪主人翁的崭新姿态步进共和国成年公民行列。部分 16 岁至 17 岁的成人预备期青年也观摩了今天的成人宣誓仪式，他们纷纷表示，将以今天参加宣誓的大哥哥大姐姐为榜样，以良好的姿态和充分的准备去迎接即将到来、属于自己的庄严时刻。按照主办单位的安排，全市各中学、各大中专院校也分别在各学校举行成人宣誓仪式。

宣誓仪式结束后，部分 18 岁青年参加“我与树木同成长”植树活动。

11. 汕头市第十一届成人节

2005 年 10 月 8 日上午，由市委宣传部、市人大常委会办公室、市政府办公室、团市委、市教育局、市城市管理局、市青联等单位联合主办，中国银行汕头分行协办的第十一届汕头市成人节宣誓仪式在汕头一中隆重举行。

作为全市 18 岁青年宣誓仪式的主会场，汕头一中显得格外朝气蓬勃，喜气洋洋。上午 9 点，宣誓仪式在雄壮的国歌声中拉开帷幕，1000 多名年满 18 周岁的青年面对高高飘扬的国旗，许下铮铮誓言：“履行宪法义务，珍惜宪法权利……”表达青年们努力塑造自我，奋发进取，忠于祖国，建设家乡的良好心愿。

团市委书记、市青联主席在仪式上讲话指出，作为一名汕头青年公民，我们的责任和义务就是把汕头建设成民主法制、公平正义、诚信友爱、充满活力、安定有序的和谐家园。希望广大青年要勇于迎接新挑战，发扬创风气之先的优良传统，身体力行，率先垂范，用丰厚的学识来增长才干，用丰富的实践来磨炼意志，用自强不息的精神开拓创新，用无私的奉献和实际的行动参与到振兴汕头的具体实践中；要积极弘扬和实践好汕头精神，志存高远，发奋学习，修身立德，报效祖国，在汕头实现跨越式发展中充分发挥生力军和排头兵作用，为建设和谐汕头谱写出壮丽的青春之歌！

市委副书记代表市委、市政府给 18 岁成人青年带来良好的祝愿和节日的祝贺。他希望广大青年志存高远，坚定信念；奋发图强，增长才干；锤炼品格，引领风范；积极弘扬和实践“海纳百川、自强不息”的汕头精神，以宽容务实、开拓创新、奋发进取的姿态，自觉投身到“经济强市”和“文化大市”建设的洪流中去，在创造业绩的过程中展现人生最大价值。

宣誓仪式结束后，市领导与部分 18 岁青年到龙珠污水处理厂旁参加“我与树木同成长”植树活动。此前，团市委、市青联还组织部分成人青年代表和“汕头市十佳青年科技带头人”等各届青年代表召开座谈会，学习汕头籍的“两院”院士侯祥麟同志先进事迹和崇高品格，激励广大青年胸怀祖国、奋发成才。

12. 汕头市第十二届成人节

2006 年 10 月 8 日上午，汕头市第二技工学校校园里涌动着青春的浪潮，2300 多名朝气蓬勃的 18 岁青年代表汕头 5 万多名同龄人面对高高飘扬的国旗，在第十二届汕头市成人节宣誓仪式上，用铮铮誓言做出18岁的选择——忠于祖国，知荣明耻，以智慧和激情为建设和谐汕头贡献青春和力量。汕头市几位领导出席了仪式。

本年恰逢红军长征胜利70周年，为进一步在广大青少年中“传承长征精神，弘扬民族精神”，汕头市委宣传部、市人大常委会办公室、市政府办公室、团市委、市教育局、市城管局、市青联等单位结合庆祝第十二届汕头市成人节，开展以“践行荣辱观，共建新家园”为主题的教育实践活动，通过举办“感动就在我身边”采风活动、失足青少年慰问帮教活动、我和青年标兵面对面等，引导全市广大青年发扬革命光荣传统，不断增强公民意识和社会责任感，成长为具有开拓创新精神和优秀品德的合格公民，为祖国、为家乡而努力学习、奋发图强、建功立业。

仪式结束后，成人青年学子踊跃参与了现场组织的“18岁热血铸文明”献血活动、“好书献农村”捐书活动以及“节约能源从我做起”签名活动，第一次以一名成人公民的身份履行公民义务，为社会、为他人奉献爱心。部分18岁青年还来到星湖公园参加“我与树木同成长”植树活动，亲手种植一棵象征着自己长大成人的新树木。按照组委会的安排，汕头各地、各大中专院校也分别举行成人宣誓仪式，部分16、17岁的成人预备期青年观摩了仪式。

13. 汕头市第十三届成人节

2007年10月8日上午8点30分，雄壮的国歌声响彻成人节宣誓仪式主会场——汕头一中新校区，2000多名朝气蓬勃的18周岁青年面向鲜红的国旗庄严宣誓，开始了人生新的旅程。市委常委、宣传部部长出席了上午的宣誓仪式并作重要讲话。

为深入贯彻落实省第十次党代会和市第九次党代会的重要精神，围绕实现汕头全面振兴的战略目标，市委宣传部、市人大常委会办公室、市政府办公室、团市委、市教育局、市城管局、市青联等单位在今年成人节期间开展以“和谐汕头、青春同行”为主题的教育实践活动，组织全市18岁青年以主人翁的精神和高度的责任感，投身和谐汕头建设，不断增强青年的公民意识和社会责任感，使他们成为一代具有开拓创新精神和优秀品德的合格公民，为建设和谐汕头奉献青春、智慧和力量。市委常委、宣传部部长在宣誓仪式上勉励广大青年要把实现自我价值同汕头崛起的大局紧密结合，把提高思想修养与构建和谐汕头紧密结合，把满怀青春憧憬与脚踏实地进取紧密结合,为汕头崛起和自身发展而刻苦学习、锻炼和实践,不断夯实投身汕头振兴的思想基础和知识基础,时刻准备着为汕头实现全面振兴和崛起作出实实在在的贡献。

团市委书记、市青联主席在仪式上希望广大青年以 18 岁跨入成人行列这一神圣时刻作为人生新的起点,满怀信心地去迎接时代赋予的机遇和考验,自强不息、勤奋学习、开拓进取,在拼搏奋斗中成长,在创造奉献中成才,为建设经济繁荣、社会和谐的新汕头贡献青春和力量!

仪式结束后,部分 18 岁青年参加了"我与树木同成长"植树活动。按照组委会的安排,当天全市各地、各大中专院校也分别举行了成人宣誓仪式,部分 16、17 岁的成人预备期青年观摩了仪式。

成人节期间,团市委、市青联还将开展"18 岁,我倡导文明上网"活动;"18 岁,我为和谐汕头尽一责"志愿服务活动;"魅力 18 岁"系列活动;"汕头崛起与青年责任"网络征文比赛等系列活动,各区县还分别举办了演讲比赛、敬老助残、义务献血等志愿活动,激励广大青少年为祖国的繁荣富强、为家乡振兴崛起而努力学习、奋发图强、建功立业。

14. 汕头市第十四届成人节

在雄壮的国歌声中,在铮铮的誓言里,全市 5 万多名 18 岁青年踏着奋进的脚步,以主人翁的崭新姿态步进成年公民行列,立志与汕头同成长,为汕头的振兴和崛起奉献青春、智慧和力量。10 月 8 日上午,面对迎风飘扬的国旗,1000 多名成人青年代表在市经贸职业技术学校主会场举行庄严宣誓仪式,共同庆祝第十四届汕头市成人节。本届成人节举办了以"18 岁——我与汕头同成长"为主题,开展"18 岁,我为汕头做贡献"志愿服务活动、"共享改革成果,同抒青春情怀"——我为汕头崛起献一言网络论坛、"汕头崛起与青年成长"座谈会等一系列丰富多彩的活动。

市委常委、宣传部部长在仪式上向 18 岁青年表达了美好的祝愿,并提出了殷切期望。她希望广大青年要珍惜改革成果,坚定共同理想,把个人奋斗融入到汕头崛起的实践之中,争当实践科学发展观的排头兵;要发挥聪明才智,紧跟时代主流,勤于学习、勇于探索、敢于实践、善于创新,争当推动思想大解放的先行者;要明确历史责任,练就过硬本领,以顽强的意志和开拓的精神,争当推动汕头大发展的生力军。

15. 汕头市第十五届成人节

又是一年金秋至,在即将喜迎祖国 60 华诞之际,汕头青年也迎来了第十五届汕头市成人节。2009 年 9 月 28 日上午，雄壮的国歌声响彻成人节宣誓仪式主会场——金中南校学校校区，2000 多名朝气蓬勃的 18 周岁青年昂首阔步的迈过了“成人门”，步入宣誓会场，面向鲜红的国旗庄严宣誓，开始了人生新的旅程。

18 岁是人生的重要转折点，是确定人生航向的关键时期，今年又喜逢伟大祖国 60 华诞，市委宣传部、市人大办公室、市政府办公室、团市委、市教育局、市城管局、市青联对本届成人节庆祝活动进行精心组织和策划，通过一系列活动的开展，使青少年在体验成人教育的过程中去感受成人的意义与责任，同时引导青少年增强爱国主义情感、公民意识和社会责任感，牢固树立与祖国共奋进、与时代同发展的理想信念，以 18 岁为新的起点，迈入青春门、走好成人路，以主人翁的精神和高度的责任感，为奉献祖国，建设家乡贡献青春、智慧和力量。

市委常委、宣传部部长首先对 18 岁青年表达了美好的祝愿，并对青年朋友提出四点希望：一是围绕大局，志存高远，把忠心献给祖国；二是倡导文明，胸怀宽广，把爱心献给社会；三是弘扬美德，尊老敬贤，把孝心献给长辈；四是立足岗位，发奋成才，把信心留给自己。

团市委书记、市青联主席在讲话中表示祖国的命运与青年的成长紧密相连。今天，当青年朋友们光荣地成为共和国成人公民的时候，也是报效祖国、奉献社会、成就自我的新起点。青年朋友们要继承革命前辈爱国上进的光荣传统，发扬敢闯敢拼的特区精神，树立远大理想，增强发展信心，提高道德修养，强化学习意识，积极投身实践，努力打好为党和人民的事业奉献的思想基础和知识功底，随时准备接受祖国的挑选，随时准备为祖国奉献自己的青春和才智，争当品德高尚、务实奉献的好公民。

成人青年代表也在宣誓仪式上发表了成人感言。

仪式结束后，部分 18 岁青年还参加了“我与树木同成长”植树活动。按照组委会的安排，当天全市各区(县)、各大中专院校也分别举行了成人宣誓仪式。

成人节期间，团市委还举办“难忘的青春记忆”成人节感言征集活动、“爱心关微”志愿服务、“青少年学生成长成才讲师团进校园”活动、“汕头青年庆祝新中国成立 60 周年文化采风作品展”、“青春与阳光相伴”——青少年哲学与心理学网上嘉宾访谈活动、“走进希望小学，与师生共庆新中国 60 华诞活动”、“祖国在我心中”青少年爱国主义教育等一系列丰富多彩的活动。

16. 汕头市第十六届成人节

2010 年 9 月 29 日，由汕头市委宣传部等部门联合主办的第十六届汕头市成人节成人宣誓仪式在汕头鮀滨职业技术学校隆重举行。1000 多名成人代表参加了中心会场的宣誓活动。上午 8:00，宣誓仪式在雄壮的国歌声中开始。成人代表紧握右拳，面向国旗，庄严宣誓忠于祖国、建设家乡，以崭新的面貌踏上人生新的征程。

团汕头市委书记、汕头市青联主席在仪式上致辞。她说，青年朋友们要继承和发扬敢闯敢试，敢为人先的特区精神，发挥特区开放兼容、创新争先的文化特质，进一步解放思想，将个人的成长与特区的发展、祖国的命运紧密联系在一起，以只争朝夕的精神开拓创新，奋勇前行，用无悔的青春续写特区新辉煌。

汕头市领导向成人代表赠送了《汕头市文明礼仪手册》，希望成人青年积极行动起来，热情参与文明创建，争当文明市民，共建文明城市，把汕头建设成为宜居宜业的区域性中心城市、现代化港口城市和生态型海滨城市。

汕头鮀滨职业技术学校校长和成人代表也在仪式上发言。

宣誓仪式结束后，部分 18 岁青年代表参加“我与树木同成长”植树活动。

当天，全市各区(县)、市直有关单位也分别举办形式不同的成人宣誓活动。本届成人节还将举行“走进历史，见证辉煌”青少年爱国主义教育、“成长历程——我的幸福故事”征文、“18 岁，我为汕头做贡献”志愿服务等一系列活动。

17. 汕头市第十七届成人节

秋风送爽，秋实飘香，在全市上下喜迎汕头经济特区建立 30 周年的丰收季节里，汕头市 18 岁青年又迎来了属于自己的节日——第十七届汕头市成人节。2011 年 9 月 30 日上午，本届主办单位市委宣传部、市人大办公室、团市委、市教育局、市城管局、市青联联合在汕头市聿怀中学(大洋校区)设立宣誓仪式主会场，600 多名成人青年代表全市 5 万多名 18 岁青年，在国旗下庄严宣誓，用铮铮誓言做出 18 岁的承诺。汕头市委常委、宣传部部长，汕头市政府副市长，汕头市政协副主席，汕头市纪委副书记等本届成人节主办单位、协办单位和承办单位的有关领导和嘉宾出席了宣誓仪式。仪式由汕头市委宣传部副部长主持。

上午 8:30，宣誓仪式在雄壮的国歌声中开始。成人代表紧握右拳，面向国旗,庄严宣誓履行职责、忠于祖国、建设家乡,以奋发向上、追求进步的良好风貌踏上人生新的征程。

团汕头市委书记、汕头市青联主席在仪式上致词。她说,18周岁是人生中一个新的起点,希望大家要珍惜青春年华,把握发展机遇,以时不我待的紧迫感学习各种先进理念和专业技能;要立志成为有理想、有道德、有文化、有纪律的社会主义合格公民;继承和发扬敢闯,先行先试的特区精神,在特区这个广阔舞台上尽情挥洒青春和汗水;要牢记誓言,胸怀天下,积极参与社会管理及创新探索,投身社会公益事业,用自己的聪明才智回馈社会,报效祖国,建设幸福家园。

市领导向成人代表赠送了《“小手拉大手,文明伴我行”征文优秀作品集》、《名言硬笔书法作品集》、《汕头市文明礼仪手册》等书籍,希望全市广大青少年朋友们在学好知识的基础上,讲文明话,走文明路,做文明事,共建文明汕头。

汕头聿怀中学(大洋校区)校长和成人代表也在仪式上发言。

宣誓仪式结束后,部分18岁青年代表还前往“国际潮青林”参加“我与树木同成长”植树活动。

当天,汕头市各区(县)、市直有关单位也分别举办不同形式的成人宣誓活动。本届成人节以“幸福汕头　奋进青春”为主题,包括成人宣誓仪式、植树活动、“放飞幸福梦想、共建和谐粤东”——青年文化采风活动、“18岁,我为文明汕头添光彩”志愿服务活动、“青少年维权岗”命名活动、“幸福阳光伴我行”——青少年心理健康关爱活动等一系列丰富多彩的实践活动。

参考文献

著作类

1. 联合国教科文组织国际教育委员会编著,华东师范大学比较教育研究所译:《学会生存——教育世界的今天和明天》,北京:教育科学出版社 1996 年版。

2. 联合国教科文组织国际教育委员会编著,华东师范大学比较教育研究所译:《教育——财富蕴藏其中》,北京:教育科学出版社 1996 年版。

3. 金一鸣著:《教育原理》,北京:高等教育出版社 2002 年版。

4. 袁振国著:《教育新理念》,北京:教育科学出版社 2002 年版。

5. 叶忠海等主编:《成人教育学通论》,上海:上海科技教育出版社 1997 年版。

6. 王北生、姬忠林主编:《成人教育概论》,开封:河南大学出版社 1999 年版。

7. 高志敏等主编:《成人教育心理学》,上海:上海科技教育出版社 1997 年版。

8. 谢维和著:《教育活动的社会学分析》,北京:人民教育出版社 2000 年版。

9. 钱民辉著:《教育社会学——现代性的思考与建构》,北京:北京大学出版社 2002 年版。

10. 张文新主编:《青少年发展心理学》,济南:山东人民出版社 2002 年版。

11. 李力红主编:《青少年心理学》,长春:东北师范大学出版社 2003 年版。

12. 李浪主编:《青少年心理学》,长春:吉林文史出版社 2006 年版。

13. 刘金明主编:《青少年的心理与咨询》,天津:天津教育出版社 2004 年版。

14. 关承龙著:《别和青春期的孩子较劲》,武汉:华中师范大学出版社2005年版。

15. 林慧莲著:《青春期的性心理与性教育》,北京:中国社会科学出版社2006年版。

16. 刘济良著:《青少年价值观教育研究》,广州:广东教育出版社2003年版。

17. 黄悦勤主编:《青少年健康人格》,北京:北京大学医学出版社2006年版。

18. 广东省青少年工作领导小组编:《广东省青少年发展报告》,广州:广东人民出版社2007年版。

19. 刘济良等著:《生命的沉思》,北京:中国社会科学出版社2004年版。

20. 王北生等著:《生命的畅想》,北京:中国社会科学出版社2004年版。

21. 刘志军等著:《生命的律动》,北京:中国社会科学出版社2004年版。

22. 人民日报编辑部主编:《21世纪初教育新理念》,北京:高等教育出版社2005年版。

23.《中华人民共和国宪法》,北京:中国法制出版社2004年版。

24.《中华人民共和国义务教育法》,北京:法律出版社2006年版。

25. 信春鹰主编:《中华人民共和国义务教育法释义》,北京:法律出版社2006年版。

26. 共青团中央编:《中国共青团年鉴(1998—2002)》,北京:中国青年出版社2004年版。

27. 共青团中央编:《中国共青团年鉴(2003)》,北京:中国青年出版社2004年版。

28. 共青团中央编:《中国共青团年鉴(2004)》,北京:中国青年出版社2005年版。

29. 共青团中央编:《中国共青团年鉴(2005)》,北京:中国青年出版社2006年版。

30. 田丰、郭栋编著:《共青团活动的设计与选例》,北京:中国青年出版社2006年版。

31. 吴晓蓉著:《教育,在仪式中进行:摩梭人成年礼的教育人类学分析》,重庆:西南师范大学出版社 2003 年版。

32. 唐祈、彭维金编:《中华民族风俗辞典·人生风俗·成年仪礼》,南昌:江西教育出版社 1988 年版。

报刊类

1. “爱国主义教育实施纲要”,《人民日报》1994 年 9 月 6 日。

2. “公民道德建设实施纲要”,《光明日报》2001 年 10 月 25 日。

3. “中共中央国务院关于进一步加强和改进未成年人思想道德建设的若干意见”,《光明日报》2004 年 3 月 23 日。

4. “中小学开展弘扬和培育民族精神教育实施纲要”,《中国教育报》2004 年 4 月 5 日。

5. “中共中央、国务院关于深化教育改革全面推进素质教育的决定”,《人民日报》1999 年 6 月 17 日。

6. “面向 21 世纪教育振兴行动计划”,《光明日报》1999 年 2 月 25 日。

7. 江泽民:“关于教育问题的谈话”,《人民日报》2000 年 3 月 1 日。

8. 陆惠明:“从家庭、学校到社会的精神桥梁——18 岁成人仪式的发展过程和现实意义”,《中国青年报》2000 年 7 月 11 日。

9. 陆惠明:“18 岁成人仪式活动:丰富成人仪式的精神内蕴”,《文汇报》2006 年 6 月 3 日。

10. 中国青少年研究中心课题组:“现状与对策:18 岁成人仪式与公民教育”,《中国青年研究》1997 年第 3 期。

11. 张华、苑庆国:“18 岁成人仪式教育活动的现状与发展”,《中国青年政治学院学报》1997 年第 2 期。

12. 张美玲:“浅析成年仪礼的教育意义”,《内蒙古师范大学学报(教育科学版)》2002 年第 6 期。

13. 王松山、郭舒、刘岩:“深化 18 岁成人仪式教育活动的思考”,《中国青年研究》2003 年第 4 期。

14. 董海军、易勇:“成人仪式:从生活教育到政治教育”,《思想战线》2003 年第 6 期。

15. 阎光才:“成人仪式的象征与教育日常生活”,《教育科学研究》2005 年第 9 期。

16. 张云:"教育首先要培养'健康人'——论 18 岁成人仪式教育活动的意义",《上海青年管理干部学院学报》,2006 年第 1 期。

17. 徐美元:"成人仪式与公民教育——透视我国成人仪式中的公民教育问题",《现代中小学教育》2006 年第 1 期。

18. 宋孝忠:"传统成人仪式的教育意蕴",《成人教育》2007 年第 4 期。

19. 项贤明:"教育与人的发展新论",《教育研究》2005 年第 5 期。

20. 王北生、王萍:"由'状元'被拒引发的思考",《中国教育学刊》2006 年第 8 期。

21. 叶澜:"当代中国教育变革的主体及其相互关系",《教育研究》2006 年第 8 期。

22. 陈佑清、张琼:"提升课堂教学的素质教育功能",《教育研究》2007 年第 1 期。

23. 靳玉乐、赵永勤:"校本课程发展背景下的课程领导:理念与策略",《课程・教材・教法》2004 年第 2 期。

24. 李萍、钟明华:"公民教育——传统德育的历史性转型",《教育研究》2002 年第 10 期。

25. 雷骥:"我国公民教育的基本内涵、特点和作用",《郑州大学学报(哲学社会科学版)》2004 年第 3 期。

26. 于海:"民族精神意涵:国家意识、文化认同、公民人格",《思想・理论・教育》2004 年第 12 期。

27. 刘铁芳、谢燕:"社会参与和公民权责意识的培养",《教育科学研究》2006 年第 1 期。

28. 付铁男:"现代化、全球化与公民教育",《外国教育研究》2006 年第 1 期。

29. 吴琼:"关于开展我国公民教育的思考",《理论界》2006 年第 5 期。

30. 陶西平:"关于青少年学生公民教育的若干思考",《教育科学研究》2006 年第 7 期。